CEREBRO IZQUIERDO
Y LO QUE HAY QUE TENER

Phil Rosenzweig

Cerebro izquierdo y lo que hay que tener

Cómo tomar decisiones acertadas

EMPRESA ACTIVA
Argentina – Chile – Colombia – España
Estados Unidos – México – Perú – Uruguay – Venezuela

Título original: *Left Brain Right Stuff – How Leaders Make Winning Decisions*
Editor original: Public Affairs, a Member of the Perseus Books Group, New York
Traducción: Martín R-Courel Ginzo

1.ª edición Diciembre 2014

Aribau, 142, pral. – 08036 Barcelona
www.empresaactiva.com
www.edicionesurano.com

ISBN: 978-84-92921-09-6
E-ISBN: 978-84-9944-761-2
Depósito legal: B-15.598-2014

Fotocomposición: Ediciones Urano, S.A
Impreso por: Rodesa, S.A. – Polígono Industrial San Miguel – Parcelas E7-E8
31132 Villatuerta (Navarra)

Impreso en España – *Printed in Spain*

Para el equipo de casa

Laura, Tom y Carolina

Índice

1

Momento decisivo en una calurosa noche de agosto

«Comparada con la gestión, la actividad bursátil era admirablemente directa. Hacías tus apuestas y ganabas o perdías.»

El póquer del mentiroso, Michael Lewis, 1989

Millón arriba, millón abajo, era una decisión de mil millones de dólares.

La noche del 12 de agosto de 2010, Bill Flemming, presidente de Skanska USA Building, se enfrentaba a una decisión peliaguda. Toma la decisión correcta, y los aspectos positivos podrían ser muy lucrativos; equivócate, y el resultado podría ser catastrófico.

La historia había empezado un año antes, cuando la Agencia de Seguridad Nacional (NSA) anunció su intención de construir un centro informático que almacenara la información sobre seguridad que recopilaba en todo el mundo. El Centro de Datos de Utah (UDC) sería completamente autosuficiente, dispondría de central eléctrica y suministro de agua propios y estaría equipado con medidas antiterroristas. Para la ubicación de este extenso complejo se eligió el aeródromo abandonado de Camp Williams, una base de la Guardia Nacional sita en un solitario cañón al sur de Salt Lake City. Un emplazamiento imponente aunque ideal para este propósito: inmenso, aislado y muy seguro.

Skanska USA Building era una sucursal de la sueca Skanska y líder del sector de la construcción en Estados Unidos, con un brillante historial de grandes obras realizadas con éxito. Recientemente, había terminado el MetLife Stadium de Nueva Jersey, el hogar de los equipos de fútbol americano de los Giants y los Jets, una maravilla vanguardista capaz de albergar a 82.000 aficionados. A la sazón, la empresa constructora tenía docenas de obras en ejecución, desde la renovación del edificio de las Naciones Unidas en el East Side de Manhattan hasta el intercambiador del World Trade Center, el enlace entre las estaciones de tren y de metro situado bajo la Zona Cero.

El UDC presentaba un doble atractivo para Flemming. Era un proyecto de «planificación y construcción», lo que significaba que la empresa constructora controlaba tanto la planificación como la edificación. En palabras de Flemming: «Si eres capaz de llegar con un proyecto mejor —más eficiente y funcionalmente más inteligente—, y si dispones de la técnica para construir las instalaciones más deprisa, entonces podrías derrotar a los demás licitadores.»[1]

Pero Skanska no sería la única que iba a licitar; varias otras empresas constructoras de primer orden estaban igual de ansiosas por hacerse con el contrato.

El primer paso consistía en responder a la Convocatoria de Lista Corta de la NSA, que solicitaba una relación de la experiencia y los recursos relevantes. Skanska USA Building, que trabajaba con un socio, la Okland Construction Company, fue uno de los doce licitadores que respondieron a dicha convocatoria en febrero de 2010. Dos meses más tarde, la NSA eliminó a siete e invitó sólo a cinco —Skanska y otros cuatro— a que enviaran las ofertas formales, para lo que se les concedía sesenta días.

En el transcurso de las siguientes semanas, Flemming y sus principales colaboradores trabajaron con un equipo de subcontratistas para preparar su oferta. La NSA había sido explícita en cuanto al trazado y el volumen que quería, y definido también las normas técnicas. Aunque el precio estaba sin determinar, se rumoreaba que el Congreso había asignado una cantidad que superaba los 1.000 millones de dólares. Para los potenciales licitadores el mensaje estaba claro: era más importante proporcionar una ejecución óptima que ajustarse a un precio concreto.

El 16 de junio, Skanska USA Building remitió una oferta para el Centro de Datos de Utah por un precio de 1.475 millones de dólares. Y a esperar.

A primeros de julio, la NSA hizo pública su respuesta. Las cinco ofertas presentadas oscilaban entre los 1.400 y los 1.800 millones de dólares, considerablemente más de lo que el gobierno estaba dispuesto a gastar. En ese momento la NSA redujo el alcance de la obra, manteniendo los elementos clave, pero eliminando algunos otros superfluos. La ejecución técnica seguía teniendo la misma importancia, y el calendario se mantuvo inmutable. Por primera vez, la NSA especificó un precio indicativo: 1.212 millones de dólares. El precio pasaba a ser ya un elemento crucial. Una oferta que excediera de esa cantidad sería rechazada por no cumplir los requisitos.

Las mismas cinco empresas fueron invitadas a que licitaran de nuevo y enviaran sus ofertas definitivas a más tardar el 13 de agosto, sólo seis semanas más tarde.

El balón había echado a rodar. En las oficinas centrales de Skanska USA Building en Parsippany, Nueva Jersey, se dedicó una gran sala de reuniones para preparar la oferta por el UDC; sólo el personal autorizado tenía permitido el acceso a su interior mediante tarjetas magnéticas. Un equipo de veinticinco personas se dedicó a escrutar todos los aspectos del proyecto, buscando las maneras de rebajar el coste. Eliminar algunas cosas superfluas ayudó un poco, pero seguía habiendo un largo camino por recorrer. Todos estaban concentrados en un solo objetivo: cómo bajar hasta los 1.212.

A lo largo de las seis semanas siguientes, durante el verano más caluroso que se hubiera registrado jamás, el equipo de Flemming buscó todas las maneras de rebajar los costes.[2] Trabajaron con sus subcontratistas para racionalizar los procesos de adquisición, comprando al por mayor o tratando directamente con los suministradores a fin de eliminar intermediarios. Estudiaron detenidamente la partida destinada a los riesgos imprevistos, una parte natural de cualquier licitación; después de concluir que era improbable que aumentaran ciertos gastos en los tres siguientes años, fueron capaces de reducir la partida de imprevistos. También revisaron las provisiones para los gastos de gestión, de hecho lo que constituía sus ganancias. Y comprometiéndose a trabajar de manera más rápida y eficiente, consiguieron reducir la oferta todavía más.

A principios de agosto, la oferta de Skanska USA Building se situó en 1.260 millones de dólares, una cantidad tentadoramente próxima al objetivo de los 1.212 millones. ¿Podrían eliminar aún más cosas y suprimir esa diferencia de 48 millones de dólares, presentando una oferta lo bastante baja para ganar, aunque suficientemente alta para obtener algún beneficio? ¿O seguir rebajando les expondría a sufrir graves pérdidas?

Mientras reflexionaba sobre el camino a seguir, Flemming tuvo en cuenta varios factores. La construcción del UDC llevaría tres años, durante los cuales debería ser posible lograr ahorros suplementarios. La pregunta era de cuánto. Skanska tenía motivos para ser optimista. En un sector famoso por sus sobrecostes,

Skanska USA Building había mejorado a menudo las cantidades presupuestadas. Se había llevado el contrato del MetLife Stadium con una oferta de 998 millones de dólares, muy por debajo de su rival más directo, y aun así había encontrado la manera de obtener más beneficios de los esperados.[3] Las obras del intercambiador del World Trade Center estaban en ese momento adelantadas respecto al calendario previsto, y también por debajo del coste presupuestado. Sin duda, también sería posible ahorrar más en el UDC. Flemming me comentó: «Mi experiencia a lo largo de los años es que normalmente puedes eliminar entre un 3 y un 4 por ciento de lo presupuestado». Eliminar un 3 por ciento haría que Skanska pasara de los 1.260 millones a los 1.222 millones, todavía sin alcanzar el objetivo. Llegar a los 1.212 millones requeriría reducir la oferta en un 3,8 por ciento, algo muy ambicioso, aunque no imposible.

El problema estribaba en que cumplir exactamente con el objetivo podría no ser suficiente. Skanska se enfrentaba a cuatro grandes y experimentados contendientes. Aunque no era probable que ninguno se «tirase sin paracaídas» —expresión del sector para referirse a una oferta muy por debajo del coste real con tal de ganar a toda costa—, sí que había muchas probabilidades de que al menos uno se presentara con una oferta por debajo del límite. Si Skanska se limitaba a igualar el objetivo, perdería frente a un rival más agresivo. Así que ganar exigía hacer una oferta aún más baja.

Flemming también tuvo en cuenta las políticas de su empresa matriz. La central de Skanska en Estocolmo tenía un decreto conocido como los Cinco Ceros. Todos los proyectos de construcción tenían que ser seguros (accidentes cero), éticos (violaciones éticas cero), de alta calidad (defectos cero) y ecológicos (incidentes medioambientales cero). Pero, por encima de todo, tenían que ser rentables (pérdidas cero). Y había una buena razón para hacer hincapié en los beneficios en el sector de la construcción: incluso en los mejores tiempos, la mayoría de los proyectos conseguían sólo unos márgenes pequeños, así que un solo proyecto deficitario podía acabar con los beneficios de varios buenos. Perder dinero en un gran proyecto era inaceptable, y Flemming lo sabía.

Sin embargo, jugar sobre seguro y desperdiciar un proyecto grande y prominente también era impensable. Como presidente, a Flemming le preocupaba las cuestiones relativas a la reputación. ¿Qué pensaría el socio de la empresa conjunta si, tras meses de duro trabajo, el proyecto fracasara porque Skanska no hubiera estado dispuesta a apostar fuerte? ¿Volvería a trabajar con Skanska en alguna otra ocasión? Y en cuanto a las empresas rivales, ¿inferirían de ello que a Skanska le faltaba valor? ¿Y qué decir del personal de Flemming, las personas con las que había trabajado un día tras otro? Si él no estuviera dispuesto a hacer un esfuerzo adicional, ¿lo considerarían una persona prudente y sabia o se preguntarían si no sería excesivamente cauteloso y poco amigo del riesgo? En cuanto a la empresa matriz, ésta quería evitar las pérdidas, pero también quería lograr grandes contratos. Los directivos de éxito no se retiraban de los grandes proyectos sin más; encontraban los medios de conseguir los contratos y convertirlos en éxitos. Por supuesto, el fantasma del fracaso nunca andaba muy lejos. Lo peor que podría suceder sería ganar el concurso, pero perder dinero.

La oferta definitiva tenía que presentarse a las cuatro de la tarde del día siguiente en las dependencias del Cuerpo de Ingenieros del Ejército en Baltimore. Al anochecer, Bill Flemming estaba sumido en un mar de dudas: «Estoy mirando fijamente una cifra unos 50 millones más alta de lo debido, y sé que puedo ser eliminado si no llego a la cantidad establecida por las autoridades. Cincuenta millones de 1.260 millones de dólares no es tanto. ¿Nos arriesgamos a presentarnos con una oferta que esté por encima del límite y que quizá no saquemos adelante? ¿O asumimos una cantidad más baja y confiamos en encontrar alguna innovación?»

Al final, Flemming tomó la decisión: Skanska presentaría una oferta por 1.210.700.000 dólares, situando a la empresa en 1,3 millones por debajo del objetivo fijado. Cómo se obtendría algún beneficio, era algo que no estaba del todo claro, tal como Flemming explicó: «Asumiremos el riesgo de que en algún momento consigamos ser más productivos, ya acortando los plazos, ya encontrando la manera de trabajar más deprisa o descubriendo la forma de reducir nuestros costes».

Dicho esto, la reunión se disolvió. El equipo que tenía que preparar la oferta trabajó durante toda la noche, ultimando los montones de documentos y recopilando las carpetas. La oferta definitiva fue entregada a la tarde siguiente en las oficinas del Cuerpo de Ingenieros del Ejército, situadas en South Howard Street, Baltimore, apenas una hora antes de que expirara el plazo.

De nuevo en Skanska, el estado de ánimo era positivo. Así lo recordaba Flemming: «Éramos optimistas. Nos había costado Dios y ayuda alcanzar la cifra, pero lo habíamos conseguido. Nos sentíamos bien».

REFLEXIONES SOBRE LAS DECISIONES

No seremos muchos los que tengamos que tomar una decisión que se acerque siquiera a la que se enfrentó Bill Flemming aquella calurosa noche agosteña. No tendremos que presentar una oferta por valor de más de 1.000 millones de dólares, con cientos de puestos de trabajo en juego y a contrarreloj. Pero en otros aspectos la decisión de Flemming sería característica de las decisiones espinosas a las que nos enfrentamos en muchos ámbitos de la vida, no sólo en el mundo empresarial, sino también en la política, los deportes y el ejército. Tales decisiones son complicadas, relevantes y llenas de incertidumbres. Aprender a tomar mejores decisiones —más sabias, prudentes y con más probabilidades de que acaben en éxito— es una cuestión de alta prioridad.

En los últimos años se ha escrito un número considerable de libros sobre la toma de decisiones, muchos basados en los hallazgos de las investigaciones realizadas en el campo de la psicología cognitiva. Los seres humanos, nos hemos enterado, no son las criaturas racionales sobre las que leemos en los libros de texto de economía. Antes bien, cometen errores predecibles, o son víctimas de prejuicios, los cuales a menudo socavan sus decisiones.

Ahora ya estamos familiarizados con muchos de esos errores, entre los que se incluyen los siguientes:

- Según dicen, las personas pecan de exceso de confianza, se sienten demasiado seguras de sí mismas y son exageradamente optimistas sobre el futuro.
- La gente busca la información que les confirme lo que desean creer, en lugar de buscar aquella que pueda cuestionar sus esperanzas.
- Las personas trabajan con la ilusoria creencia de que controlan, e imaginan que tienen más influencia sobre los acontecimientos de la que realmente tienen.
- Las personas se dejan engañar por los acontecimientos aleatorios y ven patrones donde no los hay.
- Las personas no son buenas estadísticas intuitivas, y prefieren una imagen que sea coherente con lo que tiene lógica de acuerdo con las leyes de las probabilidades.
- Las personas están aquejadas del prejuicio de retrospectiva y creen que tenían razón desde el principio.

El consejo habitual para tomar mejores decisiones es el de que seamos conscientes de nuestra inclinación a los sesgos normales y que encontremos la forma de evitarlos, lo cual tiene lógica en muchos tipos de decisiones. Pero, como veremos, es insuficiente para otras, incluidas muchas de una importancia trascendental.

LA VISTA DESDE LA PLANTA 32

Unos meses después de los acontecimientos aquí descritos, me reuní con Bill Flemming y dos de sus colegas en la sede social de Skanska en Estados Unidos, situada en la planta 32 del Empire State Building de Nueva York. Era uno de esos impresionantes días invernales en los que puedes ver a kilómetros de distancia en todas las direcciones y el mundo parece más claro que el agua. Nuestra sala de reuniones, que lindaba con la Quinta Avenida, ofrecía una vista deslumbrante. En línea recta, mirando hacia el este, se abría la amplia extensión de Queens y Brooklyn; a la izquierda, los rascacielos del centro de Manhattan se desplegaban contra el intenso azul del cielo, y a la derecha, las torres del sur de Manhattan sobresalían formando una silueta plateada contra el sol invernal.

Mientras los ejecutivos de Skanska me explicaban cómo habían decidido cuánto ofertar, yo me dedicaba a buscar las pruebas de los errores habituales. ¿Su oferta había sido determinada por los sesgos? ¿O habían conseguido evitarlos y elaborado una oferta sensata? Ninguna opinión fue lo bastante exacta.

Les pregunté por las semanas previas al 12 de agosto, cuando intentaban rebajar una oferta de 1.475 millones de dólares hasta el objetivo de 1.212 millones. ¿Habían buscado las pruebas que los ayudarían a ganar la puja, un error conocido como el sesgo de la confirmación? Respondieron sin titubeos: «¡Pues claro que hemos buscado las pruebas confirmatorias!» Cualquiera puede encontrar motivos para «no» hacer algo, dijeron, así que, si no te presionas para seguir adelante, jamás tendrás éxito. Eso no significaba que hubieran ignorado los problemas potenciales, pero en esta clase de competencia encontrar las maneras de rebajar la oferta era esencial.

Yo también andaba buscando indicios del exceso de confianza. La oferta final dependía de encontrar la manera de ahorrar otros 50 millones; ¿se habían comprometido a más de lo que podía estar justificado? «Sin duda», convinieron todos, aunque no consideraban que hubiera el menor exceso de confianza en ello. Apostar a que podrían encontrar la manera de mejorar era completamente razonable; además, en el contexto de una subasta pública, era algo necesario. Aquel que no estuviera dispuesto a apostar que podía hallar la manera de ahorrar más no tendría ninguna posibilidad. Lo que por definición parecía excesivo, por otro lado era esencial.

También indagué acerca de algo denominado la maldición del ganador. ¿Eran conscientes de que en una subasta pública a menudo el ganador va demasiado lejos y acaba siendo el perdedor? Sí, respondieron. Como veteranos del sector, todos eran profundamente conscientes del peligro de las pujas desbocadas, y lo último que querían hacer era una oferta imprudente. Y, sin embargo, también sabían que si eran demasiado prudentes, no tendrían ninguna posibilidad de triunfo. Preocúpate en exceso por la maldición del ganador y tendrás una clase distinta de problema: el de que jamás ganarás.

Mientras escuchaba a los ejecutivos de Skanska, las lecciones habituales de las investigaciones sobre la toma de decisiones —estar alerta a los errores normales y prevenirse contra ellos— no hacían justicia a las complejidades a las que se habían enfrentado.

LAS DECISIONES EN LOS LABORATORIOS Y EN EL MUNDO REAL

A lo largo de las últimas décadas nos hemos enterado de muchas cosas sobre la toma de decisiones, gracias en buena medida a una serie de experimentos hábilmente concebidos. Una importante línea de investigación se dedicó al estudio de las elecciones de las personas en situaciones de riesgo. En uno de esos experimentos se preguntaba: «¿Qué preferiría: tener 90 dólares seguros o hacer una apuesta con un 90 por ciento de probabilidades de ganar 100 dólares y un 10 por ciento de no conseguir nada?» Desde una perspectiva rigurosamente matemática, las dos opciones son idénticas, y ambas tienen lo que los economistas denominan un «valor estimado» de 90 dólares. Pero la gente corriente no considera que sea lo mismo. La mayoría preferiría tener los 90 dólares seguros que correr un riesgo del 10 por ciento de acabar sin nada. (Muchos incluso preferiríamos 80 dólares seguros antes que aceptar la apuesta sugerida, aun cuando por término medio ésta le proporcionaría a uno 90 dólares.)

Una línea de investigación distinta dejó a un lado la cuestión del riesgo y se centró en la manera en que nuestras elecciones se pueden ver afectadas por la forma en que están formuladas las alternativas. En mi curso de formación de ejecutivos he utilizado recientemente un ejemplo basado en un experimento ideado por Amos Tversky e Itamar Simonson, y que es como sigue: imagina que vas a comprar una cámara y te ofrecen dos opciones. ¿Cuál preferirías?[4]

- Una Minolta S1 con un precio de 269,69 dólares y una valoración de 6 sobre 10 en *Consumer Reports*.
- Una Minolta S2 con un precio de 539,99 dólares y una valoración de 8 sobre 10 en *Consumer Reports*.

Cuando no hace mucho le hice esta pregunta a un grupo de directivos, la mayor parte se decantó por la S1. Una inmensa mayoría dijo que preferían gastarse menos en una buena cámara, mientras que sólo una minoría afirmó que estarían dispuestos a gastarse el doble en adquirir la mejor. Simultáneamente, se ofreció a un grupo distinto de directivos un surtido que incluía las citadas dos opciones, pero con el añadido de una tercera:

- Una Minolta S1 con un precio de 269,99 dólares y una valoración de 6 sobre 10 en *Consumer Reports.*
- Una Minolta S2 con un precio de 539,99 dólares y una valoración de 8 sobre 10 en *Consumer Reports.*
- Una Minolta S3 con un precio de 839,99 dólares y una valoración de 7 sobre 10 en *Consumer Reports.*

Enfrentados a esta elección, fueron muy pocos los que escogieron la S3, pero las preferencias por las otras dos se invirtieron. Ahora, la inmensa mayoría prefirió la S2, y la minoría se decidió por la S1.[5] Por el mero hecho de haber añadido la muy cara S3, la S2 pasó a parecer la alternativa media moderada y ofrecer la mejor combinación de calidad y precio. Según la teoría económica, semejante cambio parece irracional. Si los clientes prefieren la S1 a la S2, no deberían cambiar a la S2 sólo porque se introduzca una tercera alternativa. Pero eso es lo que sucede. La formulación de las alternativas puede determinar nuestras preferencias.

Estos experimentos están pensados, y esto es de crucial importancia, para que puedas escoger la alternativa que desees, pero no puedas modificar las opciones. En el primer ejemplo, puedes coger los 90 dólares o aceptar la apuesta, pero no puedes cambiar las condiciones. Ni puedes aumentar las probabilidades de ganar 100 dólares por encima del 90 por ciento, ni puedes incrementar la cantidad que apuestas para pasar a ganar de 100 dólares a, digamos, 120 dólares. En el segundo ejemplo, puedes escoger una cámara u otra, pero no puedes modificar las opciones. No puedes hacer nada para mejorar las cámaras, añadiendo, por ejemplo, funciones, ni puedes regatear el precio ni pedir ver una Canon o una Nikon. Respondes a las alternativas que te presentan, y punto.

Hay una buena razón para que los experimentos sobre las elecciones se conciban de esta manera. Si «pudieras» alterar las alternativas, sería mucho más difícil comparar las respuestas, porque acabaríamos con muchas respuestas distintas para un amplio espectro de alternativas, en lugar de una serie de datos claramente comparables. La manera de aprender algo sobre la elección es ofrecer a las personas una cantidad limitada de alternativas, y luego comparar sus respuestas.

Otra línea de investigación examinó la forma en que la gente hace juicios en condiciones de incertidumbre. Un ejemplo famoso pide a los sujetos del estudio que adivinen cuestiones tales como la longitud del Nilo, el año de nacimiento de Mozart o el peso de un Boeing 747. Tras invitarles a que aporten una variedad de respuestas entre las que, con un margen de certeza del 90 por ciento, se halle incluida la correcta, habitualmente la gente proporciona unos abanicos que son demasiado reducidos, lo que lleva a la conclusión de que son excesivamente optimistas.

He aquí, una vez más, unas personas a las que se les pide que hagan juicios sobre cosas en las que no pueden influir. Puede que tu suposición sea acertada o errónea, pero en ningún caso modificarás la longitud del Nilo, el año de nacimiento de Mozart ni el peso de un Boeing 747. De nuevo, hay un buen motivo para que los experimentos sobre los juicios hagan preguntas sobre cosas en las que no podemos influir. Porque si «pudiéramos» influir en lo que evaluamos, las respuestas reflejarían nuestras diferentes aptitudes, o al menos la percepción que tenemos de ellas. Pide a dos personas que hagan un juicio sobre una tarea sencilla —como lo lejos que pueden lanzar una pelota, por ejemplo—, y sus respuestas diferirán en función de sus aptitudes. La mejor manera de aprender sobre los juicios es precisamente el enfoque que han seguido los investigadores: asegurarse de que todos tengan la misma capacidad de influir en los resultados, esto es, ninguna en absoluto.

La mayoría de los experimentos sobre los juicios y la elección tienen también algunas otras características. Normalmente, te piden que tomes la mejor decisión para ti, sin considerar a nadie más. No hay una dimensión competitiva, por lo que no tienes que pensar en lo que podrían hacer los demás. También suelen afectar a decisiones que se toman rápidamente y con unos resultados que se conocen de inmediato. Esto es útil para garantizar que todo el mundo se enfrenta a las mismas circunstancias exactas, de manera que las respuestas se puedan comparar sin tener que preocuparse de factores condicionantes. Por último, estos experimentos piden a los participantes que tomen sus decisiones por sí solos, como individuos, y no como miembros de un grupo. Por consiguiente, no tienen que preocuparse de lo que opinará de ellos un subordinado, ni de si sus decisiones hoy son coherentes con las que tomó la última semana, ni de si la gente pensará que son valientes y tajantes, en lugar de descafeinadas.

Gracias a los experimentos de laboratorio hábilmente formulados, sabemos muchísimo sobre la manera de elaborar juicios y hacer elecciones de las personas. Como el psicólogo Dan Ariely explica: «Para los científicos sociales, los experimentos son como microscopios o luces estroboscópicas, que amplían e iluminan la multitud de fuerzas complejas que influyen simultáneamente en nosotros. Ellos nos ayudan a ralentizar la conducta humana hasta convertirla en un relato fotograma a fotograma de los acontecimientos y los factores individuales, y a examinarlos detenidamente y con más detalle».[6]

Los experimentos sobre el juicio y la elección han hecho importantes contribuciones a multitud de especialidades.[7] En el campo del comportamiento del consumidor, ahora comprendemos mejor cómo toman sus decisiones las personas a la hora de comprar.[8] Para los directores de marketing, siempre deseosos de incitar al consumismo, es tremendamente valioso comprender cómo los pequeños cambios en la fijación de los precios o en la presentación de las opciones puede llevar a los clientes a abrir sus billeteras. A los consumidores también nos resulta útil entender las fuerzas que determinan nuestras elecciones, de manera que podamos calar las tácticas de marketing e intentemos evitar que nos manipulen. Estos experimentos involucran habitualmente a individuos que actúan en solitario y que hacen elecciones partiendo de alternativas establecidas, sin tener en cuenta ninguna fuerza competidora.

En las políticas públicas, hemos aprendido mucho sobre la manera en que la gente ahorra para la jubilación o contrata un seguro médico (si es que lo hace), e incluso acerca de las reacciones de los conductores a las señales de tráfico en las carreteras con mucho tráfico. Dotados de un mejor conocimiento sobre la forma en que la gente toma sus decisiones, los organismos públicos pueden proyectar los servicios de una manera más rentable.[9] Una vez más, estas decisiones implican a individuos que responden a opciones que no pueden alterar, sin que medie ninguna presión competitiva.

En el mundo de las finanzas también hemos aprendido mucho sobre cómo deciden las personas sus inversiones. Ahora sabemos que cometen errores predecibles cuando gestionan sus carteras de valores, a menudo comprando y vendiendo en el momento inadecuado. Así, se olvidan de la inclinación natural de la regresión hacia la media y sucumben a la falacia de los costes fijos.[10] Una vez más, la mayoría de las decisiones inversionistas afectan a la compra o venta de activos cuyos rendimientos no pueden ser afectados de forma directa. Los operadores hacen sus apuestas, y ganan o pierden, pero no pueden influir en el resultado. De manera similar, como inversor privado puedes comprar una acción de IBM o de Google, pero no puedes mejorar el rendimiento de ninguna de las dos empresas después de haber comprado dichas acciones. No puedes estimular a una acción recién adquirida para que suba más deprisa ni animarla a que funcione mejor que el mercado, como tampoco herirás sus sentimientos ni provocarás que caiga si la vendes. Como Adam Smith (seudónimo de George Goodman) observó sabiamente en su clásico *El juego del dinero*: «Las acciones no saben que las tienes».[11] No hay lugar para el optimismo ni las ilusiones. Además, la mayoría gestionamos nuestras inversiones para que sean rentables, pero no como parte de una competición en la que tratemos de amasar más riqueza que otro.[12]

Sin embargo, pese a todo lo que sabemos sobre esta clase de decisiones, sabemos menos de otras.

Primero, muchas decisiones implican muchas más cosas que la mera elección entre unas opciones en las que no podemos influir o unas valoraciones de cosas que no podemos afectar. Cuando decidió cuánto ofertar para el UDC, Bill Flemming no estaba eligiendo entre unas alternativas que no pudiera alterar. Si Skanska USA Building obtenía el contrato, Flemming y su equipo se pasarían los siguientes años ejecutando el proyecto. Aplicando sus habilidades y energía, transmitiendo objetivos y movilizando empleados, podrían influir en los resultados, quizás un poco, o quizá mucho.

Segundo, muchas decisiones tienen una dimensión competitiva. No sólo buscamos hacerlo bien, sino hacerlo mejor que nuestros rivales. Flemming no sólo tenía que igualar el precio fijado por el gobierno de 1.212 millones de dólares; tenía que presentar una oferta más baja que la de los demás. Por eso, tuvo que evaluar a sus rivales y considerar lo que podrían ofertar. Ésa es la esencia de la estrategia: superar a los rivales, que están tratando de hacerlo mejor que nosotros.

Tercero, muchas decisiones requieren mucho tiempo antes de que sepamos los resultados. Los grandes proyectos de obras como el del Centro de Datos de Utah tardan años en llevarse a cabo, lo que significa que las respuestas son lentas e imperfectas. No tienen nada que ver con las decisiones en las que los resultados se conocen inmediatamente y la retroalimentación de una se puede utilizar para realizar modificaciones en la siguiente.

Cuarto, muchas decisiones se toman por los líderes de las empresas. Como presidente de Skanska USA Building, Flemming tenía una serie de funciones y responsabilidades. Tenía que tener en cuenta la relación de Skanska con sus socios y su reputación dentro del sector, además de lo que sus colegas pensarían de él. Las cuestiones de la percepción y la credibilidad eran importantes.

En resumen, los experimentos han sido muy efectivos para aislar los procesos de juicio y elección, pero deberíamos tener cuidado cuando aplicamos sus descubrimientos a circunstancias muy dispares. En palabras del psicólogo Philip Tetlock: «Se puede provocar mucho mal trasplantando esta lógica de contraste de hipótesis, que prospera en un escenario controlado de laboratorio, al escenario caótico del mundo real, donde, *ceteris paribus* jamás se cumple ni jamás se puede cumplir».[13] Hemos descubierto muchas cosas sobre las decisiones en multitud de campos —elecciones del consumidor, políticas públicas e inversiones financieras—, pero no tantas sobre las decisiones en el mundo real.

LA CLAVE DE LAS GRANDES DECISIONES: EL CEREBRO IZQUIERDO Y LO QUE HAY QUE TENER

En *Pensar rápido, pensar despacio*, el psicólogo y Premio Nobel de Economía de 2002 Daniel Kahneman describe dos sistemas de pensamiento. Nuestra mente intuitiva sigue el muy rápido Sistema 1, que suele ser efectivo, aunque con frecuencia conduce a los errores habituales. Nuestra mente reflexiva utiliza el más lento pero más prudente Sistema 2. Así las cosas, Kahneman recomienda: «En principio, la manera de bloquear los errores que se producen en el Sistema 1 es sencilla: reconoce las señales de que te encuentras en un campo de minas cognitivo, aminora el paso y pide refuerzos al Sistema 2».[14]

Éste es un buen consejo, siempre que hayamos educado a nuestro Sistema 2 a proporcionarnos la clase adecuada de refuerzos. El propósito de este libro es el de describir el aspecto que podrían tener algunos de esos refuerzos. Su meta es la de identificar las maneras concretas en que deberíamos meditar las decisiones del mundo real; no la clase de juicios y elecciones que se estudian habitualmente en el laboratorio, sino las decisiones más complejas que solemos encontrarnos en el mundo real.

La idea en torno a la cual gira este libro es que las decisiones acertadas combinan dos destrezas muy diferentes. Las llamaremos *cerebro izquierdo* y *lo que hay que tener*.

Cerebro izquierdo es la forma reducida de decir enfoque deliberado y analítico para resolver problemas. Éste es un nombre un tanto inapropiado, claro está, porque ambos hemisferios del cerebro son utilizados en múltiples cometidos. La resolución de problemas no es estrictamente una función del cerebro izquierdo, no más de lo que los artistas dependen exclusivamente de sus cerebros derechos. Pero en la medida en que el cerebro izquierdo está más íntimamente asociado al razonamiento lógico, el término es acertado. Las grandes decisiones reclaman un análisis claro y un razonamiento desapasionado.

Utilizar el cerebro izquierdo significa:

- Conocer las diferencias entre lo que podemos controlar y lo que no, entre acción y predicción.
- Conocer la diferencia entre el rendimiento absoluto y el relativo, entre los momentos en que necesitamos hacerlo bien y aquellos en que debemos hacerlo mejor que los demás.
- Darse cuenta de si es mejor pecar por actuar y fracasar, o no actuar; esto es, identificar lo que llamamos errores de Tipo I y los de Tipo II.
- Determinar si estamos actuando como individuos solitarios o como líderes en un contexto organizativo, al tiempo que estimulamos a los demás a que tengan un gran rendimiento.
- Reconocer cuándo los modelos nos pueden ayudar a tomar mejores decisiones, pero también a ser conscientes de sus límites.

Todos estos factores son importantes, aunque no lo suficiente. Las grandes decisiones también exigen una disposición a asumir riesgos, a traspasar límites y a ir más allá de donde se haya llegado hasta entonces. Las grandes decisiones requieren algo que llamamos lo que hay que tener. La expresión en inglés [*right stuff*] procede del libro publicado en 1979 por Tom Wolfe sobre el programa espacial tripulado de Estados Unidos, y hace alusión a la suma de aquellas cualidades intangibles que distingue a los mejores pilotos del resto. En palabras de Wolfe, lo que hay que tener no era sólo la predisposición a jugarse el pellejo; eso lo puede hacer cualquier idiota. Más bien significaba «tener la aptitud para elevarse en una máquina arrojadiza y jugarse el pellejo, y tener los cojones, los reflejos, la experiencia y la sangre fría para hacerla retroceder en el último momento».[15] Lo que hay que tener trata de la gestión inteligente del riesgo.

Poseer lo que hay que tener significa:

- Reunir unos elevados niveles de confianza, niveles que hasta podrían antojarse excesivos, pero que son útiles para conseguir un rendimiento alto.
- Ir más allá del rendimiento pretérito y expandir los límites para buscar niveles inauditos.
- Infundir en los demás la disposición a correr los riesgos adecuados.

El cerebro izquierdo y lo que hay que tener pueden parecer factores contrapuestos, pero en realidad son complementarios, y en el caso de muchas decisiones es esencial que estén presentes los dos. Fue a ambos a los que Bill Flemming tuvo que recurrir cuando decidió la oferta para el UDC, siendo necesarios también en muchas otras ocasiones. Las grandes decisiones exigen una capacidad de raciocinio prudente y reflexivo, y también la disposición a asumir riesgos excesivos.

LA PRÁCTICA DE LAS DECISIONES ACERTADAS

Las ideas contenidas en este libro están basadas en mi experiencia en el mundo empresarial, primero en la industria y más tarde como profesor en una escuela de negocios. Durante los últimos diez años, he trabajado principalmente en el mundo de la formación de ejecutivos y me he relacionado a diario con los directivos de un amplio abanico de sectores industriales de todo el mundo. Mi punto de partida es el mundo de la práctica, no el de la teoría, y mi meta es ayudar a que las personas piensen con más claridad, ejerciten su capacidad para el pensamiento crítico y tomen mejores decisiones.

Este propósito fue el que me llevó a escribir *Espejismos: la falsedad oculta de los razonamientos económicos*, en el que señalaba algunos de los errores que socavan nuestro pensamiento sobre el rendimiento empresarial. No me dolieron prendas a la hora de revelar los defectos de varios estudios famosos, algunos de los cuales, a pesar de la cantidad de información e investigación científica aparentemente rigurosa, apenas pasan de ser unas fábulas para levantar el ánimo. Este libro también pretende ayudar a los directivos a que piensen por sí mismos, pero en esta ocasión con la atención puesta en la toma de decisiones. La idea central —que las decisiones del mundo real exigen la combinación del análisis del cerebro izquierdo y la ambición de lo que hay que tener— está basada en mi trabajo con los directivos en activo.

Un reciente episodio en un aula dejó perfectamente claro este aspecto. No hace mucho asistí a una conferencia en la que un destacado profesor de una escuela de negocios, un experto en gestión del riesgo, declaró ante un grupo de ejecutivos que una de las principales causas de las malas decisiones era el exceso de confianza. Las investigaciones habían demostrado, afirmaba, que las personas padecen una inclinación generalizada al exceso de confianza. Para demostrarlo, el profesor dirigió el experimento mencionado anteriormente, en virtud del cual se entregó a los miembros del auditorio una serie de preguntas de cultura general, que incluían algunas como la longitud del Nilo y el año de nacimiento de Mozart, y se les pidió que, con un grado de certeza del 90 por ciento, expusieran un rango que contuviera las respuestas correctas. Cuando el profesor reveló estas últimas, resultó que la mayoría de los participantes se habían equivocado al menos cuatro veces de cada diez, y alguno incluso más. Sus series habían sido demasiado reducidas. El profesor proclamó: «¿Ven? ¡Tienen un exceso de confianza!» Lo que, implícitamente, venía a decirles: «¡Deberían evitar el exceso de confianza para tomar mejores decisiones empresariales!»

Cuando eché un vistazo por la sala, vi una diversidad de expresiones. Algunos de los ejecutivos sonreían avergonzados, como diciendo: «Sí, me imagino que es cierto. Supongo que tengo demasiada confianza». Pero otros parecían desconcertados. «Vale, no acerté por poco. Pero ¿en serio que eso quiere decir que tengo demasiada confianza cuando se trata de otro tipo de decisiones?» Había hasta expresiones de escepticismo. «¿No es bueno tener un alto grado de confianza? ¿Y cómo voy a tener éxito si no estoy dispuesto a correr riesgos?» Estos ejecutivos parecían saber por intuición lo que los investigadores académicos a veces ignoran: que, en lo tocante a las decisiones empresariales, lo que por un lado parece excesivo, por otro puede ser útil o hasta necesario, y comprendían asimismo por intuición que no sólo es necesaria la lógica del cerebro izquierdo, sino también lo que hay que tener.

EL CAMINO POR RECORRER

A lo largo de este libro examino diversos elementos de uno en uno, para al final reunirlos todos. Del capítulo dos al nueve abarco muchos de los elementos asociados al cerebro izquierdo. El capítulo dos establece la distinción fundamental entre las decisiones por las que no podemos controlar los resultados y aquellas otras por las que sí. Por lo que respecta a las primeras, escaso es el margen para las ilusiones o el optimismo, aunque cuando sí podemos determinar los resultados, el pensamiento positivo puede ser sumamente efectivo. En el capítulo tres introduzco la dimensión del rendimiento relativo, en la que no es suficiente con hacerlo bien, sino que lo esencial es hacerlo mejor que los rivales de uno. Muchos de los estudios sobre el juicio y la elección omiten cualquier dimensión competitiva, pero cuando tenemos que hacerlo mejor que los demás, la necesidad de pensar estratégicamente deviene en crucial. El capítulo cuatro combina estas dos primeras magnitudes, demostrando lo que sucede cuando la capacidad para influir en los resultados y la necesidad de superar a los demás se presentan simultáneamente. Lejos de ser un caso especial o raro, tales situaciones son muy frecuentes. Cuando se trata de la gestión estratégica, podría incluso considerarse como la norma.

A partir de ahí, ofrezco diferentes maneras de reflexionar sobre dos sesgos famosos. El capítulo cinco examina el que quizá sea el error más citado de todos, el exceso de confianza, y aporta una interpretación radicalmente diferente. Un examen más detenido hace que lo que parece una idea sencilla —la de que la gente es propensa al exceso de confianza— resulte ser mucho más complicada. En situaciones de competitividad, un alto grado de confianza no sólo es a menudo muy útil, sino que puede ser esencial. El capítulo seis analiza otro error bien conocido, el sesgo de la negación del ratio base. El descubrimiento básico —el de que las personas tienden a ignorar los ratios base de población— es correcto, pero el consejo frecuente —que deberíamos prestar atención a los ratios base— es incompleto. Hay ocasiones en que no sólo podemos ir más allá de lo que se ha hecho hasta entonces, sino que las circunstancias de competitividad dictan que debemos hacerlo. Sin embargo, lejos de ser imprudentes, podemos encontrar maneras de limitar el riesgo poniendo el cerebro izquierdo al servicio de lo que hay que tener.

El capítulo siete añade la dimensión temporal y establece la distinción esencial entre decisiones en las que la respuesta es rápida y tangible, y aquellas en las que es lenta. En cuanto a las primeras, tal vez sea posible aprender por medio de la práctica deliberada, pero en cuanto a las últimas, es más importante llegar a la decisión correcta la primera vez. El capítulo ocho va más allá de las decisiones tomadas por los individuos que actúan en solitario, para considerar las decisiones de los líderes en las organizaciones. Ahora quizá sea esencial animar a los demás a que vayan más allá de lo que pudiera parecer justificado, lo cual nos obliga a adoptar un planteamiento nuevo para conceptos tales como la transparencia, la autenticidad y la sinceridad. El capítulo nueve se centra en los modelos de decisión, un tema de viva actualidad dado el auge de los *Big Data*. Los modelos pueden ser muy potentes y suelen proporcionar unas predicciones notablemente precisas. Pero, a veces los hemos aplicado de manera incorrecta; saber cuándo son útiles, pero respetando sus limitaciones, también es crucial.

A partir de ahí, me ocupo de dos ejemplos integrales. El capítulo diez explora la licitación pública y adopta un nuevo planteamiento sobre otro error bien conocido, el de la maldición del ganador. El capítulo once aborda la cuestión de la iniciativa empresarial y la creación de nuevas empresas, de nuevo sustituyendo las ideas al uso sobre los errores de decisión por una comprensión más realista y matizada de cómo se pueden y se deben tomar las decisiones en el mundo real. Por último, el capítulo doce resume las lecciones claves para la toma de las grandes decisiones, no en los escenarios rutinarios de las elecciones del consumidor o de las inversiones —en los que ni podemos influir en los resultados ni necesitamos superar a ningún rival—, sino en escenarios complejos del mundo real, como aquel al que tuvo que enfrentarse Bill Flemming.

Cualquier tema importante implica siempre el pensamiento crítico. Una de las personas que más admiro, el físico Richard Feynman, pronunció en una ocasión una conferencia sobre la ciencia y la religión en la sociedad. Feynman no creía en los milagros ni en la divina intervención, pero no veía ningún valor en decirles a las demás personas lo que debían creer. Para él tenía más importancia que pensaran por sí mismas y aprendieran a hacer preguntas.

Refiriéndose al lugar sagrado del sudoeste de Francia donde en 1858 una joven afirmó haber tenido una aparición de la Virgen María, y que en la actualidad atrae a millones de peregrinos al año, Feynman observó: «Quizá sea verdad que pueden ser curados por el milagro de Lourdes. Pero si fuera verdad, entonces el hecho debería ser investigado. ¿Y por qué? Pues para mejorarlo».

Si nuestra meta es curar a las personas, deberíamos investigar la mejor manera de hacerlo. Podríamos preguntar si una persona tiene que entrar en la gruta de Lourdes para recibir plenamente los efectos de sus poderes curativos o si es suficiente con que se acerque a ella. Y si es así, ¿a qué distancia sería suficiente? Si se congregan cientos de personas alrededor de la gruta, ¿el efecto curativo es igual de fuerte en la última fila que en la primera? ¿A qué altura disminuye y cuánto? ¿Es suficiente con que a uno le rocíen con unas pocas gotas del agua del manantial en la frente o tiene que sumergirse para que surta pleno efecto? ¿La gente tiene que ir a visitarla en persona, o puede curarse tocando a alguien que haya hecho la peregrinación a Lourdes? Feynman concluyó: «Tal vez se rían, pero si creen en el poder de la sanación, entonces son responsables de investigarlo para mejorar su eficacia».[16]

Otro tanto es de aplicación aquí. Pese a todos los avances de los últimos años, todavía no hemos comprendido la naturaleza de muchas decisiones importantes y complejas. Por eso tenemos la obligación de investigar: para que podamos tomar las decisiones adecuadas.

2

La cuestión del control

> «La diferencia entre el piloto y el pasajero en cualquier aeronave en vuelo se reduce a una cuestión: el control.»
>
> Tom Wolfe, *Elegidos para la gloria*, 1979

La primera clave para tomar grandes decisiones parece sencilla: ¿estás tomando una decisión sobre algo en lo que no puedes influir, o puedes ejercer algún control?

Empecemos con un ejemplo sencillo. Consideremos el golf, no porque yo sea un entusiasta golfista (he jugado lo suficiente para saber lo diabólicamente difícil que es este deporte), sino porque ilustra la manera en que las personas influyen en los resultados. Hacer un recorrido de golf no tiene que ver con predecir algo sobre lo que no tenemos control; la cosa va de actuar.

¿Qué es necesario para sobresalir en golf? En cuanto a los principiantes, es importante que tengan una buena técnica. Empieza con una postura equilibrada, donde la distribución del peso sea la correcta. Pon la mano, la muñeca y el codo en la posición adecuada y mantén la cabeza baja y firme. Balancea el palo hacia atrás con suavidad y lánzalo hacia delante con un fuerte golpe descendente. Gira las caderas de manera que la cabeza del palo golpee la bola formando el mejor ángulo, y marca el movimiento completo después de pegarle a la bola. Como es natural, la condición física es importante, y se necesita fuerza, resistencia y agilidad. Escoge el equipamiento con inteligencia: no sólo los palos, sino también los guantes, los zapatos y una ropa con la que te sientas cómodo. Practicar es esencial, preferiblemente bajo la atenta mirada de un entrenador que pueda señalarte los defectos, para que puedas mejorar e intentarlo de nuevo.

Todo lo dicho es esencial, aunque no suficiente, siendo también decisiva una mentalidad positiva. Si hay un tema recurrente en la inmensa literatura sobre el golf, es éste: el golf es un juego de confianza. Los libros de instrucciones y los entrenadores hacen todos hincapié en la necesidad de que creas que puedes —que podrás— golpear satisfactoriamente.

Muchos de los mejores golfistas son famosos tanto por su mentalidad como por sus aptitudes físicas. Uno de los profesionales más destacados de la actualidad, Ian Poulter, lo explica así: «Entre tener mucha confianza y ser arrogante hay una línea muy fina [...]. Creo sinceramente que, si me lo propongo, puedo hacer cualquier cosa, ya sea embocar desde la calle a meter un *putt* desde doce metros».[1] Y añade: «Muy pocas personas en la cúspide de este juego maravilloso carecen de confianza en sí mismas. A la mía suelen confundirla con la arrogancia, pero si tú no crees que serás bueno, no lo serás». O como Mark O'Meara dijo en una ocasión acerca del Torneo de Maestros, el torneo de golf más importante del mundo, que ganó en 1989: «No puedes ganar este torneo si estás a unos 2 metros del hoyo "confiando" en meterla».[2] Confiar no es suficiente; tienes que «creer» que la meterás. Dave Stockton, una estrella del golf de la década de 1970, describía su actitud como sigue: «Creo que me "merezco" meter la bola en el hoyo cada vez que estoy a punto de golpear con el *putt*».[3]

No debería sorprender que los golfistas muestren un comportamiento poco apropiado cuando se trata de valorarse a sí mismos. Hace algunos años, la Asociación de Golfistas Profesionales (PGA) examinó todos los *putts* realizados durante un año entero de torneos profesionales —11.600 en total—, centrándose en los que se hicieron desde 1,80 metros aproximadamente, lo que suponía no estar tan cerca como para meter la bola en el hoyo con un sencillo empujón, pero tampoco estar tan lejos como para ser un golpe improbable. La mayoría de los profesionales consideraron que podían meter al menos el 70 por ciento de sus *putts* desde aproximadamente 1,80 metros, y algunos hasta fueron mucho más optimistas. Uno afirmó: «Si no vas a meter al menos el 85 por ciento de los golpes desde 1,80 metros, no vas a ganar nada de dinero».[4] Los hechos demuestran una historia diferente. Sólo el 54,8 por ciento de los *putts* desde 1,80 metros, o poco más de la mitad, fueron buenos. Cuando se les comunicó sus porcentajes, muchos golfistas se sorprendieron, pero si se piensa en ello parece lógico. La mayoría creían que podían hacerlo mejor por un buen motivo: «pensar» que son capaces de meter un *putt* desde 1,80 metros aumenta las probabilidades de que lo «hagan».

El efecto de la percepción que se tenga del rendimiento en el golf fue demostrado recientemente en un experimento de laboratorio tan riguroso como los estudios sobre el juicio y la elección. La doctora Jessica Witt, de la Universidad de Purdue, reclutó a treinta personas para que golpearan unas bolas con el *putter* desde una distancia de 1,70 metros, con la intención de que las introdujeran en un agujero de golf de 5 centímetros de diámetro, esto es, del tamaño habitual.[5] Sobre el agujero, un proyector enfocado hacia abajo proyectaba un aro de círculos, creando una ilusión de Ebbinghaus, la ilusión óptica que lleva el nombre del psicólogo alemán del siglo XIX que fue precursor de los estudios sobre la cognición y la memoria. Para la mitad de los participantes, el proyector creaba un anillo de once círculos pequeños, llamado cercado pequeño; para la otra mitad, el proyector emitía cinco círculos grandes, creando un cercado grande, como se muestra en la figura 2.1. Aunque los agujeros eran del mismo tamaño, la mente percibía el de la izquierda, rodeado por los círculos grandes, como de menor tamaño que el de la derecha.

El objeto de la investigación era sencillo: ¿se distinguirían los dos grupos en su habilidad para meter la bola? La respuesta resultó ser un inequívoco «Sí». Aquellos que se enfrentaron al cercado pequeño metieron casi el doble de golpes que los que se enfrentaron al cercado grande. Conformando sin más las percepciones, la doctora Witt pudo producir un mejor rendimiento: pensar que el agujero era más grande, condujo a unos golpeos con el *putter* más precisos.

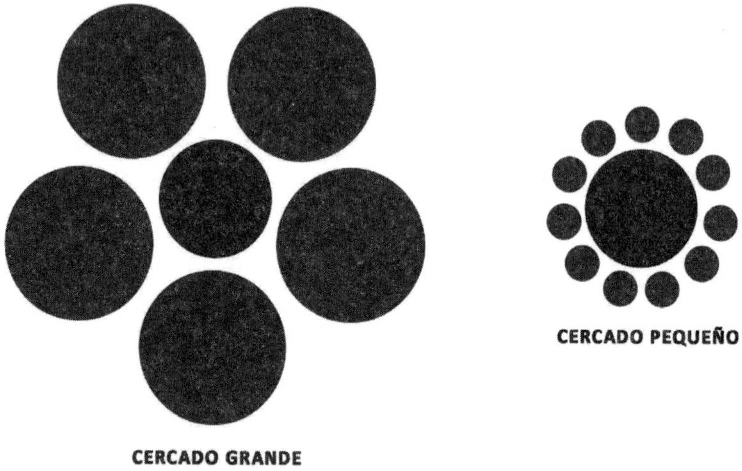

Figura 2.1. *Determinación de las percepciones y cambio de rendimiento.*

Ahora, antes de que vayas y te compres un proyector, déjame que te dé las malas noticias: no hay muchos campos de golf en los que te permitan hacer un recorrido con un proyector a cuestas, así que no te dejarán que ilumines unos pequeños círculos para hacer que el agujero parezca más grande. Pero sí que «puedes» hacer lo siguiente: utilizar técnicas de visualización para ayudarte a percibir el agujero grande y tentador, en lugar de pequeño y prohibitivo. Y eso es exactamente lo que hacen los entrenadores. Adoptando una mentalidad positiva, incluso manteniendo una visión hasta cierto punto exagerada, a menudo puedes mejorar los resultados.

Estos descubrimientos nos llevan en una dirección muy diferente a lo que se ha escrito a menudo acerca de la toma de decisiones. El pensamiento convencional nos insta a que evitemos los prejuicios y nos guardemos de ser optimistas e irreales a la hora de valorarnos a nosotros mismos. Esto tiene lógica cuando se nos pide que hagamos un juicio acerca de algo sobre lo que no podemos influir, y que por consiguiente no haya motivo para que no seamos precisos. Pero cuando se trata de que hagamos que suceda algo —como meter una pelota en un hoyo—, la historia cambia.

TÚ HACES LO QUE VA A SUCEDER

El golf no es la única actividad en la que una mentalidad positiva puede mejorar el rendimiento. El doctor Kevin Thompson, director de ciencias del ejercicio y el deporte de la universidad inglesa de Northumbria, reclutó a nueve deportistas varones, de unos treinta años de media, para que participaran en un experimento que utilizaba bicicletas estáticas. El primer día se indicó a los hombres que pedalearan lo más deprisa que pudieran durante el equivalente a 4 kilómetros. Los miembros del equipo de investigadores jalearon a los hombres con las frases habituales —como «Sigue así» y «Lo estás haciendo muy bien»— y les iban informando de la distancia cubierta hasta el momento, mientras diversos instrumentos medían el consumo de oxígeno y el gasto de energía. Los tiempos de aquel primer día sirvieron como referencia para el esfuerzo máximo.

Durante los siguientes días cada hombre acometió dos sesiones más, ahora pedaleando delante de la pantalla de un ordenador que mostraba imágenes de dos ciclistas, llamados avatares. Uno de los avatares mostraba el esfuerzo actual del ciclista, mientras que, según se les informó, el otro se movía a la velocidad de referencia que el ciclista registró en la primera prueba. Sin que lo supieran los deportistas, en una de las dos sesiones (determinada aleatoriamente) el avatar de referencia se programó para que fuera un 2 por ciento «más deprisa» que la verdadera velocidad de referencia.

La cuestión que trataba de dilucidar la investigación era: «¿Los ciclistas que observaran al "avatar embaucador"» serían capaces de igualar o incluso superar esa velocidad? Una vez más, los resultados dieron como respuesta un rotundo «Sí». Cuando contemplaron al avatar embaucador, ocho de los nueve ciclistas pudieron ir aún más deprisa y mejorar sus plusmarcas anteriores. El doctor Thompson concluyó que pudieron superar lo que creían que era un esfuerzo máximo aprovechando una reserva metabólica, y decidió (en términos de la investigación científica) que «la respuesta aumentada subrepticiamente derivada de un rendimiento previo reduce el tiempo utilizado por los ciclistas para realizar una prueba de tiempo de duración conocida». En román paladino: «Pensar que podían ir más deprisa les ayudó a hacerlo». No sin limitaciones, claro está, porque en estudios posteriores el doctor Thompson halló que aumentando la velocidad del avatar un 5 por ciento era demasiado, y los deportistas no pudieron mejorar su rendimiento para mantenerse a la altura. Pero en el caso de ocho de los nueve deportistas, sí que fue alcanzable una mejoría del 2 por ciento.[6]

Tales resultados no sorprendieron ni a deportistas ni a psicólogos del deporte, viniendo a confirmar lo que ya se sabe desde hace mucho. El rendimiento deportivo está determinado por muchos factores, desde la adecuada técnica a la buena forma física, pasando por una nutrición inteligente, pero una mentalización positiva también es crucial. Roger Bannister, el primer hombre en bajar de los cuatro minutos en la milla, y médico también, comentó en una ocasión: «Es el cerebro, ni el corazón ni los pulmones son el órgano esencial. Es el cerebro».[7] Cuando «crees» que puedes ir más deprisa, las más de las veces puedes.

El béisbol es otro deporte en el que la mentalidad es esencial. Los bateadores tienen que adoptar la postura adecuada, observar el punto de liberación o altura de lanzamiento del *pitcher*, girar luego las caderas y contactar con la bola con un *swing* horizontal. Todo esto es muy importante, aunque no suficiente. Según Karl Kuehl, un veterano entrenador de béisbol: «El éxito sostenido se cimenta en la creencia del jugador de que puede triunfar cada vez que pisa el campo. Sólo los jugadores con el máximo grado de confianza tendrán la resistencia mental para sobresalir por encima de todos cuando son desafiados [...]. La confianza es la fe interior básica de que una persona puede tener y tendrá éxito. Un *pitcher* debe creer que puede lanzar y lanzará esa bola de dos costuras en la esquina de afuera; un bateador debe creer que puede batear y bateará el lanzamiento adentro con dirección».[8]

Como es lógico, ningún bateador dirigirá siempre el lanzamiento adentro, como tampoco un *pitcher* colocará siempre la pelota a la perfección en la esquina de afuera. Pero conservar la confianza es esencial. El antiguo *pitcher* de relevo de los San Francisco Giants Brian Wilson, una presencia intimidatoria sobre el montículo, lo expresa de esta manera: «No puedes entrar allí con dudas ni pensando que puedes fallar. Y desde luego no puedes entrar en el grupo diciéndote: "Por Dios, ¿qué va a pasar?" Eres tú quien hace lo que va a pasar [...]. Este juego es incompatible con las emociones negativas o con tener miedo».[9]

Puede que en el mundo del béisbol no haya habido nadie que hiciera tanto hincapié en el pensamiento positivo, como el ex director deportivo de Los Angeles Dodgers Tommy Lasorda. A lo largo de su dilatada carrera, Lasorda se hizo famoso por alentar a los jugadores jóvenes a que dieran lo mejor de sí mismos. Resumía su punto de vista de esta manera: «Creo en el poder del pensamiento positivo. Es algo que he visto funcionar en numerosas ocasiones, y es algo que trato de enseñar a mis jugadores». Sus latiguillos eran incansablemente positivos: «Si crees en ello, puedes conseguirlo. El éxito empieza en la confianza. Está en los puedo, no en los no-puedo. Creer que puedes hacer algo realmente es el principio de que lo hagas. Las dudas sólo entorpecen».[10]

Lasorda se acordaba del consejo que le dio a uno de sus jugadores, un buen bateador, aunque no excelente, que estaba deseoso de mejorar. El ingrediente que faltaba era la mentalización, y para triunfar contra los grandes lanzadores del momento tenía que fortalecer su confianza. Lasorda le dijo:

> Cuando al día siguiente vayas a enfrentarte a un *pitcher*, tienes que imaginarte mental y físicamente preparado para derrotarle. Entra en el cajón del bateador «creyendo» que no hay un hombre vivo que pueda eliminarte. Tienes que querer vivir para que llegue el día en que puedas ser el artífice de la gran carrera de

> los Dodgers. Tienes que «creer» que eres el mejor con el bate. La noche antes de que vayas a batear contra Juan Marichal o Bob Gibson o Bob Veales, tienes que imaginarte que los bateas, tienes que saber que puedes batearles [...].
>
> Jamás debes pensar: «No puedo batear a este tío». Lo que tienes que repetirte una y otra vez es: «Este tío no me puede eliminar». Tienes que «creer» realmente que eres el mejor bateador de béisbol. Quiero que repitas una y otra vez, todos los días: «Creo que soy el mejor bateador de béisbol».[11]

Ése era un buen consejo para la época, y hoy sigue siendo útil. Batear una pequeña esfera que viaja a más 140 kilómetros por hora es considerado a veces la tarea más difícil de los deportes. El pensamiento positivo —incluso teniendo una autoestima que sea, objetivamente hablando, un tanto exagerada— es crucial para el éxito.

CUANDO LOS DELIRIOS PUEDEN SER SALUDABLES

Los deportes son un buen escenario para apreciar el impacto de la mentalización sobre el rendimiento, porque podemos observar una acción discreta —golpear una pelota o girar un volante— de una manera clara y objetivamente mensurable. Pero las lecciones del pensamiento positivo no están limitadas a los deportes. Las personas han comprendido hace mucho que una mentalización positiva puede mejorar todo tipo de rendimiento. Ésa es la razón de que leamos a nuestros hijos cuentos como *La pequeña locomotora que sí pudo*, sobre el modesto tren azul que avanza por la montaña a trancas y barrancas, repitiendo: «Creo que puedo, creo que puedo», y confiamos en que ese optimismo y tenacidad influyan en las pequeñas mentes. Antes de eso, *El poder del pensamiento positivo* de Norman Vincent Peale encontró una audiencia receptiva. Y mucho antes de eso, uno de los observadores más agudos de la naturaleza humana, Goethe, observó: «Para alcanzar todo lo que pueda, un hombre debe pensar que es más capaz de lo que es». No mucho más capaz, por supuesto; no estamos sugiriendo que los delirios de grandeza sean saludables. Pero para muchas actividades, en las que no hacemos predicciones sobre las cosas en las que no podemos influir, pero participamos en la determinación de los resultados, el pensamiento positivo es importante.

La implicación es grande. Tradicionalmente, la salud mental ha sido definida como la visión del mundo tal cual es. Así, damos por supuesto que los individuos sanos pueden percibir las cosas con claridad, libres de prejuicios. Ver las cosas como no son es padecer delirios o deformaciones. Ésa es la razón de que una parte considerable de la teoría de la decisión haya estado encaminada a advertir a la gente de que eviten los sesgos habituales.

Pero cuando «podemos» influir en los resultados, la historia cambia. Los psicólogos Shelley Taylor y Jonathan Brown encontraron que los «delirios positivos» —pensar que somos mejores de lo que realmente somos, gracias a lo que denominan «autoevaluaciones excesivamente positivas, percepciones exageradas de control y un optimismo idealista»— suelen ir acompañados de una diversidad de ventajas.[12] Los delirios positivos no sólo llevan a las personas a tomar la iniciativa en lugar de aceptar el estado de las cosas, sino que también nos ayudan a afrontar la adversidad y a sobrevivir a las épocas difíciles. Asimismo, aumenta nuestra resistencia y hace que estemos menos dispuestos a admitir la derrota. El pensamiento positivo estimula a la gente para que sea más creativa, busque nuevas maneras de hacer las cosas y persevere ante la competencia.

Taylor y Brown también descubrieron que las personas que muestran ilusiones positivas tienden a tener más amigos y crear unos vínculos sociales más fuertes, cosas ambas que son ingredientes importantes de la felicidad. Los psicólogos infirieron que las personas saludables —las que social y funcionalmente están bien adaptadas y no son neuróticas ni depresivas— suelen manifestar tres clases de distorsiones: tienen una percepción de sí mismas exageradamente positiva; exageran su nivel de control personal y tienden a gozar de un optimismo irreal sobre el futuro. En suma, una persona saludable «no» es alguien que siempre vea las cosas tal cual son, sino que tiene la «envidiable capacidad de distorsionar la realidad».[13] Es la «ausencia» de esos delirios lo que asociamos con la depresión y la infelicidad.[14]

Nada de esto debería llevarnos a inferir que una actitud positiva pueda superar cualquier obstáculo o vencer todos los inconvenientes ni ninguna otra tontería motivacional *new age* semejante. En cuanto a las cosas en las que no podemos influir, no son muchas las ventajas que ofrece el pensamiento positivo. Como demostró el experimento ciclista del doctor Thompson, las mejorías son demostrables, pero difícilmente ilimitadas. Sin embargo, la regla general se mantiene. Cuando podemos influir en los resultados, el pensamiento positivo —aun manteniendo pareceres un tanto exagerados— puede ser beneficioso.

RECONSIDERACIÓN DE LA ILUSIÓN DEL CONTROL

La necesidad de distinguir entre lo que podemos controlar y lo que no queda resumida en lo que ha venido en llamarse la oración de la serenidad: «Que Dios me conceda la serenidad para aceptar las cosas que no puedo cambiar, el valor para cambiar las cosas que sí puedo y la sabiduría para apreciar siempre la diferencia».[15] Estas palabras son ampliamente citadas, a veces hasta el extremo de convertirlas en un tópico. Pero en la oración de la serenidad no hay nada trivial. Escrita en la década de 1930 por el teólogo Reinhold Niebuhr, en ella se hace una sencilla aunque gran distinción: intentar cambiar lo que no podemos conduce a la frustración y el estrés, pero no conseguir cambiar lo que está a nuestro alcance puede alimentar el fatalismo y la desesperanza. Conocer la diferencia es una señal de sabiduría.[16] Cuando no hay manera de ejercer el control, el mejor planteamiento suele ser el juicio imparcial y moderado; lo inteligente es identificar y protegerse de los sesgos o prejuicios comunes. Pero cuando sí podemos hacer las cosas —cuando tenemos capacidad para influir en los resultados—, el pensamiento positivo es sumamente útil.

Decir que las personas deberían tratar de distinguir entre lo que pueden y no pueden controlar lleva a más preguntas: ¿hasta qué punto conocen la diferencia la mayoría de las personas?, ¿evalúan con exactitud su capacidad para influir en los acontecimientos, o se equivocan a menudo?

A este respecto, las investigaciones sobre la toma de decisiones aportan una respuesta clara: la gente hace gala de un sentido exagerado del control. Los estudios más famosos son los dirigidos en la década de 1970 por Ellen Langer, una psicóloga de la Universidad de Harvard. Imagínate que vas a jugar a la lotería. ¿Preferirías escoger tú mismo el número o te daría exactamente igual que otra persona lo eligiera por ti? Probablemente, te traería sin cuidado, dado que los números premiados serán extraídos al azar, y un número es tan bueno como cualquier otro. Pero a la gente «sí» que le importa, incluso hasta el extremo de estar deseando pagar por el privilegio de seleccionar los números.[17] En otro experimento recurrieron al corte de cartas, y una vez más, las personas se comportaron como si pudieran influir en el resultado, aun cuando debía haber sido evidente que no era así. Langer llamó a este fenómeno la *ilusión del control.*[18] Puesto que sus primeros hallazgos fueron publicados en 1975, han sido repetidos muchas veces con conclusiones muy congruentes. Las personas suelen actuar como si pudieran controlar los acontecimientos, cuando no es así.

Como ejemplo del mundo real, piensa en el juego de dados conocido como *craps.* (La palabra proviene del francés *crapaud*, «sapo»; piensa en los apostantes acuclillados sobre la acera mientras tiran los dados y entenderás por qué se llama así.) En los casinos, el *craps* se juega en una mesa donde una persona lanza los dados y otras hacen las apuestas. Las normas que regulan la actividad del lanzador son muy estrictas y van encaminadas a garantizar un lanzamiento sin trampas. Uno puede sacudir los dados, pero siempre con la palma hacia arriba, de manera que los dados estén visibles en todo momento; está prohibido ocultarlos. Al lanzarlos, hay que hacerlo de manera que el dado golpee en el otro extremo de la mesa, donde chocará con una zona acolchada verde marcada con un motivo romboidal para garantizar la aleatoriedad del rebote. Mientras se obedezcan estas normas, los jugadores pueden —y así lo hacen— intentar todo tipo de cosas para mejorar su suerte. Sacuden los dados, les soplan encima o incluso les hablan. Algunos los lanzan suavemente cuando quieren sacar un número bajo, y con fuerza para obtener un número alto. Los hay que hasta están dispuestos a pagar por recibir «lecciones» de cómo lanzar los dados. Navegando por Internet, encontré un curso de una sesión de dos horas por 179 dólares que enseña diversas técnicas, como formas de agarrar los dados con nombres del jaez de «pinzas para el hielo» o «dos dedos», además de gestos de muñeca para realizar giros de sacacorchos o con efecto cortado, todo destinado a que uno mejore su lanzamiento. En ningún momento te promete exactamente que podrás «controlar» los dados, sólo que podrás mejorar tus lanzamientos lo suficiente para pasar de perder a ganar. (Cómo exactamente se consigue eso es algo que no se explica en ningún momento, pero si hay suficiente gente dispuesta a gastarse 179 dólares, entonces puede que no tenga realmente importancia.) ¿La conclusión inevitable cuando vemos estos tipos de trampas? Que los jugadores de dados están aquejados de una «ilusión de control».

La ilusión de control está ampliamente reconocida como un error de juicio generalizado, y es incluido frecuentemente en las listas de los sesgos comunes. Así las cosas, se incita a las personas a que atenúen o refrenen su creencia de que pueden determinar los acontecimientos, y se les advierte: «Puedes controlar menos cosas de las que te imaginas».

Todo esto constituye una bonita historia y refuerza la idea de que las personas hacen gala de unos sesgos comunes. Sólo hay un problema: que no es totalmente exacto.

Echa otro vistazo a los ejemplos de los experimentos de Langer. ¿Qué es lo que tienen en común escoger los números de la lotería, cortar las cartas y lanzar los dados? En cada uno de los casos, el acontecimiento es completamente aleatorio, y de ninguna manera existe la capacidad de influir en el resultado. Puede que esto se antoje el escenario ideal para observar la ilusión del control, pero no lo es. En la medida en que las personas perciban de forma errónea su aptitud para controlar los resultados, estarán «inevitablemente» del lado del optimismo. Cualquier error «tiene» que inclinarse hacia la exageración del control, lo que significa que no tenemos manera de distinguir entre el error aleatorio y el error sistemático, que es otra forma de llamar al sesgo o prejuicio.

Si lo que queremos es ver si las personas padecen un generalizado prejuicio hacia la sobrevaloración del control, tenemos que adoptar un enfoque diferente. Tenemos que estudiar una diversidad de situaciones, algunas de las cuales permitan poco control, y otras un control alto, y luego comparar los resultados.

Eso es lo que hizo recientemente un equipo de investigadores de la Carnegie Mellon University liderado por el psicólogo Don Moore. Tras reclutar a un grupo de voluntarios, les pusieron a trabajar individualmente en la realización de una serie de tareas en un ordenador. A mitad del trabajo, la pantalla cambió su aspecto habitual —letras negras sobre fondo blanco— por una insufrible tonalidad morada, y un pequeño aviso en la pantalla informaba de que para recuperar el fondo blanco había que pinchar con el ratón. Las participantes fueron asignados aleatoriamente a una de las siguientes cuatro situaciones: control máximo (en la que pinchar con el ratón devolvía el blanco a la pantalla el 85 por ciento de las veces), control moderado (con una efectividad del 50 por ciento), control bajo (sólo el 15 por ciento de efectividad) y, por último, ningún control (pinchar con el ratón no tenía ningún efecto). Concluida la prueba, se preguntó a los sujetos por el grado de efectividad que, según ellos, sus pinchazos con el ratón habían tenido para que la pantalla volviera a recuperar el blanco. Los de los grupos de ningún control y control bajo opinaron que tenían una capacidad mayor para cambiar el color de la pantalla, un resultado coherente con los hallazgos de Langer sobre la ilusión del control. En cuanto a los grupos del control alto y moderado, los resultados se inclinaron en el sentido «contrario»: infravaloraron su grado de control, y a menudo en una cantidad considerable. Lejos de padecer una ilusión de control excesivo, no se habían percatado del control que tenían en realidad.[19]

Moore y sus colegas llevaron a la práctica varias versiones más de este estudio, y todas indicaron la misma conclusión: las personas no sobrestiman sistemáticamente sus niveles de control. Una explicación más sencilla es que las personas tienen una idea incompleta de la cantidad de control que pueden ejercer. Cuando el control es escaso, tienden a sobrestimarlo, pero cuando es alto, se inclinan por infravalorarlo.

Este hallazgo tiene una enorme relevancia. Durante décadas los investigadores nos han dicho que las personas tienen una tendencia generalizada a sobrestimar el control. Se nos ha advertido que seamos conscientes de que podemos controlar menos de lo que imaginamos, pero ésa no es una conclusión justa. Al realizar experimentos que sólo analizan casos de poco o ningún control (como el lanzamiento de dados o la elección de los números de la lotería), los investigadores sólo podían observar la tendencia a sobrestimar el control, no al revés. Si en esto hay un error, éste radica en la manera en que los investigadores han dirigido sus experimentos. (Moore y sus colegas denominaron a esto ¡la ilusión de la ilusión del control!) Durante las últimas décadas hemos favorecido una conclusión espectacular —que las personas padecen una ilusión de control—, en lugar de una menos asombrosa pero más exacta: que las personas pueden cometer, y cometen, errores en «ambos» sentidos.

¿QUÉ ERROR ES MÁS FRECUENTE, Y CUÁL ES EL MÁS GRAVE?

Observar que las personas pueden infravalorar el control además de sobrevalorarlo lleva a hacerse otra pregunta: ¿cuál de estos errores es más probable que se dé en nuestras vidas diarias? En cuanto a las cosas sobre las que no tenemos control —si mañana hará sol o lloverá, los vaivenes de nuestro equipo deportivo favorito o los movimientos del índice Standard & Poor's 500 un día determinado—, cualquier error caerá naturalmente del lado de la exageración del control. Para esta clase de cosas, es prudente reconocer, pese a los amuletos y los conjuros mágicos, que no podemos influir en los resultados.

Pero muchas actividades «están» en gran medida bajo nuestro control, y no sólo jugar al golf o pedalear en una bicicleta, sino la forma en que hacemos nuestro trabajo o lo bien que realizamos un examen, preparamos una comida o tocamos un instrumento musical. Todas estas cosas dependen mucho de los actos que realicemos; dependen de nuestras habilidades y talentos, de nuestra capacidad para brillar bajo presión y también muchísimo de nuestra mentalización. En esto, el error más frecuente no es la ilusión de tener un control excesivo, sino todo lo contrario: la incapacidad para reconocer cuánto control tenemos realmente. Mientras que las investigaciones sobre la toma de decisiones nos han prevenido contra la ilusión del control excesivo, por lo que respecta a muchas actividades la lección más importante es justo la contraria: deberíamos intentar no «infravalorar» nuestro control.

La distinción entre lo que podemos y no podemos controlar tal vez parezca sencilla, aunque a menudo no es tan fácil de hacer. El médico y escritor Atul Gawande hizo esta reflexión después de años de práctica quirúrgica: «Antes pensaba que el mayor esfuerzo para un médico consistía en aprender las técnicas. Pero no es así, aunque cuando empiezas a estar confiado en que sabes lo que estás haciendo, un fallo te derriba. Tampoco es la tensión del trabajo, aunque a veces tu agotamiento te lleva al borde del abismo. No, he descubierto que la parte más difícil de ser médico es saber sobre qué tienes poder y sobre qué no lo tienes».[20]

Gawande tiene razón: en medicina, distinguir entre lo que podemos y no podemos controlar es crucial. Por desgracia, es una distinción que suele pasarse por alto. En *¿Me está escuchando, doctor? Un viaje por la mente de los médicos*, el doctor Jerome Groopman utiliza las investigaciones de la psicología cognitiva para mostrar cómo los sesgos habituales pueden distorsionar la forma en que los médicos hacen sus diagnósticos,[21] y menciona muchos errores y sesgos que ya son de sobra conocidos. La *heurística de disponibilidad*, un atajo mental por el que la gente concede demasiada importancia a una información que está disponible de forma inmediata, provoca que los médicos diagnostiquen erróneamente enfermedades que se recuerdan con facilidad, mientras pasan por alto otras que son menos frecuentes. El *sesgo de confirmación*, una tendencia a buscar pruebas que apoyen una corazonada inicial, impide que los médicos investiguen exhaustivamente en busca de pruebas que pudieran contradecir dicha intuición. El *efecto anclaje* también es importante, porque los datos iniciales se convierten en un ancla que por lo general no es modificada suficientemente por la información subsiguiente. Para cada uno de los sesgos, Groopman proporciona unos vívidos ejemplos de cómo los sesgos cognitivos pueden llevar a cometer errores graves, e insta a los médicos a estar en guardia.

Todo esto tiene mucho sentido en cuanto al «diagnóstico» de la enfermedad, que implica realizar juicios sobre cosas en las que no podemos influir. Pero muchos médicos, aparte quizá de especialistas como los patólogos, piensan en muchas más cosas que en hacer simplemente un diagnóstico preciso. Ellos también se dedican a ayudar a los pacientes en su recuperación, y ahí sí que «pueden» influir en los resultados. El poder de una mentalización positiva para mejorar la recuperación en muchas enfermedades es bien conocido. Un artículo reciente aparecido en *Annals of Beha-*

vioral Medicine resumía 83 estudios que examinaban enfermedades que iban desde el cáncer a las enfermedades cardiovasculares, y encontraba una estrecha relación entre el optimismo del paciente y la buena salud.[22] A su vez, la actitud del paciente está en parte orientada por lo que él o ella oigan del médico. No es de extrañar, pues, que una reciente encuesta entre médicos arrojara el dato de que casi la mitad admitía matizar la verdad en sus comunicaciones con los pacientes. El motivo no era el engaño ni la falta de voluntad de enfrentarse a la realidad, sino la conciencia de que mantener una actitud positiva puede tener un impacto poderoso en una recuperación final. (Jerome Groopman está familiarizado con el tema después de haber escrito *The Anatomy of Hope*, libro en el que trata el tema de la esperanza y la salud.)[23]

Por supuesto que sería absurdo ir al otro extremo y sugerir que todas las enfermedades se pueden curar recurriendo al pensamiento positivo. Básicamente, no es misión de los médicos dedicarse a difundir el optimismo. En *Bright-Sided: How Positive Thinking Is Undermining America*, Barbara Ehrenreich hace una mordaz exposición del optimismo insensato,[24] e incluye varios ejemplos de atención médica en los que los charlatanes insisten en el poder del pensamiento positivo incluso frente a un pronóstico nefasto. Pero si rechazamos todas las ventajas del pensamiento positivo en la asistencia médica, estaremos oponiéndonos al peso de una cantidad considerable de pruebas. El pensamiento positivo es importante, tanto para el paciente como para el médico.

Los médicos tienen que reconocer en qué difieren las situaciones y perfeccionar la destreza para reaccionar en cada caso con la conducta adecuada. Cuando están en contacto con los pacientes, y aunque conserven la objetividad y el sentido de la perspectiva, a menudo pueden expresar optimismo y tratar de transmitir esperanza, no para engañar ni crear falsas expectativas, sino para mejorar la salud de aquéllos. Necesitan tener capacidad para realizar juicios desapasionados sobre aspectos en los que no pueden influir y esforzarse en mejorar aquello que se puede cambiar, cosas ambas que requieren prudencia además de valor. La necesidad de mostrar flexibilidad, de pensar simultáneamente de una forma desapasionada e imparcial mientras transmiten optimismo y pensamiento positivo cuando se puede influir en los resultados, es una de las razones de que la atención médica sea una profesión tan exigente.

DE LA MEDICINA A LA GESTIÓN

¿Qué deberíamos pensar del control cuando se trata de las decisiones empresariales? En inglés, una clave nos la da la palabra en sí. *Manage* procede del italiano *maneggiare*, «manejar», que a su vez procede del latín *manus*, «mano». Siempre que eches una mano, literal o figuradamente, para hacer algo, estarás manejando. *Manage* es prima de otra palabra con la misma raíz, *manipulate*, o «manipular». Los *managers*, los gerentes, no sólo hacen elecciones sobre las que no pueden influir, como un comprador que adquiere un producto u otro, o un inversor que compra o vende una acción. (Tú puedes manejar, gestionar, tu lista de la compra, pero escoges un producto; gestionas tu cartera de inversiones, pero compras o vendes una acción.) Tampoco los gerentes hacen sin más sus apuestas como quien compra un décimo de lotería o lanza unos dados. La esencia de la gestión, del *management*, consiste en ejercer el control e influir en los acontecimientos.

Claro está que los directivos no tienen un control absoluto sobre los resultados, como un médico no lo tiene sobre la salud de un paciente, puesto que se ven azotados por acontecimientos que escapan a su dominio: factores macroeconómicos, cambios tecnológicos, actos de los rivales, etcétera. Y, sin embargo, es un error concluir que los directivos son víctimas de una ilusión de control generalizada. El mayor peligro es lo contrario: que infravalorarán el grado de control que tienen realmente.

Sin embargo, comparadas con golpear una pelota o pedalear, las decisiones empresariales son algo más complejo. Puede que a menudo no pongan tanto en juego como la oferta de Bill Flemming por el UDC, pero entrañan una aptitud para movilizar a las personas y los recursos y para determinar de manera activa los resultados. Por lo que respecta a Flemming, seguramente algunos elementos estaban fuera de su control, entre ellos el rendimiento de los subcontratistas, los posibles retrasos en las entregas, el efecto de la competencia local en los salarios de la construcción y el clima reinante en Utah, que es proclive a padecer unos inviernos rigurosos. Pero Flemming sabía que habría formas de mejorar el rendimiento, aunque no supiera exactamente cuáles. (Recuerda sus palabras: «En algún momento tendremos la posibilidad de poder ser todavía más productivos, mejorando nuestro calendario, o encontrando la manera de trabajar más deprisa, o descubriendo la forma de reducir nuestros costes».)

A este respecto, Flemming mostraba un comportamiento típico. En un amplio estudio sobre la asunción de riesgos empresariales, el profesor de la Universidad de Nueva York Zur Shapira halló que los directivos no se consideran simplemente como personas que hacen elecciones o juicios, sino como hombres y mujeres que utilizan activamente sus habilidades para ejercer el control.[25] Además, consideran sus acciones como parte de un proceso continuo, nada que ver con apostar por un caballo en el hipódromo o escoger un número en la mesa de la ruleta, donde no se puede hacer nada para mejorar los resultados. Como dijo un directivo: «Las apuestas comprenden elementos de incertidumbre y resultados positivos o negativos. La toma de decisiones empresariales se basa (con suerte) en una hipótesis fundamentada de lo que es más probable que suceda y de lo que se puede hacer para remediar un resultado negativo. Esto es, la toma de decisiones es un proceso continuo en el que cada decisión depende de la decisión previa. Las apuestas sólo tienen dos resultados: ganar o perder, y cada decisión y cada resultado es independiente de los demás». Y otro más comentó: «La teoría de las decisiones pone todo el énfasis en el análisis que lleva al momento de la elección. Aunque sin duda eso es importante, la experiencia me ha enseñado que mi capacidad para influir en lo que suceda después del momento de la elección puede que sea incluso más importante».[26]

Estos empresarios comprendían de forma intuitiva que, al contrario que los jugadores de dados o los compradores de lotería, ellos tenían capacidad para controlar e influir en los resultados. Lejos de padecer una ilusión de control, los directivos son mucho más proclives a subestimar su capacidad para influir en los resultados, y con frecuencia pueden conseguir más, influir más y provocar más cambios de lo que imaginan.

SABIDURÍA, SEGUNDA PARTE: ¿DEBERÍAMOS EQUIVOCARNOS POR EXCESO O POR DEFECTO?

Por supuesto, a todos nos gustaría tener el sentido común de saber la diferencia entre lo que podemos cambiar y lo que no, aunque a menudo no tenemos ni idea. Todo lo cual lleva a más preguntas: cuando no estamos seguros, ¿es mejor equivocarse por exceso o por defecto? ¿Es mejor imaginar que tenemos más control del que realmente tenemos, o es preferible equivocarse en el sentido contrario?

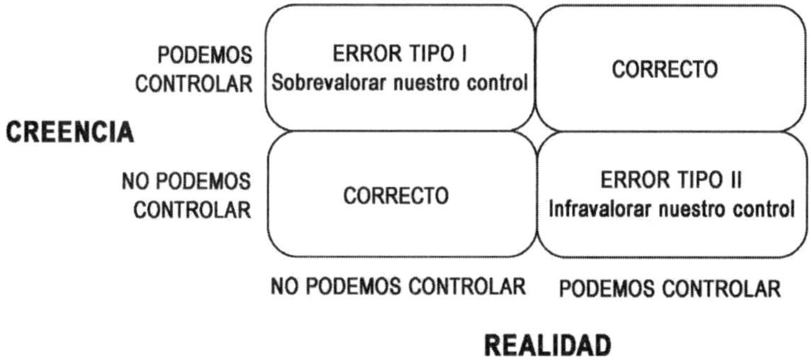

Figura 2.2. *Control, creencia y realidad.*

La figura 2.2 muestra las cuatro combinaciones posibles de la creencia y la realidad sobre el control. Si creemos que podemos controlar los resultados y realmente podemos, estamos situados en el cuadrante superior derecho. Si creemos que no podemos controlar los resultados y en efecto no podemos, nos situamos en el inferior izquierdo. En ambos casos, nuestras creencias son correctas. Pero ¿qué pasa con los otros dos cuadrantes? En el superior izquierdo, creemos que tenemos el control cuando realmente no lo tenemos; estamos sobrevalorando nuestro control. Éste es el error Tipo I, o falso positivo. El resultado es un error de comisión; seguimos adelante con alguna acción cuando no deberíamos. En el cuadrante inferior derecho, no creemos que podamos influir en los resultados cuando de hecho sí podemos; en este caso estamos infravalorando nuestro control. Éste es el error Tipo II, o un falso negativo: no actuamos cuando deberíamos.[27]

Naturalmente, a todos nos gustaría minimizar las posibilidades de error, y a menudo recopilamos información para mejorar la exactitud de nuestras creencias. Pero aun así siempre permanece alguna incertidumbre. Ésa es la razón de que sigamos necesitando considerar las consecuencias del error. ¿Es mejor actuar como si tuviéramos el control (y correr el riesgo de un error Tipo I), o es preferible suponer que no tenemos el control (y arriesgarnos al error Tipo II)? Considerando las consecuencias de cada uno de los casos, podemos tratar de evitar el más grave de los dos.

Supón que una epidemia arrasa un recóndito pueblo. Los niños, los ancianos y los débiles sucumben en grandes cantidades. Los remedios al uso son ineficaces, así que una opción es seguir buscando un tratamiento para la enfermedad. El inconveniente si nos equivocamos y cometemos un error del Tipo I es, quizás, el despilfarro de los recursos, pero no mucho más. La otra opción es concluir que no tenemos manera de detener la enfermedad, quizá considerándola fruto del destino o de la voluntad divina. El aspecto negativo en el caso de que estemos equivocados y cometamos un error del Tipo II son más muertes. Estructurando la decisión de esta manera y comparando las consecuencias de los errores del Tipo I y del Tipo II, podríamos llegar a la conclusión de que es más sensato seguir buscando una cura.

Ahora piensa en las actividades cotidianas que son menos dramáticas que una enfermedad mortal. Cuando no tienes ninguna capacidad para controlar los acontecimientos —como pueda ser el tiempo que hará mañana o el resultado del partido de fútbol de la próxima semana—, cualquier error estará en el lado del control exagerado. La manera de evitar el error es asegurarse de no cometer un error del Tipo I. Pero por lo que respecta a las actividades en las que sí puedes influir en los resultados —que incluyen la preparación de un examen o el lanzamiento de un nuevo producto—, el error más probable caerá del lado de «infravalorar» el control. Los errores de Tipo II —el no actuar cuando podemos efectuar el cambio— pueden ser muy graves.

Las investigaciones sobre las decisiones nos alertan frecuentemente contra la ilusión del control excesivo, pero han pasado por alto una lección aún más importante: para las actividades en las que podemos influir en los resultados, deberíamos asegurarnos de no infravalorar el control. Por norma general, es mejor equivocarse pensando que podemos hacer las cosas que suponer nuestra incapacidad. La ventaja es mayor, y el inconveniente menor.

REFLEXIONES SOBRE EL CONTROL

Una primera clave para tomar buenas decisiones nos exige que nos planteemos si podemos controlar los resultados. ¿Estamos eligiendo entre alternativas que no podemos cambiar o haciendo un juicio sobre algo que no podemos mejorar? ¿O por el contrario somos capaces de ejercer el control y de realizar mejoras? Por desgracia, muchos experimentos de laboratorio dejan a un lado por completo la capacidad para modelar los resultados. Eso está muy bien si el objetivo es aislar los mecanismos de juicio y elección en un marco único. Pero en el mundo real «podemos» influir frecuentemente en los resultados, y el pensamiento positivo «puede» mejorar el rendimiento. Creer que podemos conseguir algo, aun cuando creerlo sea un tanto exagerado, puede conducir a una mejoría en el rendimiento.

A mayor abundamiento, a diferencia de lo que ha acabado por ser comúnmente aceptado, la gente no padece una ilusión de control generalizada. Sí, exageran el control cuando nada es posible, porque cualquier error caerá del lado del optimismo. Sin embargo, cuando puedan influir en los resultados, los errores serán a menudo en sentido inverso. Dado lo mucho de nuestras vidas diarias que afectan a cosas en las que podemos influir, la tendencia mayor es a no exagerar el control, sino exactamente lo contrario. Somos más propensos a infravalorar nuestra capacidad de influir en los resultados.

Más allá de la sabiduría que entraña saber lo que podemos cambiar y lo que no, una segunda especie de sabiduría se centra en la mejor manera de equivocarse. Así que a menudo el énfasis de las investigaciones sobre las decisiones se ha puesto en evitar los errores del Tipo I y en no pensar que podemos hacer más de lo que verdaderamente podemos hacer. Pero si podemos adoptar medidas para influir en los resultados, los errores más graves tal vez sean del Tipo II. Deberíamos esforzarnos al máximo en influir en lo que podamos.

3

Rendimiento, absoluto y relativo

«Vamos a añadir un detallito al concurso de ventas de este mes. Como sabéis, el primer premio es un Cadillac Eldorado. ¿Alguien quiere saber cuál es el segundo premio? El segundo premio es un juego de cuchillos de carne. El tercer premio es: estás despedido.»

David Mamet, *Glengarry Glen Ross*, 1983

La segunda clave en la toma de grandes decisiones es saber si vamos a tratar de hacerlo bien o si tenemos que hacerlo mejor que los rivales.

Piensa un instante en tu economía personal. Deseas ahorrar lo suficiente cada mes y ganar lo suficiente con tus inversiones para satisfacer tus objetivos. Quizás estés intentando ahorrar para la educación de tus hijos, o comprarte una casa, o reunir unos ahorros para la jubilación. Por supuesto, quieres ganar todo lo posible, aunque no estás compitiendo con nadie más. No vas a tomar decisiones sobre inversiones —comprar estas acciones o vender aquéllas— con miras a superar a los rivales.

Cuando se trata del manejo de tus finanzas, las investigaciones sobre la toma de decisiones ofrecen muchas lecciones prácticas. Por lo que respecta a los principiantes, deberíais tener presente que las acciones se mueven mediante patrones aleatorios, y que varios días de ganancias no significan que el día siguiente traiga otro aumento ni una esperada corrección. No controléis vuestra cartera todos los días, porque las personas acusan más intensamente las pérdidas que las ganancias, así que las fluctuaciones del mercado no harán más que aumentar vuestra inquietud. Y no intentéis cronometrar el mercado, buscando el momento exacto para entrar en él por sorpresa o de hacer efectivas las ganancias, porque nadie puede cronometrar al mercado con precisión. Antes bien, deberíais revisar periódicamente la distribución de vuestros activos y realizar ajustes, invertir a largo plazo y seguir una estrategia de comprar y retener, con fondos indexados que rastreen el mercado al tiempo que cobran unas comisiones baratas. Haced todas estas cosas, y muy probablemente generaréis unas sólidas ganancias a largo plazo.[1]

Ahora pensemos en una clase muy diferente de decisión inversora. El National MBA Stock Market Competition es un concurso celebrado entre facultades y universidades de todo Canadá. La competición da inicio en septiembre con la asignación de una dotación ficticia de 100.000 dólares canadienses a cada uno de los equipos; a lo largo de las siguientes diez semanas, los estudiantes gestionan sus carteras de valores, «comprando» y «vendiendo» tantas veces como deseen. A finales de noviembre, el equipo con la cartera más valiosa gana un premio de 5.000 dólares canadienses para su facultad, y los demás no se llevan nada. Aquí la meta no es simplemente hacerlo bien, sino hacerlo mejor que los demás.

En uno de los últimos años, el National MBA Stock Market Competition contó con la participación de más de cincuenta equipos,[2] resultando ganadores tres alumnos de la Escuela de Empresariales de la Universidad de Alberta que en diez semanas casi duplicaron su cartera de valores, hasta alcanzar la descomunal cifra de 199.368 dólares canadienses, lo que arroja una ganancia de más del 1.600 por ciento en términos anualizados. ¿Cómo consiguieron hacerlo tan bien? Pues siguiendo lo que, según propia confesión, fue una «estrategia agresiva y en ocasiones sumamente arriesgada». Así lo explicaba uno de los alumnos: «Puedes hacer toda la planificación a largo plazo que quieras, pero realmente es la especulación a corto lo que mueve esto».

No habían visto el planteamiento óptimo desde el principio. Cuando comenzó la competición, los alumnos de Alberta reunieron una cartera de nueve valores, de los que cada miembro del equipo escogió tres. Era la clase de cartera de valores que uno podría idear si fuera a invertir a largo plazo, equilibrada y prudente. Después de tres semanas, el equipo había conseguido un beneficio del 9 por ciento, lo que en circunstancias normales sería excelente, pero en este mercado alcista en particular ni siquiera ocuparía un sitio entre los diez primeros. Una notificación de los organizadores del torneo puso de manifiesto que el mejor equipo ya había aumentado su cartera hasta un rendimiento del ¡22 por ciento! En ese momento fueron conscientes de la realidad. Uno de los estudiantes lo recuerda así: «Nos dimos cuenta de que en aras de la competitividad, una cartera diversificada no era necesariamente la manera de actuar, así que cambiamos nuestra estrategia para ser mucho más especulativos. Si queríamos ganar, teníamos que tratar de escoger a los ganadores a corto plazo».

Entonces allá que se fue la diversificación, y los estudiantes empezaron a poner sus huevos en una sola cesta. Para empezar, apilaron sus activos en una empresa farmacéutica que, por suerte para ellos, arrojó un beneficio rápido. Al cabo de tres días, se embolsaron sus ganancias y lo pusieron todo en una empresa de fibra óptica poco conocida. Como si les hubieran dado el pie, las acciones se dispararon. A no tardar mucho, los estudiantes convirtieron en efectivo sus acciones de la fibra óptica e invirtieron en una compañía de sistemas inalámbricos de banda ancha. Una vez más, su sentido de la oportunidad se reveló impecable, y las acciones subieron rápidamente.

Después de eso, trasladaron todos sus activos a una empresa biotecnológica, pero en esta ocasión, para su espanto, las acciones empezaron a desplomarse. En lugar de quedarse mirando cómo sus sueños de ganar se desvanecían, los tres alumnos de Alberta hicieron la que sería su apuesta más arriesgada. Pasaron de una posición larga a una corta, apostándolo todo a una caída mayor. La venta en descubierto no es para los débiles de corazón, pero había que tomar medidas extremas. El trío sabía que tenían que terminar por delante de todos los demás equipos, los cuales trataban de terminar por delante de «ellos». Por suerte para los de Alberta, las acciones de la biotecnológica siguieron cayendo, y el valor de su cartera se disparó exorbitantemente.

A la conclusión de las diez semanas fueron coronados campeones de Canadá, y el periódico de la Universidad de Alberta se llenó de elogios: «Los miembros del equipo dicen que han aprendido mucho de su incursión en las altas finanzas y que esperan que la victoria les ayude cuando entren en el mercado laboral dentro de un año. No pueden evitar sentirse un poco gallitos en cuanto a sus posibilidades de jugar de verdad en la bolsa, aunque procuran por todos los medios mantener la sensatez».[3] Puede que esto sea una lección.

Una lección aún mejor podría ser que cuando hay un premio de 5.000 dólares canadienses para el primer puesto y nada para todos los demás, y cuando no tienes que asumir ninguna pérdida, la única estrategia sensata es correr unos riesgos enormes. ¿Una juerga fenomenal? Pues claro. ¿Un buen entrenamiento para el mundo de las inversiones? Puede que no. Como observó uno de los estudiantes: «No hay mucha diferencia con respecto a jugar con dinero de verdad, porque uno quiere ganar, y sólo gana el que queda primero». Para esta clase de competición, el enfoque inteligente sería jugarse hasta la camisa.[4]

Dos ejemplos de gestión financiera, pero que exigen unas decisiones completamente diferentes. Gestionar tu cartera de inversiones personal es una materia de «rendimiento absoluto». Te guardas lo que ganas, con independencia de lo que hagan los demás. No hay ningún elemento competitivo. El National MBA Stock Market Competition trata exclusivamente del «rendimiento relativo»: no es suficiente con hacerlo bien; lo único que importa es hacerlo mejor que el resto.

EL ARTE DE SUPERAR AL ADVERSARIO

Gran parte de las investigaciones sobre la toma de decisiones nos invita a que hagamos los juicios y elecciones que más nos convengan, con independencia de lo que hagan los demás. No hay rivales por los que preocuparse. Esto está muy bien si nuestra meta es aislar los mecanismos cognitivos. No es necesario añadir una dimensión competitiva; de hecho, ésta no hace otra cosa que complicar los asuntos más de lo necesario.

Pero hemos de ser cuidadosos a la hora de coger esos hallazgos y aplicarlos a las situaciones que conlleven la competencia.

Ahora nos adentramos en la esfera del pensamiento estratégico, definido por Avinash Dixit de Princeton y Barry Nalebuff de Yale como «el arte de superar a un adversario, sabiendo que éste está intentando hacer lo mismo contigo».[5] El pensamiento estratégico es indispensable, observan ambos, cuando «el éxito está determinado por el rendimiento relativo y no el absoluto».[6]

El National MBA Stock Market Competition es una de las muchas situaciones en las que el éxito exige que seamos más listos que nuestros adversarios. Hace unos años, en el trabajo, tomé parte en una porra en la que había que hacer unas apuestas (muy pequeñas) sobre los resultados de las eliminatorias de la NFL [Liga Profesional de Fútbol Americano]. A 5 dólares por cabeza, entre veinte conseguimos reunir un bote de 100 dólares, que se pagaría al que hubiera elegido al ganador absoluto de las inminentes eliminatorias: dos partidos de la primera ronda, cuatro de la segunda, dos de las semifinales y la Super Bowl o final. (En caso de empate, el premio se compartía.) La máxima puntuación posible era nueve, y la mínima cero. Ahí estaba lo bueno: teníamos que predecir quién ganaría cada uno de los nueve partidos «antes de que se jugara el primero». Eso dificultaba las cosas, porque no sabíamos qué equipos ganarían sus primeros partidos y pasarían a la siguiente ronda. Uno podría pensar que los Steelers eran los mejores candidatos para ganar la Super Bowl, y por consiguiente podría escoger a este equipo como ganador de todos sus partidos, pero si perdían en primera ronda y se iban a casa, te podías ir despidiendo.

A la sazón yo estaba viviendo en el norte de California, y nuestros dos equipos locales, los 49ers y los Raider, se habían clasificado para los *playoff*. Muchos actuamos entonces con el corazón y apostamos que ambos llegarían lejos en las eliminatorias.[7] Al final resultó que los 49ers, tras hacer una gran temporada, ganaron la Super Bowl, pero los Raider perdieron su primer partido, una dura derrota por 13 a 7 contra los Seahawks, lo que nos dolió a muchos que habíamos apostado pensando que tendrían éxito.[8]

Al final, el ganador de la porra, un jefe de contabilidad llamado Steve, había apostado a que los Seahawks ganaban a los Raiders, y ahí estuvo la clave. «¿Cómo supiste que ganarían los Seahawks?», le pregunté tiempo más tarde. Steve me respondió que, de hecho, había pensado que los Raiders tenían más probabilidades de ganar, pero supuso, acertadamente, que todos los demás apostaríamos por ellos. Y dado que había veinte participantes y que el premio se lo llevaba entero el ganador, había poco que ganar sumándose a la mayoría, pero potencialmente mucho si apostaba por los Seahawks y éstos ganaban. Ése fue un movimiento estratégico inteligente, hecho con el conocimiento de las probables acciones de los rivales. Steve sabía que el meollo de la cuestión no estribaba en hacerlo bien, sino en hacerlo mejor que el resto, e hizo sus apuestas en consonancia.

RECOMPENSAS Y CRITERIOS DE VALORACIÓN

Saber si el rendimiento es relativo o absoluto es un buen comienzo, pero hay otro aspecto crucial más: la distribución de las recompensas. Las rivalidades varían en función de cómo estén asignadas las recompensas.

Cuando el mejor actor gana mucho más que los demás, pero la distribución es bastante homogénea entre los competidores, la desviación es baja. Como se puede ver en la figura 3.1A, el actor superior gana más que los demás, pero no mucho más, de manera que los beneficios están bastante homogéneamente distribuidos. Así las cosas, no hay una gran necesidad de terminar en lo más alto; la mayoría de los actores lo pueden hacer bien. En la figura 3.1B, las recompensas son moderadamente desiguales, así que ahora es bastante importante hacerlo bien desde un punto de vista relativo, porque los beneficios disminuyen de forma más pronunciada. Esta distribución se podría encontrar en sectores industriales donde la empresa líder —ya sea la que tenga los costes más bajos, ya la de los productos de mayor calidad— consigue mayores beneficios que el resto.

Cuando hay mucha desviación en las recompensas, como en la figura 3.1C, hacerlo mejor que los rivales adquiere mucha importancia. El mejor competidor lo hace muy bien, pero los beneficios sufren un fuerte descenso para los demás. En este caso, esperaremos ver una acendrada rivalidad, donde los competidores —sean empresas, atletas o concursantes de un programa de la televisión— se esforzarán muchísimo por acabar en lo más alto. La distribución más extrema de las recompensas, la de la figura 3.1D, es la de ganador único. Todos los beneficios van para el único competidor que acaba en la cabeza. Aquí sí que necesitamos jugarnos hasta la camisa.

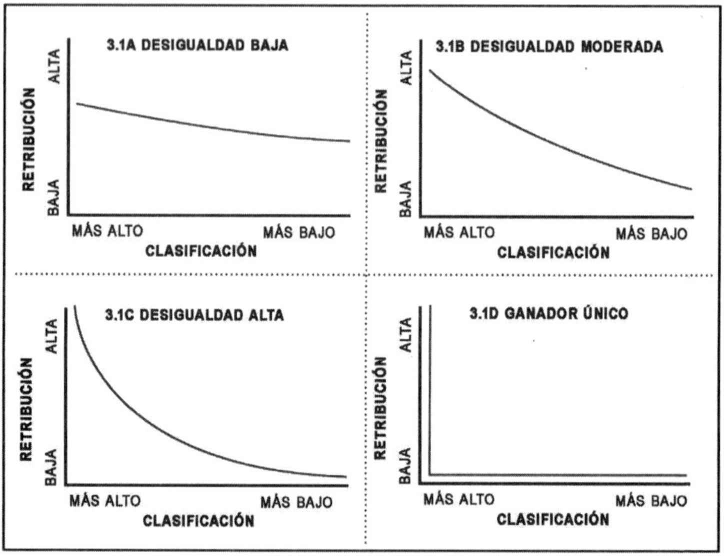

Figura 3.1. *Distribución de las recompensas y ejemplos de desigualdad.*

El National MBA Stock Market Competititon no sólo conllevaba un rendimiento relativo, sino que tenía la distribución más extrema de las recompensas posibles: el ganador se lo llevaba todo. Al respecto, procede citar a Sean Connery en *Indiana Jones y la última cruzada*: «No hay medalla de plata para el segundo». Lo inteligente es actuar con mucha agresividad, que es precisamente la razón de que la Universidad de Alberta acabara en lo más alto. Otro tanto cabe decir por lo que respecta a la porra de la NFL, en la que la puntuación más alta se llevaba todo el bote. Era una situación de ganador único; no había ninguna recompensa por terminar segundo.

Si, por otro lado, el National MBA Stock Market Competition premiara a más participantes que únicamente al equipo ganador, entonces habría habido menos desigualdad en la distribución de la recompensa. Supón que se premiara a los tres primeros equipos, como si se concedieran unas medallas de oro, plata y bronce. Eso ya no sería tan extremista como que el ganador se lo llevara todo, pero con una participación de más de cincuenta equipos en liza, seguiría siendo lógico asumir riesgos elevados para terminar entre los tres primeros.

Pero ¿y si en lugar de premiar con 5.000 dólares canadienses al mejor equipo, todos los equipos que terminaran en el primer cuartil recibieran un premio de 400 dólares canadienses? El rendimiento seguiría siendo relativo, en el sentido de que cualquier premio dependería de lo que cada equipo acumulara en relación con los demás competidores, pero ahora la desviación en las recompensas sería mucho menor. Muy probablemente los participantes harían inversiones menos arriesgadas, porque ya no tendrían la presión de tener que terminar en lo más alto de la clasificación.[9] Así pues, como norma, cuanto mayor es la desigualdad, más importancia adquiere superar a los rivales, y más probabilidades hay de que asumas riesgos extremos.

El National MBA Stock Market Competition destacaba por otra razón: había un criterio de valoración definido. Los concursantes sabían que al cabo de diez semanas se declararía a un único ganador. Lo mismo que en el caso de la porra de la NFL: una vez jugada la Super Bowl, el concurso estaba acabado y se declaraba al ganador. Quedar cerca no te daba ninguna ventaja de salida para la porra del año siguiente: era una competición única y de ganador único.

La combinación de unas recompensas con una gran desviación y un criterio de valoración claro permiten unas competiciones sumamente espectaculares. Piensa en el programa de televisión *Jeopardy*. Sólo el concursante que acaba primero consigue mantener el dinero del premio y puede volver a jugar de nuevo, mientras que los otros se van a casa con un apretón de manos y un premio de consolación. No es de extrañar que haya tanto en juego en la última pregunta, conocida como «Final *Jeopardy*». Todo depende de esta última pregunta, y los concursantes lo saben.

O mira un torneo de golf como el de Maestros, que se juega cada abril en el Augusta National Golf Club de Georgia, donde las desigualdades en las recompensas económicas son enormes. El ganador recibe alrededor del doble de dinero en premios que el subcampeón, y a partir de ahí las recompensas siguen disminuyendo. En 2013, el campeón del Torneo de Maestros, Adam Scott, se llevó 1.440.000 dólares, frente a los 864.000 dólares del segundo, Angel Cabrera, y los 544.000 dólares de Jason Day, el tercero. Scott y Cabrera estaban empatados al terminar la cuarta ronda, y dilucidaron el campeonato en un desempate de muerte súbita. Un único golpe de diferencia entre los dos primeros valió 780.000 dólares. Pero las recompensas económicas no son lo único que está en juego. El campeón recibe la Chaqueta Verde y una invitación de por vida al torneo; el segundo no recibe nada. Ganar el Torneo de Maestros es «mucho» mejor que acabar segundo. También hay un criterio de valoración preciso por el que el campeonato se dilucida después de jugar exactamente 72 hoyos a lo largo de cuatro días, y en el caso de empate, un *playoff* de desempate. No es de extrañar que la última ronda esté cargada de tanto dramatismo: cuatro días de competición que pueden quedar reducidos a un único y dolorosísimo agujero.

El concurso de ventas mensual de la obra de teatro de David Mamet *Glengarry Glen Ross* es un ejemplo de rendimiento relativo encaminado a conseguir que todos los participantes den lo mejor de sí (o lo peor, según se mire). El pragmático jefe, interpretado memorablemente en la pantalla por Alec Baldwin, presenta las recompensas: un coche, un juego de cuchillos o una carta de despido. El rendimiento absoluto no significa nada; lo único que importa es hacerlo mejor que los demás. El rendimiento pasado es irrelevante, y las promesas de futuras ventas, despreciables. Lo único que cuenta es el rendimiento de «ese» mes. Organiza una competición con tales recompensas, y no te extrañes de las tácticas desesperadas que se puedan llegar a emplear.

En muchos escenarios competitivos, el rendimiento es relativo, pero la naturaleza de las recompensas no está clara. No existen unas normas claramente establecidas con unas recompensas que sean conocidas por todos; no se pone a la vista ninguna clasificación que permita saber cómo lo van haciendo, y no hay ningún presentador de concurso que lea las preguntas y juzgue las respuestas de inmediato. Puede que ni siquiera haya un criterio de valoración claro, lo que hace difícil saber cuánto hay que apostar. La competición es compleja y está erizada de incertidumbres.

O puede que haya múltiples criterios de valoración, con rivales que busquen objetivos un tanto diferentes. Por lo general, contemplamos unas elecciones como un ejemplo de rendimiento relativo (el número absoluto de votos no importa; lo que cuenta es que consigas más votos que tu oponente), con una desviación enorme en las recompensas (el ganador es el elegido; el perdedor se va a su casa) y un criterio de valoración muy claro (cuando los colegios electorales cierran el día de la elección). Pero no siempre.

En 2008, Mitt Romney se gastó millones en una infructuosa campaña para intentar ser nominado candidato presidencial republicano. Después de acabar en segundo lugar en una serie de estados como Iowa, New Hampshire, Massachusetts y Michigan, terminó su campaña y se comprometió a apoyar al candidato republicano nominado, John McCain. Romney había perdido la competición de ganador único en 2008. Pero Romney estaba jugando un partido diferente, uno en el que había más de un único criterio de valoración. Al hacerse a un lado en 2008, había mejorado sus probabilidades de ganar la nominación republicana cuatro años más tarde, en 2012. Dos candidatos estaban compitiendo por los mismos votos, pero jugando partidos diferentes, con dos premios distintos en la cabeza.

EL RENDIMIENTO EN EL MUNDO EMPRESARIAL

Los concursos televisivos, los acontecimientos deportivos y las elecciones están pensados para generar una tensión dramática, con unas grandes desviaciones en las recompensas y unos criterios de valoración claros. En otro tipo de competiciones, sin embargo, no hay ni un criterio de valoración claro ni una distribución de las recompensas explícita.

Pensemos en el mundo empresarial. Aquí el rendimiento es relativo en el sentido de que la fortuna de una empresa está ligada al rendimiento de las demás del mismo sector industrial. (Ésta es la definición de un sector industrial: un grupo de empresas que compiten entre sí, como las líneas aéreas, las empresas automovilísticas o los fabricantes de teléfonos inteligentes.) Sin embargo, aunque el rendimiento sea relativo, rara vez es una competición de ganador único, y con frecuencia ni siquiera es altamente desigual. Piensa en los restaurantes de la ciudad en la que vivas. Estos establecimientos compiten en el sentido de que, en una noche dada, un comensal que va a uno no irá a comer a otro, así que la fortuna de uno se ve afectada por la de los demás. Pero no hay una distribución precisa de las recompensas entre los restaurantes, así que puede haber muchos que sean rentables y prósperos un año tras otro.

En otros sectores industriales, la competición directa puede ser tan intensa que sólo haya sitio para unas pocas empresas prósperas, así que cualquiera que sea demasiado pequeña para disfrutar de las economías de escala o que no consiga la suficiente cuota de mercado puede hundirse. En algunos casos, tal vez sólo unas pocas empresas acumulen la parte del león de los beneficios. Éste es el fundamento de la famosa frase de Jack Welch al hacerse cargo de General Electric en 1981, de que todos los departamentos de la empresa deberían ser el número 1 o el número 2 en sus respectivos segmentos o de lo contrario ser modificados, vendidos o cerrados. Welch entendía que los beneficios eran notablemente más elevados para los actores más grandes y con frecuencia muy pequeños o incluso inexistentes, para el resto. En consecuencia, no tenía mucho sentido destinar recursos, ya fueran financieros, ya de gestión, a unos departamentos que probablemente no iban a conseguir una cuota de mercado dominante.

En cuanto a los criterios de valoración, la competencia en las empresas normalmente es continua e indefinida. Es posible que haya ejemplos de un criterio de valoración claro, como pueda ser el plazo para licitar por el proyecto de UDC, pero hasta ése se refiere a un único proyecto y no la supervivencia de toda una empresa. A las empresas se las conoce como «preocupaciones permanentes», porque compiten entre sí de manera permanente. Así que rara vez hay un criterio de valoración exacto en el que una sea declarada ganadora y las demás tengan que cerrar.

Naturalmente, las empresas buscan superar a sus rivales y suelen competir con agresividad. Pero rara vez la competencia es tan intensa que sea necesario ser el único mejor actor en una fecha determinada. El éxito es a menudo una cuestión de alcanzar un rendimiento alto a largo plazo. Una vez más, a este respecto los sectores industriales difieren mucho. En algunos, el rendimiento empresarial puede permanecer relativamente constante a lo largo de los años, e incluso durante decenios. Las chocolatinas que vendían cuando yo era niño son muy parecidas a las que encontramos en la actualidad: Snickers, M&M, Hershey's, Mikly Way, Baby Ruth y otras. Otro tanto pasa con los productos básicos de consumo como las hojas de afeitar, un mercado en el que Gillette y Schick han mantenido unas posiciones de dominio durante años. A pesar de los esfuerzos permanentes de otras empresas por mejorar sus productos y adelantarlos, los líderes del mercado siguen siendo los mismos. Así que la competencia se mantiene relativamente estable. Compara esto con los sectores industriales en los que la tecnología cambia rápidamente, y con ella la fortuna de las empresas líderes. En la telefonía móvil, lo que era vanguardia hace diez años ha sido superado por al menos tres generaciones de nueva tecnología. Las fortunas de Nokia, Motorola, Ericsson y BlackBerry han subido y bajado, y el éxito de un año no garantiza el éxito en otro.

Debido a tales sectores sumamente dinámicos, se ha acuñado una nueva expresión: el efecto Reina Roja. La idea proviene del libro de Lewis Carroll *Alicia a través del espejo*, en el que la Reina Roja explica a Alicia que en su país «es necesario que corras lo más deprisa que puedas, para seguir en el mismo sitio». Según el efecto Reina Roja, las empresas están siempre sometidas a la presión de superarse mutuamente —introduciendo nuevos productos mejorados, encontrando nuevas maneras de aportar valor a los clientes y experimentando con nuevos modelos comerciales—, y todo para conseguir aventajar a los rivales. El efecto Reina Roja significa que una empresa puede funcionar más deprisa, pero al mismo tiempo quedarse rezagada.[10] Investigaciones empíricas recientes sugieren que en muchos sectores industriales las ventajas competitivas son difíciles de mantener, y que la velocidad de regresión hacia la media se está haciendo cada vez más alta.[11] Las razones son evidentes. Los cambios tecnológicos se aceleran; los clientes pueden encontrar alternativas fácilmente; los rivales imitan a las empresas punteras; las consultorías difunden las mejores prácticas; los empleados pasan de una empresa a otra, equilibrando las ventajas... Todo esto significa que las empresas no se pueden permitir mantenerse en sus trece, porque aquellos que lo hacen se enfrentan a una inevitable erosión del rendimiento.

En cuanto a los ejecutivos empresariales, urdir una estrategia acertada exige algo más que conocer el criterio de valoración, comprender la distribución de las recompensas y decidir cuánto riesgo asumir. La primera tarea consiste en valorar la naturaleza del rendimiento. ¿Qué fuerza tiene la competencia? ¿Qué desviación hay en las recompensas, tanto en el presente como a lo largo del tiempo? Puede haber momentos en que sea importante estar entre los escasos actores de la parte superior, porque de lo contrario tenemos muchas probabilidades de ir a la quiebra en virtud de un proceso conocido como agitación, por el que muchas compañías terminan perdiendo y sólo unas pocas se mantienen.

Ante esta incertidumbre, los directivos suelen confiar en una regla de oro que comporta dos puntos: el *punto de aspiración* y el *punto de supervivencia*. El *punto de aspiración* se concreta en las siguientes preguntas: ¿qué es lo mejor que puedo hacer? ¿Puedo hacer un movimiento audaz que, de tener éxito, me coloque en lo más alto de la manada, al menos durante algún tiempo? ¿Vale la pena hacer una apuesta arriesgada que pueda reportar grandes beneficios? El *punto de supervivencia*, por su parte, hace estas otras preguntas: ¿qué es lo mínimo que necesito para seguir vivo? ¿Qué debo hacer para evitar ser eliminado, de manera que como mínimo pueda vivir para luchar otro día? Los directivos suelen tomar decisiones con un ojo puesto en esos dos puntos, con la esperanza de alcanzar el punto de aspiración, pero garantizándose por lo menos que rebasan el punto de supervivencia.[12]

SABIDURÍA PARA CONOCER LA DIFERENCIA... SOBRE EL RENDIMIENTO

En el capítulo dos citamos la oración de la serenidad de Reinhold Niebuhr. Conocer la diferencia entre lo que podemos cambiar y lo que no es una clase profunda de sabiduría. Ahora podemos añadir una nueva clase de sabiduría: la de reconocer las dinámicas de la competencia.

Hay algunas situaciones en las que las normas del juego están claramente establecidas, y nos estamos engañando si no reconocemos que el rendimiento es relativo y presenta una gran asimetría; quizá no tan despiadadamente como en *Glengarry Glen Ross*, pero con una marcada tendencia en ese sentido.

Sin embargo, en gran parte de la vida no hay semejante claridad, y nos corresponde a nosotros determinar hasta qué punto deseamos pensar sobre el rendimiento. ¿Cómo eres de competitivo cuando se trata, por ejemplo, de tus logros laborales, deportivos o lúdicos? ¿Tu satisfacción y bienestar se basan en un modelo de logro absoluto o dependen de hacerlo mejor que los demás? En *The Happiness Hypothesis*, el psicólogo Jonathan Haidt explica que las personas que se empeñan más activamente en las comparaciones sociales —esto es, cuyo bienestar se basa en lo bien que lo hacen en relación con los demás— tienden a lograr más cosas, aunque disfrutan menos dichos logros.[13] Esto es una paradoja: las presiones que nos impulsan a hacerlo bien en un sentido «absoluto» pueden privarnos del disfrute en un sentido «relativo». El poema «Desiderata», de Max Ehrmann, expresa así esta idea: «Si te comparas con los demás / tal vez te vuelvas vano y resentido; / porque siempre habrá personas mayores y menores que tú». Podemos llevar una vida más satisfecha si nos resistimos a las comparaciones innecesarias. ¿Por qué dejar que los logros de los demás nos hagan sentir peor (en términos relativos), cuando podemos sentirnos satisfechos centrándonos en nuestros logros (absolutos)? La tristeza de las personas proviene en buena medida de pensar en términos relativos —«estar a la altura de los demás» es la expresión corriente—, cuando estaríamos mejor si nos centráramos en el bienestar absoluto.

Por sencilla que pueda parecer la distinción, en la práctica la gente suele confundir el rendimiento absoluto con el relativo. Volviendo a un ejemplo anterior, el rendimiento en medicina se entiende mejor como absoluto. Los médicos hacen el mejor diagnóstico que pueden para cada paciente, con independencia de lo que otro médico pudiera hacer. Los galenos no intentan (al menos eso esperamos) superar a los demás colegas para terminar en lo más alto de alguna competición médica, del mismo modo que Steve escogió los Seahawk con miras a terminar por delante de los rivales y ganar 100 dólares. El cuidado del paciente es una cuestión de rendimiento absoluto, en el sentido de que la recuperación de un paciente no impide la de otro. Antes al contrario: si tenemos una sala llena de personas con una dolencia misteriosa, confiamos en encontrar un tratamiento que las cure a todas.[14]

Hace algunos años, David Sackett, Gordon Guyatt y sus colegas de la McMaster University presentaron lo que denominaron «medicina basada en la evidencia», cuya meta consistía en sustituir la sabiduría y normas generales recibidas por un análisis orientado por la información. Los impresionantes resultados condujeron a una creciente aceptación en la medicina de las decisiones basadas en los hechos. Recientemente, dos profesores de epidemiología clínica de la Universidad de California en San Francisco escribieron un libro titulado *Evidence-Based Diagnosis*, pensado para instruir a los estudiantes de medicina a ser efectivos en el diagnóstico, chequeo y pruebas diagnósticas.[15] Todo lo cual es de sentido común en el mundo de la medicina.

No pasó mucho tiempo antes de que el éxito de la medicina basada en la evidencia llamara la atención de otros campos. La US Office of Management and Budget anunció recientemente que se basaría en el análisis de la información para valorar la efectividad de los organismos públicos, un movimiento que fue tildado de «política pública basada en las evidencias».[16] Esto también tiene su buena dosis de lógica, porque la prestación de servicios públicos es una cuestión de rendimiento absoluto: el objetivo es prestar servicios de manera efectiva y eficiente, no que un organismo supere a los demás.

El mundo empresarial no tardó en tomar nota también, y empezamos a oír hablar de la «gestión basada en la evidencia».[17] La idea era que los empresarios, de forma muy parecida a la de los médicos, basaran sus decisiones en los datos empíricos. Esto podría tener su lógica para las decisiones que no implicaran competencia con los rivales —cómo gestionar las existencias o pulir defectos son buenos ejemplos—, aunque la gestión estratégica de una empresa exige mucho más que pensar como un médico. El éxito de una compañía exige un «rendimiento relativo». Cuando las empresas compiten, el rendimiento de una está relacionado con el éxito de las demás, y con frecuencia con una alta desigualdad en las recompensas.

La incapacidad para apreciar esta diferencia esencial está en el meollo de una historia sobre Thomas Watson Jr., el legendario presidente de IBM. En 1956, un colega le preguntó a Watson si IBM debía compartir su información sobre los precios con John Burns, asesor jefe para IBM de la consultora Booz Allen Hamilton. Watson respondió inmediatamente en sentido afirmativo: «Pues claro, es como si fuera tu médico. Le tienes que contar todo». Meses más tarde, Burns llamó para decir que le habían ofrecido el puesto de presidente de RCA, a la sazón una de las principales competidoras de IBM, y quería saber si Watson tenía algún reparo en que aceptara el empleo. Watson estaba furioso: «Y le dije: "¡Ya puedes jurar que lo tengo, John!", porque le habíamos confiado unos conocimientos pormenorizados de nuestra organización, métodos y planes».[18] La idea de que un consultor que conocía los entresijos de la estrategia de precios de IBM dirigiera una empresa rival era horrorosa. Y totalmente inaceptable.

Como escribiría John Gapper en el *Financial Times* tiempo más tarde, Watson se había equivocado: «Un consultor no es como un médico, porque a un paciente le trae sin cuidado que el galeno utilice el conocimiento adquirido por tratarle a él en curar a otra persona, y por lo general, estará encantado de ayudar a los demás. Una empresa quiere a un consultor no sólo para que le ayude a mejorar, sino para dañar a sus competidores». A uno no le importaría que su médico compartiera la información sobre su historial médico para ayudar a otros pacientes; su recuperación no está relacionada con la de ellos, y si acaso, probablemente estaría encantado con poder ayudar. La actividad empresarial es completamente diferente. El rendimiento de las empresas —lo midamos desde un punto de vista bursátil, de ingresos o de beneficios— no sólo es relativo, sino que a menudo es notablemente desigual, de manera que el éxito de una empresa con frecuencia lo es a expensas de las demás. En tales circunstancias, no sólo es una irresponsabilidad compartir información, sino hasta peligroso. Lo que es sensato cuando el rendimiento es absoluto puede ser suicida cuando es relativo y las recompensas son considerablemente desiguales.

SOBRE EL RENDIMIENTO: ¿EN QUÉ SENTIDO DEBERÍAMOS EQUIVOCARNOS?

Ahora podemos plantearnos una pregunta como la del capítulo dos: cuando se trata del rendimiento absoluto y relativo, ¿en qué sentido sería mejor que te equivocaras? Como es natural, lo que deseas saber es cuándo el rendimiento es relativo y considerable la desviación en las recompensas, de manera que puedas tomar las medidas adecuadas, de forma muy parecida a como hicieron los alumnos de la Universidad de Alberta. También querrás saber cuándo el rendimiento es absoluto y las recompensas no son muy desiguales, para poder actuar en consonancia.

Pero si no estás seguro, ¿qué clase de error es mejor? En uno u otro sentido las consecuencias son desagradables, como es lógico. Si crees que hay una presión fuerte para superar a los rivales cuando no es el caso, quizá preferirías un error de Tipo I. Puede

Figura 3.2. *Recompensas, creencia y realidad.*

que actúes antes de lo necesario o que lo hagas con más agresividad, cuando el mejor planteamiento consistiría en esperar y observar. Los riesgos pueden ser considerables, pero quizá no fatídicos. Por otro lado, si el rendimiento no es sólo relativo, sino que las recompensas son notablemente desiguales y no haces todos los esfuerzos posibles para superar a tus rivales, entonces cometerás un error del Tipo II. En este caso, las consecuencias pueden ser mucho más graves. Falla ahora, y puede que no vuelvas a tener otra oportunidad para triunfar. Siguiendo este razonamiento, el mayor error es el de infravalorar la intensidad de la competencia y ser demasiado pasivo ante la que podría ser una amenaza mortal. Ante la duda, el comportamiento inteligente es equivocarse por tomar medidas contundentes.

REFLEXIÓN SOBRE EL RENDIMIENTO

La toma de decisiones ha sido analizada a menudo sin tomar en consideración la competencia. Así, le pedimos a la gente que haga juicios y elecciones sin tener que preocuparse de las acciones de los demás. Implícitamente al menos, el rendimiento es absoluto.

Sin embargo, en muchos campos el rendimiento se entiende mejor como relativo. En la actividad empresarial, la política, los deportes, etcétera, muchas de las decisiones más importantes se toman pensando en la competencia. El objetivo no es hacerlo bien sin más, sino hacerlo mejor que los demás.[19] A veces, la distribución de las recompensas está establecida claramente, pero a menudo la intensidad de la rivalidad, la naturaleza de las recompensas y si la competencia es abierta o cerrada, es algo que no se sabe. Muy a menudo tenemos que tomar decisiones cruciales sin toda la información que necesitamos.

En ocasiones se ha sugerido que los ejecutivos de las empresas suelen ignorar los descubrimientos de las investigaciones sobre la toma de decisiones. En efecto, parecen no prestar atención a las lecciones sobre los errores y sesgos habituales, lo cual resulta irónico: las mismas personas que se enfrentan a algunas de las decisiones más complejas parecen no estar dispuestas a asumir las técnicas que pueden conducir a la obtención de unos mejores resultados. Puede que tengan cierta tendencia a la negación, o que sus éxitos pretéritos los hayan vuelto tozudos o poco dispuestos al aprendizaje.

Este capítulo y el anterior sugieren una explicación diferente. Las decisiones empresariales más consecuentes son esencialmente distintas a las que se suelen estudiar, y lo son en dos aspectos fundamentales. Los directivos no sólo pueden ejercer control frecuentemente sobre los resultados, sino que también tienen que superar a los rivales. Y como el siguiente capítulo demostrará, cuando estos dos factores se combinan, algunas ideas convencionales sobre la toma de decisiones están trastocadas.

4

Lo que se necesita para ganar

«En tiempos de cambios, los directivos casi siempre saben qué dirección deberían tomar, aunque por lo general actúan demasiado tarde y hacen demasiado poco. Corrige esta tendencia: agiliza el ritmo de tus acciones y aumenta su magnitud. Descubrirás que tienes muchas más probabilidades de acercarte a lo correcto.»

Andy Grove, *Only the Paranoid Survive*, 1995

Combina la capacidad para ejercer control con la necesidad de superar a los rivales, ¿y qué sucede? Que ahora no sólo es posible influir en los resultados, sino con frecuencia necesario.

Para ver un ejemplo claro, echemos un vistazo al mundo del ciclismo profesional. El Tour de Francia lleva celebrándose anualmente desde 1903, salvo por algunas breves interrupciones en tiempos de guerra. Se trata de una carrera inclemente, dividida en veintiuna etapas a lo largo de tres semanas, algunas largas y llanas que serpentean por campos y pueblos, y otras que ascienden hasta elevados puertos de montaña de los Alpes y los Pirineos. Avanzar con rapidez es una cuestión de una sólida técnica y de resistencia, además de pensamiento positivo. En cuanto al rendimiento, no sólo es relativo —el ciclista con el tiempo total más bajo es coronado campeón y lleva el maillot amarillo—, sino que las recompensas son considerablemente desiguales, con un enorme premio y un prestigio impresionante para el ciclista ganador y su equipo, y unas recompensas menores para los demás. (Se conceden varios premios más —al mejor velocista, al mejor escalador—, además de a los integrantes del equipo ganador.) También hay un criterio de valoración claro en cada etapa y una conclusión el último domingo con un último esprín en los Campos Elíseos de París.

En este contexto, los ciclistas hacen naturalmente todo lo que pueden para mejorar su rendimiento, habiendo una presión permanente en cuanto a innovación en el equipamiento, el entrenamiento, la nutrición, etcétera. No es de sorprender, por tanto, que la tentación de encontrar medios menos éticos para ir más deprisa también esté presente.

La utilización de sustancias prohibidas ya era algo habitual en las décadas de 1960 y 1970, cuando las anfetaminas y otros estimulantes estaban de moda. Pero en la década de 1990, con la aparición de la eritropoyetina, más conocida como EPO, la carrera cambió por completo. La EPO estimula la producción de glóbulos rojos, que son esenciales para transportar el oxígeno a los músculos durante una carrera larga y difícil, y puede hacer mejorar los tiempos de carrera notablemente. El ciclista norteamericano Tyler Hamilton estimaba que la EPO podía mejorar el rendimiento en torno a un 5 por ciento. Esta cifra tal vez no parezca gran cosa, pero en los niveles más altos de las carreras de competición, donde todo el mundo está en forma, capacitado y se esfuerza mucho, una ventaja del 5 por ciento es enorme. Más o menos, supondría la diferente entre terminar en primer lugar y quedarse atascado en medio del pelotón.[1]

Durante algunos años a mediados de la década de 1990, mientras la EPO se abría camino a través del pelotón, los periodistas observaron que parecía haber dos grupos de ciclistas: los que continuaban haciendo unos tiempos normales, y un pequeño aunque creciente número de corredores que eran considerablemente más rápidos y cuyas piernas y pulmones eran capaces de aprovechar lo que parecía una reserva añadida de energía. Los ciclistas corrían a dos velocidades, *a deux vitesses*. Austin Murphy, de *Sports Illustrated*, escribía: «El uso galopante de la EPO ha transformado a unos talentos medios en superhombres. Los equipos que corren *a pan y agua*,* no tienen ninguna posibilidad».[2] No es de extrañar que tantos ciclistas profesionales recurrieran al dopaje, pues la diferencia en el rendimiento era tan clara que los que se resistían no tenían la menor posibilidad de ganar. Muchos ciclistas dejaron de correr definitivamente.

De 1999 a 2005, mientras Lance Armstrong ganaba siete años seguidos el Tour de Francia en una serie sin precedentes, los rumores de dopaje continuaron sin cesar. Y aunque las sospechas eran generalizadas, nadie había conseguido demostrar nada. En 2008, gracias a las persistentes investigaciones, las pruebas de dopaje empezaron a aparecer. A uno de los primeros ciclistas norteamericanos en admitir las prácticas indebidas, Kayle Leogrande, se le preguntó si creía que Armstrong había consumido sustancias para mejorar el rendimiento. A Leogrande no le cabía la menor duda: «Está corriendo en esas carreras salvajes de Europa. Si fueras un corredor de ese nivel, ¿tú qué harías?»[3]

Cuando en 2013 Arsmtrong reconoció finalmente haber consumido sustancias para mejorar el rendimiento, admitió el menú completo: ¿EPO? «Sí.» ¿Dopaje sanguíneo? «Sí.» ¿Testosterona? «Sí.» Al preguntársele si podría haber ganado el Tour de Francia sin recurrir a esas medidas, confesó: «No». No habría tenido manera de ganar una carrera tan competitiva sin utilizar todos los

* En español, en el original. *(N. del T.)*

medios a su alcance. Lo triste del caso es que probablemente Armstrong tuviera razón, aunque al drogarse exacerbó el problema, imposibilitando a los demás que corrieran con limpieza.[4]

Nada de esto pretende justificar la utilización de sustancias prohibidas, por supuesto. Muchos ciclistas se negaron a drogarse, y sus carreras sufrieron las consecuencias. Deberíamos condenar tanto a los ciclistas que utilizaron drogas como a los funcionarios que tardaron en insistir en la realización de controles más exhaustivos. La llegada del pasaporte biológico, que establece una base de referencia para cada deportista y permite la detección de las desviaciones en los marcadores clave, es un avance esperanzador.

A los propósitos que aquí nos interesan, este ejemplo ilustra algo más: que incluso una pequeña mejora en el rendimiento absoluto puede suponer una diferencia descomunal en el rendimiento relativo; de hecho, la que hay entre ganar y perder.

MEJORÍA ABSOLUTA Y ÉXITO RELATIVO

Para ilustrar de qué manera las mejorías en el rendimiento (absoluto) pueden afectar al éxito (relativo), volvamos al ejemplo del capítulo dos en el que se les pedía a unas personas que metieran una bola en un hoyo de golf con un *putt*. (Eliminaremos el proyector y los círculos que hacían que el agujero pareciera de mayor o menor tamaño.)

Supongamos que un grupo de golfistas novatos, golpeando desde una distancia de más o menos 1,80 metros, tienen un 30 por ciento de probabilidades de introducir cada bola. Si les pedimos que hagan diez golpes cada uno (y si suponemos que cada golpe es independiente, esto es, que no hay mejoría entre un golpe y el siguiente), los jugadores originarán la distribución que aparece en la figura 4.1. Muy pocos (el 2,8 por ciento de los golfistas) fallarán los diez golpes, mientras que el 12,1 por ciento introducirán uno, el 23,3 por ciento meterán dos y el 26,7 por ciento (el resultado más frecuente) introducirán tres. A partir de aquí la distribución disminuye, con un 20 por ciento que mete cuatro golpes, un 10,3 por ciento cinco, y un 3,7 por ciento que logran introducir seis bolas. Menos de un 1 por ciento meterá siete de las diez bolas, y hacerlo mejor que eso, aunque no imposible, es cada vez menos probable.

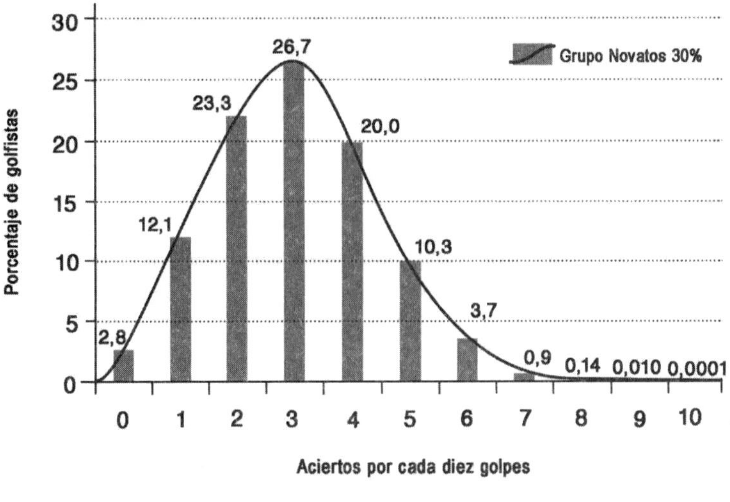

Figura 4.1. *Grupo de novatos, índice de aciertos del 30 por ciento.*

Supón que formamos otro grupo y le damos unas cuantas lecciones de utilización del *putter*. Les entrenamos para que tengan un *swing* fluido y una buena continuación de éste, y les enseñamos a que se concentren y obtengan los beneficios del pensamiento positivo. Ahora, asumamos que los miembros del grupo entrenado tienen un índice de éxito del 40 por ciento, una mejoría considerable sobre el del 30 por ciento de los novatos, aunque todavía muy por debajo del 54,8 por ciento del de los golfistas profesionales mencionados en el capítulo dos. Si los miembros de este grupo realizan diez golpes cada uno, originarán la distribución de la figura 4.2. Ahora, casi ninguno fallará los diez golpes al completo, el 4 por ciento introducirá sólo una bola, el 12,1 por ciento dos, el 21,5 por ciento tres, el 25,1 por ciento cuatro, y así sucesivamente.

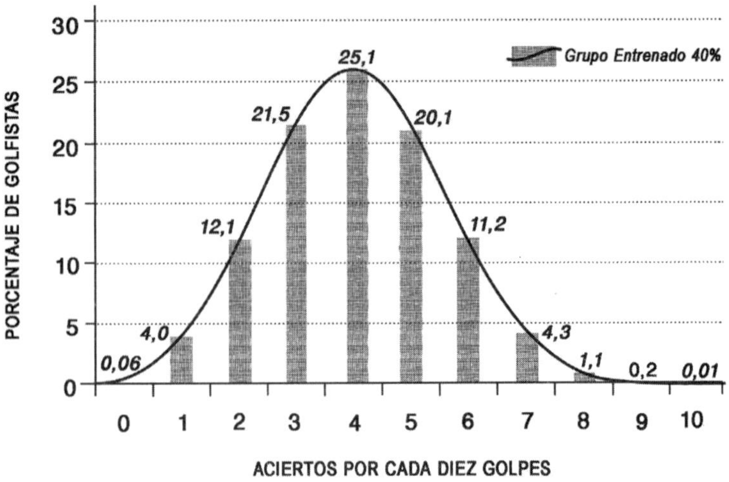

Figura 4.2. *Grupo entrenado: índice de aciertos del 40 por ciento.*

Si juntamos a los golfistas novatos y entrenados, como muestra la figura 4.3, vemos una considerable coincidencia entre los dos grupos. En algunos casos, algunos golfistas novatos lo harán mejor que los golfistas entrenados.

Ahora la pregunta: si celebramos una competición entre golfistas entrenados y novatos —por ejemplo, 30 novatos y 30 entrenados que realicen 20 golpes cada uno—, ¿qué probabilidades hay de que un miembro de un grupo o uno del otro acabe el primero de los 60 participantes? Como es natural, hay más probabilidades de que gane un golfista entrenado, pero, exactamente, ¿cuántas?

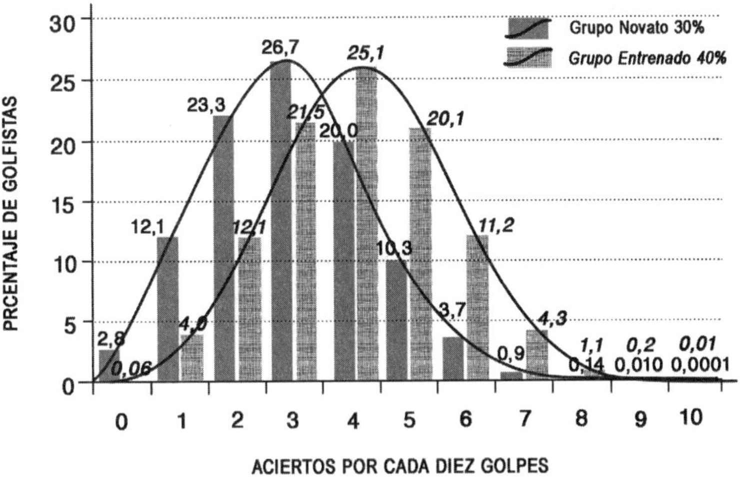

Figura 4.3. *Grupos novatos 30 por ciento y entrenados 40 por ciento, combinados.*

¿Y hay muchas probabilidades de que un novato acabe primero o sólo unas pocas?

Para averiguarlo, utilicé una simulación Montecarlo, una técnica desarrollada en la década de 1940 por los científicos del Proyecto Manhattan para predecir el resultado de las reacciones en cadena nucleares. La física de las reacciones en cadena es tan complicada que era imposible realizar un cálculo exacto de lo que sucedería en cada caso en particular. Un método mejor era calcular lo que ocurriría en muchas pruebas y luego juntar los resultados para hacerse una idea de la distribución de los posibles resultados. Los científicos John von Neumann y Stanislas Ulam bautizaron su método en honor del casino de Montecarlo en Mónaco, famoso por su ruleta. Un solo giro de una ruleta hará caer la bola en una ranura nada más, lo cual no nos informará de gran cosa. Sin embargo, haz girar la ruleta mil veces, y te harás una imagen bastante acertada de lo que puede suceder.[5]

Para examinar el impacto que tiene un cambio en el rendimiento absoluto sobre el rendimiento relativo, diseñé una simulación Montecarlo para dirigir un concurso con 1.000 ensayos donde 30 golfistas novatos y 30 golfistas entrenados hicieran 20 golpes cada uno. Los resultados demostraron que el 86,5 por ciento de las veces —865 ensayos de cada 1.000— el ganador pertenecería al grupo de los entrenados. El 9,1 por ciento de las veces habría un empate entre los entrenados y los novatos, y sólo el 4,4 por ciento de las ocasiones —sólo 44 veces de cada 1.000— la máxima puntuación pertenecería al grupo de los novatos. La ventaja «absoluta» del grupo de los entrenados, un 40 por ciento de aciertos frente a un 30 por ciento, confería a sus integrantes una ventaja «relativa» casi insuperable. Menos de una vez de cada veinte el mejor novato terminaría por delante de los 30 golfistas entrenados.

¿Y si el beneficio del entrenamiento fuera mucho más pequeño, digamos, de un porcentaje de aciertos del 30 por ciento a sólo un 33 por ciento? En este caso, el grupo de los entrenados tendría una distribución como la que se muestra en la figura 4.4, y habría una coincidencia mucho mayor con el grupo de los novatos en la figura 4.5. Las probabilidades de que un novato pudiera ganar deberían aumentar, y eso es lo que descubrimos. Aun así, la simulación Montecarlo demostró que en una competición donde los 30 integrantes de cada grupo realizara 20 golpes, un miembro del grupo de los novatos acabaría en primer lugar el 19,9 por ciento de las ocasiones (199 de cada 1.000 pruebas); un miembro del grupo de los entrenados ganaría el 55,5 por ciento de las veces (555 de cada 1.000), y en un 24,6 por ciento de los casos el resultado sería un empate. Incluso con una mejoría relativamente pequeña, del 30 por ciento al 33 por ciento, habría más del doble de probabilidades de que el ganador perteneciera al grupo de los entrenados.

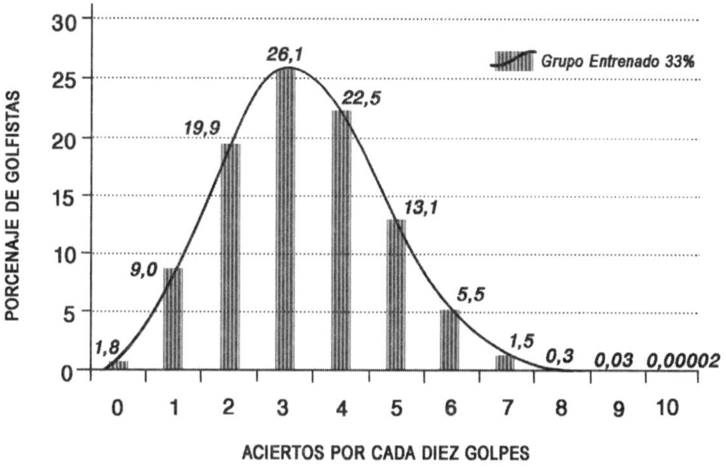

Figura 4.4. *Grupos entrenados: índice de aciertos 33 por ciento.*

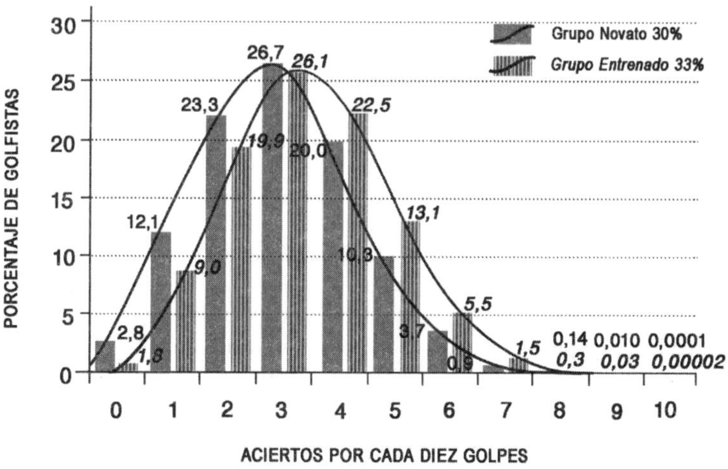

Figura 4.5. *Grupos novatos 30 por ciento y entrenados 33 por ciento, combinados.*

La lección está clara: en un escenario competitivo, incluso una mejoría modesta en el rendimiento absoluto puede tener un impacto enorme en el rendimiento relativo. Y a la inversa, no usar todas las ventajas posibles para mejorar el rendimiento absoluto tiene un efecto paralizante en las probabilidades de éxito. En tales circunstancias, encontrar la manera de mejorar no es sólo algo que sea conveniente tener, sino que, a todos los efectos, es esencial.*

MEJOR RENDIMIENTO EN EL MUNDO EMPRESARIAL

Los ejemplos de la EPO en el ciclismo y de la simulación Montecarlo del golf apuntan a la misma conclusión: incluso las mejorías pequeñas en el rendimiento absoluto pueden tener un efecto impresionante en el rendimiento relativo. Sin embargo, deberíamos tener cuidado de no generalizar en exceso. Sin duda, las presiones

* Las mejorías de estos ejemplos, del 30 al 40 por ciento (un incremento del 33 por ciento) o del 30 al 33 por ciento (un aumento del 10 por ciento), eran mayores que la mejora atribuida a la EPO, a la que se consideraba responsable de un aumento en el rendimiento de un 5 por ciento. ¿Se deriva de esto que la coincidencia entre los dos grupos en el ciclismo sería mayor, debilitando por consiguiente la afirmación de que probablemente el ganador se habría dopado? La respuesta es no, porque hay que considerar otra variable. En mi competición de golf simulada, cada uno de los participantes realizó 20 golpes con el *putter*. Si yo hubiera pedido, por ejemplo, 100 golpes, la coincidencia entre las poblaciones habría sido muy inferior, y las probabilidades de que un integrante del grupo de los novatos hubiera superado a los miembros del grupo de los entrenados habrían sido bastante menores. Dado que el Tour de Francia es una carrera ciclista con múltiples etapas que se celebra a lo largo de varios miles de kilómetros, las probabilidades de que un ciclista inferior pueda derrotar a uno superior son muy pequeñas. Y, a igualdad en el resto de las condiciones, una mejoría del 5 por ciento, ya debida a la EPO, ya algún otro refuerzo, produciría una ventaja competitiva casi insuperable.

«salvajes» del ciclismo de competición son poco comunes, y por más que un concurso simulado de golpes con el *putter* sea ilustrativo, no deja de ser forzado. Por consiguiente, queda sin contestar la pregunta de si hallaríamos exactamente el mismo impacto de las modestas mejoras absolutas en las decisiones del mundo real.

A modo de comparación, echemos un vistazo al mundo empresarial. Desde luego, éste es muy distinto a una carrera ciclista o a un concurso de golpes de golf. La distribución de las recompensas en la actividad empresarial rara vez se establece explícitamente, con premios fijos para la primera, segunda y tercera plazas. Ni existe generalmente un criterio de valoración preciso de cuándo una empresa tiene que estar entre los líderes o enfrentarse a la desaparición. Ni hay nada que se parezca de lejos a la EPO, una poderosa droga que, en igualdad de circunstancias, pueda aumentar el rendimiento en un 5 por ciento. Las empresas no pueden tomarse una pastilla para volverse un 5 por ciento más eficientes o un 5 por ciento más innovadoras.

Y no obstante todas esas diferencias, el mundo empresarial comparte muchas de las mismas dinámicas competitivas, y aunque tal vez no esté claramente definida la estructura de las recompensas, en el mundo de los negocios éstas suelen «ser» enormemente desiguales, con una gran disparidad entre los de arriba y los de abajo. Tal vez no haya un criterio de valoración exacto, pero eso no es necesariamente una fuente de bienestar, porque la amenaza de la eliminación puede ser constante. Además, al contrario que en los deportes, en los que las normas son conocidas por todos y es fácil para todos ver las clasificaciones, la competencia en los negocios tiene muchas fuentes de incertidumbre. Las tecnologías pueden cambiar de pronto y de manera espectacular; en cualquier momento pueden entrar nuevos competidores en la lucha; las preferencias de los consumidores pueden cambiar de una semana a otra, y los rivales pueden fusionarse o crear alianzas. Si acaso la competencia en los negocios es «más» dinámica y menos compasiva que en los deportes. No es de sorprender, pues, que exista una presión incesante para encontrar maneras de hacerlo mejor, bien sea a través de la innovación tecnológica, bien sea a través de nuevos productos y servicios, o bien sea sencillamente a través de una mejor ejecución. Sólo asumiendo riesgos y yendo más allá de los límites establecidos, pueden las empresas confiar en mantenerse por delante de los rivales. Michael Raynor, de Deloittte Consulting, denomina a esto «la paradoja de la estrategia», o sea: que las estrategias con las mayores probabilidades de acierto también corren el riesgo de conllevar las mayores probabilidades de fracaso. «Desde el punto de vista conductual al menos —observa Reaynor—, lo contrario del éxito no es el fracaso, sino la mediocridad [...]. El que se arriesga gana... o pierde.»[6] El compromiso para actuar audazmente puede no ser garantía suficiente de éxito, aunque cuando el rendimiento es relativo y las desigualdades de las recompensas muy altas, una cosa es cierta: ir a lo seguro es casi garantía de fracaso. Estás condenado entonces a ser superado por los rivales que estén dispuestos a asumir grandes riesgos para ocupar la cabeza.

La importancia de pasar a la acción en los negocios —el que se arriesga gana— no es una idea nueva. Ya en 1982, el primer principio del éxito en *En busca de la excelencia*, de Tom Peters y Robert Waterman, era «una inclinación por la acción», que los autores definían como «una preferencia por hacer algo —lo que sea—, en lugar de someter una pregunta a un proceso tras otro de análisis y comités asesores».[7] Una de las normas para la innovación del profesor de Stanford Robert Sutton es «recompensar el éxito y el fracaso y castigar la inacción».[8] La inacción es un pecado mayor que el actuar y fracasar, porque la acción al menos conlleva la posibilidad de éxito, mientras que la inacción no aporta nada. El fundador de Virgin, Richard Branson, tituló uno de sus libros *Screw It, Let's Do it* [literalmente, «Al carajo, hagámoslo», aunque existe traducción al español con el título *Hagámoslo: las claves del éxito del fundador de Virgin*], un título provocativo que, seguramente, no tenía pretensiones de convertirse en una norma férrea, pero que aun así transmite una idea crucial. En los sectores industriales tremendamente competitivos en los que actúa Branson, como pueden ser el minorista y el de las líneas aéreas, la predisposición a comportarse con audacia es una necesidad, mientras que el inmovilismo conduciría inevitablemente al fracaso. Heike Bruch y Sumantra Ghoshal, en *La tendencia a actuar: cómo los directivos...*, llevaron este pensamiento un paso más allá: «Aunque la experimentación y la flexibilidad son aspectos importantes para las empresas, según nuestra observación, el desafío más importante para ellas es justo lo contrario: una actuación decidida, continua e incansable para alcanzar un propósito en contra de todos los pronósticos».[9] ¿Por qué «en contra de todos los pronósticos»? Porque en un juego competitivo con recompensas desiguales, sólo aquellos que estén dispuestos a desafiar las probabilidades estarán en situación de ganar.

Vale la pena destacar la utilización del concepto de «inclinación, tendencia o sesgo» por Peters y Waterman y por Bruch y Ghoshal. Gran parte de las investigaciones sobre la toma de decisiones se ha preocupado de alertarnos «contra» los sesgos. Entonces, ¿por qué parecen tratarse aquí de una manera favorable?

Para explicarlo, tenemos que volver a la misma palabra. Las investigaciones sobre la toma de decisiones con frecuencia se han preocupado de los sesgos cognitivos, que son atajos mentales que a veces provocan que las personas realicen juicios incorrectos. Los sesgos o prejuicios cognitivos son inconscientes, pero una vez que tomamos conciencia de ellos, podemos intentar (aunque a menudo con dificultad) corregirlos. Sin embargo, en el habla cotidiana, un prejuicio no es sólo un error cognitivo inconsciente; hace referencia generalmente a una preferencia o predisposición que incluso puede ser deliberada. Es posible que tú tengas una tendencia, por ejemplo, a votar a los que ya ocupan un cargo, quizá con la teoría de que tienen una experiencia valiosa que no se debería perder. (O quizá, dado el estancamiento existente en Washington, tu prejuicio apunte a lo opuesto, a poner de patitas en la calle a los granujas.) O quizá sientas inclinación por los asientos de pasillo en los aviones, porque te gusta levantarte y pasear durante los vuelos. Todos ellos son «tendencias» en el sentido de que reflejan una preferencia o inclinación constante. Se trata de unas respuestas programadas que te permiten actuar con rapidez y eficiencia, sin tener que pensar detenidamente cada vez que se suscita la cuestión. Son normas generales. Si tu predisposición es a escoger el asiento de pasillo, puede que alguien te diga que tienes un prejuicio, aunque semejante prejuicio ni es inconsciente ni peligroso.

En la gestión estratégica, un prejuicio a favor de la acción significa simplemente la preferencia por la acción frente a la inacción. Semejante preferencia surge del reconocimiento de que, cuando el rendimiento es relativo, y las recompensas sumamente desiguales, sólo los que asumen riesgos importantes estarán en situación de ganar. El equipo de la Universidad de Alberta mostró una inclinación a asumir riesgos cuando persiguió lo que admitieron era «una estrategia agresiva y en ocasiones sumamente peligrosa». No se equivocaron. Su prejuicio a favor de asumir riesgos fue el reflejo de la astuta comprensión del contexto competitivo.

¿POR QUÉ SUELE SER MEJOR ACTUAR?

En el capítulo dos vimos que, contrariamente a lo que se cree, no es verdad que la gente padezca una ilusión de control generalizada. El error más grave en este caso puede que sea un error del Tipo II, a saber, el que no entiendan cuánto control tienen. Asimismo, en el capítulo tres vimos que en lo tocante a la comprensión del rendimiento, el error más grave tal vez sea del Tipo II, o el no reconocimiento de hasta qué punto son desiguales las recompensas.

Junta todo esto, y no sólo «podemos» mejorar los resultados actuando, sino que, dada la naturaleza de las fuerzas competitivas, es mucho mejor que nos equivoquemos por actuar. A eso es a lo que se refería el presidente de Intel, Andy Grove, con el título de su libro *Only the Paranoid Survive*. Grove no estaba diciendo que «todos» los paranoicos fueran a sobrevivir, ni afirmaba que la paranoia fuera previsiblemente el camino hacia la supervivencia. Lo que quería decir simplemente era que en el sector industrial altamente competitivo que mejor conocía —el de los semiconductores— sólo las empresas que se esmeran en estar entre las mejores y están dispuestas a asumir riesgos tendrán la posibilidad de vivir para ver otro día. La elección de las palabras fue deliberada; Grove sabía por experiencia que la paranoia no garantiza el éxito, pero que cualquier empresa que sobreviva habrá hecho gala de algo parecido a la paranoia.

¿El dicho de Grove es aplicable a todos los sectores industriales? No hasta el punto en que lo es en el de los semiconductores. Tal vez no tenga mucha lógica para, digamos, dirigir un restaurante o un bufete de abogados o una empresa en cuyo sector industrial la evolución y la distribución de recompensas sean menos inclementes. Los fabricantes de chocolatinas o de hojas de afeitar, unos productos donde la tecnología es relativamente estable y los gustos del consumidor no cambian en exceso, no tienen ninguna necesidad de apostárselo todo a un nuevo y arriesgado planteamiento. Pero a buen seguro que las empresas de alta tecnología, como los fabricantes de telefonía inteligente, sí que la tienen. De hecho, en muchos sectores industriales la intensidad de la competencia unida a una aceleración en el cambio tecnológico provoca que la necesidad de superar a los rivales sea más intensa incluso que hace unos años.[10] Como norma, tiene más lógica preferir arriesgarse a cometer un error Tipo I que un error Tipo II. Como Grove observaba en la cita del principio de este capítulo, la inclinación natural de muchos directivos es la de actuar demasiado tarde y hacer demasiado poco. Un error que Grove nos anima a corregir. La mejor manera de actuar no es sólo ir más deprisa, sino hacer más. Cierto; tal vez no aciertes siempre, pero al menos aumentarás tus probabilidades de hacerlo. Ésa fue una buena norma general en la década de 1990, cuando Grove apostó por entrar en el sector de los microprocesadores, y sigue siendo cierta en la actualidad. En 2013, Intel se encontró sometida a una gran presión cuando su posición en el sector de los microprocesadores para PC se empezó a debilitar, debido a la creciente popularidad de las tabletas, la telefonía inteligente y la informática en la nube. El director ejecutivo Paul Ottelini anunció su dimisión a falta de tres años para cumplir la edad de jubilación, aduciendo la necesidad de un nuevo líder. Mientras tanto, el presidente de Intel, Andy Bryant, les dijo a los empleados que se preparasen para un gran cambio, y les recordó que el éxito pretérito no garantizaba los beneficios en el futuro. Bryant señaló que los clientes habían cambiado, y que Intel también tenía que cambiar; que de donde provenían en ese momento los ingresos no era de donde vendrían en el futuro.[11] Una vez más, el mayor error consistiría en pecar de complacientes. Ése es el camino de la desaparición.

¿CUÁL ES EL CASO PARTICULAR?

Si queremos comprender los mecanismos del juicio y la elección, lo lógico es concebir experimentos que supriman la capacidad para influir en los resultados y la necesidad de superar a los rivales. De esta manera, para utilizar la metáfora de Dan Ariely, podemos crear el equivalente de una luz estroboscópica para captar un único fotograma.

Gracias a la abundancia de tales experimentos y a los conocimientos que nos han aportado sobre los juicios y las elecciones, es fácil imaginar que unas decisiones semejantes representen una especie de referencia o norma. Las decisiones por las que podemos influir en los resultados y por las que tenemos que superar a nuestros rivales podrían considerarse un caso particular, que merece la pena citarse, pero que apenas es representativo de la mayoría de las decisiones.

Pero podríamos poner patas arriba este razonamiento sin ningún esfuerzo. En el mundo real, la combinación de estos dos aspectos —la capacidad para controlar los resultados y la necesidad de superar a los rivales— no es en absoluto un caso particular. Es más, en muchos campos es la norma. En todo caso, aquellos experimentos cuidadosamente planteados que eliminan el control y la competencia son los que con mayor exactitud se consideran el caso especial. En efecto, sus descubrimientos se pueden aplicar a muchas decisiones del mundo real, entre ellas la conducta del consumidor, en las que las personas hacen elecciones específicas entre unas opciones explícitas, y las inversiones financieras, en las que no podemos influir fácilmente en el valor de un activo. Aunque no deberían ser consideradas reflejo de las dinámicas de muchas decisiones del mundo real.

Por desgracia, en nuestro afán por llevar a cabo una minuciosa investigación que se ajuste a las normas de la ciencia social, con sus rigurosos controles, a veces hemos hecho extensibles los descubrimientos a situaciones que son sensiblemente distintas. A modo de ejemplo, un reciente estudio publicado en *Strategic Management Journal*, una importante publicación académica, afirmaba que las mejores decisiones estratégicas podrían ser consecuencia de una técnica denominada «predicción basada en la similitud».[12] Para demostrar la efectividad de su planteamiento, el estudio analizaba la precisión de las predicciones sobre el éxito de las películas de Hollywood. Un modelo que estudiaba el rendimiento pretérito de películas parecidas, en lugar de fiarse de corazonadas o anécdotas, hizo mejores predicciones sobre el éxito de taquilla. Los modelos de decisión pueden ser unas herramientas enormemente poderosas (como veremos en el capítulo nueve), y predecir el éxito de las películas es sin duda un tipo de decisión del mundo real. Sin embargo, predecir el éxito de *Matrix* o de *La guerra de los mundos* exige un juicio preciso, punto. Es un error equiparar la predicción de un acontecimiento sobre el que no podemos influir con el campo más amplio de la gestión estratégica, que no sólo permite el cambio para influir en los resultados, sino que también conlleva una dimensión competitiva. En nuestro deseo de idear modelos predictivos, a veces pasamos por alto la esencia de la gestión.

Recientemente observé un descuido parecido en mi instituto, IMD. Uno de nuestros programas de mayor éxito, «Gestión estratégica superior», atrae a una diversidad de altos ejecutivos que buscan impulsar el rendimiento empresarial. Su deseo, como el título del programa sugiere, es conseguir una mejor gestión estratégica de sus empresas. En los últimos años, dos de mis colegas han incluido unas sesiones sobre la toma de decisiones. El profesor de finanzas demostró cómo las decisiones financieras suelen estar distorsionadas por los sesgos cognitivos, y el profesor de marketing hizo otro tanto en cuanto a las elecciones del consumidor. La cosa en sí no está mal. A buen seguro que para los ejecutivos es mejor conocer los errores habituales, y sin duda disfrutaron de las sesiones. Pero la comprensión de las decisiones financieras y de marketing no refleja adecuadamente lo que es característico de las decisiones «estratégicas». Para un programa sobre gestión estratégica, deberíamos tener en cuenta situaciones en las que los ejecutivos puedan influir en los resultados, y en las que el rendimiento no sea sólo relativo, sino marcadamente desigual.

En cuanto hagamos eso, tendremos que considerar la toma de decisiones de forma muy diferente. En el siguiente capítulo miraremos con nuevos ojos un tema del que se habla mucho, pero del que se comprende poco: el exceso de confianza.

5

La confianza... y el exceso de confianza

«Todo cuanto necesitas en esta vida es ignorancia y confianza; a partir de ahí el éxito esta asegurado.»

Mark Twain, *Letter to Mrs. Foote*, 1887

De todos los errores y sesgos que minan nuestro juicio, el citado con mayor asiduidad es el del exceso de confianza. Ya en 1995, resumiendo las investigaciones de los dos decenios anteriores, el economista de la conducta Richard Thaler observó: «Puede que el descubrimiento más contundente en la psicología de la formación del juicio y la elección sea el de que las personas muestran un exceso de confianza».[1] Más o menos por la misma época, el psicólogo Scott Plous llegó a una conclusión similar: «Ningún problema en la formación del juicio y la toma de decisiones es más frecuente y más potencialmente catastrófico que el exceso de confianza».[2]

Desde entonces, la idea de que la gente padece de un exceso de confianza no ha parado de repetirse una y otra vez, hasta el punto de haber terminado aceptándose como un hecho. Algunas citas de los últimos años son representativas de lo afirmado:

- Joseph Hallinan, periodista especialista en empresa y ganador del Pulitzer en *Las trampas de la mente*: «La mayoría tendemos al exceso de confianza, y el exceso de confianza es una causa destacada del error humano».[3]
- David Brooks, columnista del *New York Times*, en *El animal social*: «La mente humana es una máquina de exceso de confianza».[4]
- Ken Fisher, presidente de Fisher Investments: los inversores se equivocan por culpa de una «tendencia innata al exceso de confianza».[5]
- Nate Silver, en *The Signal and the Noise*: «De los diversos sesgos cognitivos que aquejan a los inversores, el exceso de confianza es el más pernicioso. Puede que el descubrimiento principal de la economía de la conducta sea que la mayoría padecemos un exceso de confianza cuando hacemos predicciones».[6]

Y así es que, dada la extensión del problema, se nos alerta para que lo tengamos presente, incitándonos a reconocer nuestra tendencia natural al exceso de confianza y a prevenirnos de ella.

A primera vista todo esto parece lógico. Mira en cualquier diccionario y verás que el exceso de confianza se define como «una confianza excesiva» o «una confianza mayor de lo que las circunstancias garantizan». *Sobreconfianza* significa «demasiada confianza» o «confianza exagerada», unas definiciones razonables, dado que el prefijo *sobre* indica exceso. Como es natural, deberíamos desear evitar la confianza excesiva. ¿Y quién no?

Sin embargo, en el capítulo dos también vimos que las ilusiones positivas pueden mejorar el rendimiento. ¿No debería deducirse de esto que un grado muy alto de confianza sería algo bueno? ¿Por qué ha de ser «potencialmente catastrófico»? Además, como vimos en el capítulo tres, cuando el rendimiento es relativo y tenemos que hacerlo mejor que los rivales, un grado muy alto de confianza puede ser más que útil e incluso necesario. Así que hemos de preguntarnos: si excesivamente confiado significa demasiado confiado, ese «demasiado» ¿en comparación con qué lo es? Si el exceso de confianza implica mayor confianza que la que justifican las circunstancias, ¿a qué circunstancias nos estamos refiriendo? Lo que parece una idea sencilla enseguida se convierte en otra mucho más complicada.

En un ensayo publicado en 1947, «Politics and the English Language», George Orwell escribió: «Un hombre puede tomarse una copa porque se siente un fracasado, y luego fracasar todavía más debido a su afición a la bebida. Es en buena medida lo mismo que está sucediendo con el idioma inglés. Se vuelve feo e impreciso porque nuestros pensamientos son necios, pero la dejadez de nuestro idioma facilita a su vez que tengamos pensamientos necios».[7] Éste es un buen resumen del actual estado de las cosas en relación con el exceso de confianza. Las necedades han dado paso a un idioma impreciso, y un idioma descuidado ha facilitado tener unos pensamientos necios. Para ayudarnos a tomar grandes decisiones, tenemos que mirar con nuevos ojos lo que significa «confianza»... y lo que significa exceso de confianza.

EL EXCESO DE CONFIANZA EN NUESTRA CONVERSACIÓN DIARIA

En el habla cotidiana, exceso de confianza se emplea normalmente después del hecho para explicar las razones de que algo saliera mal. Los ejemplos abundan en todos los órdenes de la vida.

En noviembre de 2012, después de una larga y reñida campaña, el presidente Barack Obama fue reelegido por un pequeño margen del voto popular y una mayoría decisiva de votos electorales. Los periodistas se apresuraron a declarar que su contrincante, Mitt Romney, había pecado de exceso de confianza. ¿En qué pruebas se basaban? En que en lugar de esforzarse en alentar el voto el día de las elecciones, Romney había invertido su tiempo en elaborar una lista de nombramientos para la Casa Blanca, mientras a escasa distancia se colocaban 25.000 dólares en fuegos artificiales para una fiesta de celebración que nunca tuvo lugar. Uno de los principales colaboradores de Romney explicó: «Se debió a un exceso de confianza basado en unas suposiciones equivocadas y una información deficiente».[8] Curiosamente, nadie había acusado a Romney de exceso de confianza durante la campaña, mientras trabajaba largas horas yendo de un estado a otro para intervenir en mítines de la mañana a la noche. Pero cuando se contaron los votos y él se quedó corto, la afirmación de que había pecado de exceso de confianza se hizo irresistible.

Cuatro años antes se habían colgado la misma etiqueta a un candidato perdedor diferente. En junio de 2008, cuando Hillary Clinton terminó su larga búsqueda de la nominación democrática, el *New York Times* explicó que su campaña había estado «impregnada de exceso de confianza, desgarrada por la acritud y lastrada por el bagaje emocional».[9] Por «exceso de confianza» el artículo se refería a que la campaña de Clinton había sido autocomplaciente al suponer quizá que la nominación estaba en el saco, lo que había llevado a que se cometieran graves errores y, por último, a la derrota. De hecho, un análisis minucioso mostraba que Clinton había trabajado incansablemente y hecho una campaña implacable, lo cual apenas se aviene con la autocomplacencia. ¿Y qué es lo que había salido mal? La carrera se había decidido durante unas pocas semanas de febrero, cuando Barack Obama adquirió rápidamente ventaja en el número de delegados gracias a centrarse astutamente en los pequeños estados, consiguiendo así una ventaja que nunca perdió.[10] En efecto, la campaña de Clinton cometió un error estratégico esencial al ignorar los estados pequeños, aunque eso, por sí solo, no justifica la acusación de exceso de confianza (a menos, claro está, que atribuyamos cualquier mal resultado, después de producirse, al exceso de confianza, lo cual es algo que suele ocurrir). En cuanto a Barack Obama, se le describió como poseedor de una «confianza ostentosa» y de una «confianza impresionante», pero nunca de «una confianza excesiva», y esto por un motivo evidente: fue el ganador final. Su confianza, con independencia de lo grande que hubiera sido, resultó estar justificada. Pero si lo pensamos bien, ¿quién había mostrado una confianza injustificada: una destacada senadora apoyada por una impresionante maquinaria política, o un senador novato con poca experiencia a escala nacional?

Ésos son unos ejemplos típicos. El exceso de confianza es una explicación habitual cada vez que algo sale mal, y no sólo en política. Cuando un tsunami dañó el reactor nuclear de Fukushima en marzo de 2001, esparciendo la radiactividad por el aire y el mar a lo largo de la costa japonesa, un ingeniero civil señaló tres ejemplos distintos de exceso de confianza: un conocimiento deficiente de los terremotos cuando se diseñó el reactor, la dependencia de modelos de fallo simplistas en relación con la fiabilidad de la planta y la importancia concedida a la vasija del reactor y no al almacenamiento del combustible gastado después de producirse el tsunami. Igualmente, después de que el huracán Katrina devastara Nueva Orleans, el director de la FEMA [el organismo federal encargado de la gestión de las emergencias] Michael Brown acusó a la Administración Bush de no haber tomado medidas preventivas, debido a su «exceso de confianza» en que podrían controlar la crisis.[11]

Sabemos que los atletas conocen la importancia de la confianza, pues con la mayor naturalidad cuando salen victoriosos reconocen el mérito de su elevada confianza, y cuando acaban derrotados, no tardan en culpar a su exceso de ella. En diciembre de 2012, antes de su pelea contra José Manuel Márquez, un risueño Manny Pacquiao, descrito como relajado y tranquilo, mostraba «un rostro que desbordaba confianza».[12] Horas más tarde, después de que un asombroso derechazo cruzado lo enviara a dormir a la lona, Pacquiao era de otra opinión: «Llegué a esta pelea con un exceso de confianza, nada más».[13] Bueno, al menos así parecía después del hecho, y con ese razonamiento es posible que Pacquiao crea que con vigilar el exceso de confianza debería poder ganar la siguiente vez que se encuentren.

Puede que en ninguna parte se culpe tan a menudo del fracaso al exceso de confianza como en el mundo empresarial. En julio de 2011, Netflix, la inmensamente próspera empresa de alquiler de películas, anunció que escindiría su negocio de alquiler de un nuevo servicio de descarga continua de vídeos, y que si los clientes querían ambas cosas verían incrementada su cuota. Los clientes montaron en cólera, y al cabo de tres semanas el director gerente, Reed Hastings, se vio obligado a disculparse y dar marcha atrás en su decisión. Los daños fueron graves: Netflix perdió 800.000 abonados, y el precio de su acción se desplomó en más de un 25 por ciento. En octubre, Hastings mostró su arrepentimiento y admitió haber pecado de exceso de confianza.[14] Según explicó, había estado demasiado seguro de sí mismo y no se había percatado de las preocupaciones de los clientes. Prometió que en el futuro Neflix ralentizaría su toma de decisiones, a fin de garantizar que hubiera ocasión para el debate. Curiosamente, tal comentario procedía de un hombre habitualmente ensalzado por lo audaz y valeroso de sus decisiones. Las empresas no fracasan por moverse demasiado deprisa, había dicho Hastings, sino por moverse con excesiva lentitud. Eso sonaba muy bien mientras sus movimientos rápidos fueron acertados, pero cuando un movimiento audaz salió mal, culpó al exceso de confianza.

Algunos meses más tarde, en mayo de 2012, cuando la JP-Morgan Chase perdió más de 2.000 millones de dólares por culpa de la incapacidad de sus sistemas de control de riesgos para detectar los peligros contenidos en su cartera de instrumentos derivados, el director ejecutivo Jamie Dimon señaló con el dedo —acertaste— al exceso de confianza. El exceso de confianza dio lugar a la autocomplacencia, según Dimon, lo que condujo a la comisión de un error imponente.[15]

Hace poco realicé una búsqueda de las expresiones «confiado en exceso» y «exceso de confianza» en la prensa económica. Con diferencia, el uso más frecuente era retrospectivo y destinado a explicar las razones de que algo hubiera salido mal. Los ejemplos iban desde el fracaso inicial de KFC en la India («Llegaron al país demasiado confiados», decía un cliente local, antes de meterle un mordisco a un enrollado de pollo tikka),[16] hasta el accidentado mandato de Bob Nardelli en Home Depot (un inversor se quejó de que Nardelli «había actuado con arrogancia y exceso de confianza»),[17] pasando por las razones de que Airbus perdiera cuota de mercado cuando el A380 se retrasó («los directivos de Airbus también admitieron discretamente haber pecado de exceso de confianza, después de varios años en los que Boeing había renunciado a una cuota de mercado en beneficio de una Airbus más agresiva».)[18]

En todos estos ejemplos, desde la política a los desastres naturales, pasando por los deportes y los negocios, el exceso de confianza aporta una excusa narrativa satisfactoria. Coge cualquier éxito, y podemos encontrar razones que lo expliquen como resultado de una confianza saludable. Movemos la cabeza con aprobación: «Tuvieron confianza, por eso lo hicieron bien». Coge cualquier fracaso, y sacudimos nuestras cabezas: «Se confiaron demasiado, por eso lo hicieron tan mal. Si no hubieran estado tan seguros de sí mismos, podrían haberlo hecho mejor».

A partir de todo esto, se puede establecer un atractivo silogismo:

- Las cosas salieron mal, así que alguien tuvo que equivocarse.
- Los errores se deben al exceso de confianza.
- Por consiguiente, los malos resultados se deben al exceso de confianza.

Por desgracia, todas y cada una de las afirmaciones son erróneas. Primero, no todo lo que sale mal se debe a un error. Vivimos en un mundo de incertidumbres, en el que existe un vínculo imperfecto entre las acciones y las consecuencias. Incluso las buenas decisiones a veces acaban mal, pero eso no significa necesariamente que alguien cometiera un error. Segundo, no todos los errores son consecuencia del exceso de confianza. Hay muchas clases de errores: errores de cálculo, errores de memoria, simples errores motores, errores tácticos, etcétera. Y no todos se deben al exceso de confianza.

Aquellos dos primeros errores llevan al tercero. Podría ser conveniente culpar al exceso de confianza de los malos resultados, pero el razonamiento no cuadra. Peor aún, el efecto es diluir el exceso de confianza hasta el punto en que sea casi un sinsentido. Cuando cualquier fracaso puede atribuirse al exceso de confianza, entonces el término no significa absolutamente nada.

En *Decisive: How to Make Better Choices in Life and Work*, Chip Heath y Dan Heath citan el famoso comentario realizado en 1962 por un ejecutivo de la discográfica Decca que acababa de realizar una audición a un ambicioso cuarteto llamado los Beatles, y a los que se negó a contratar porque le parecía que los grupos con guitarras eran cosa del pasado.[19] Resultó que estaba equivocado, por supuesto, pero ¿eso es realmente una prueba de exceso de confianza? Podríamos decir con la misma facilidad que le faltó confianza en lo tocante a los grupos con guitarras. (Podríamos incluso afirmar que tuvo un exceso de confianza al expresar una opinión de falta de confianza, una discusión bizantina que ilustra el problema de fondo: el exceso de confianza puede ser utilizado casi con cualquier significado.)

Pero, cuando atribuimos los fracasos al exceso de confianza, hay otro peligro que es potencialmente el más grave de todos. Las acusaciones de exceso de confianza conllevan un matiz moral. Así, cuando acusamos a las personas de pecar de exceso de confianza, estamos sugiriendo que contribuyeron a su propia defunción e insinuamos que al menos en parte se merecieron su suerte. Esas personas cometieron uno de los siete pecados capitales, a veces llamado soberbia o vanagloria. Y pensamos: «Estaban demasiado seguros de sí mismos. Deberían haberlo sabido. Obtuvieron lo que vinieron a buscar».

A partir de ahí, no hace falta mucho para imaginar que si sencillamente «podemos» evitar el pecado del exceso de confianza, no correremos la misma suerte que otros. Después de todo, la mayoría de las personas no creen pecar de un exceso de orgullo o de vanidad. Puede que «los demás» muestren un exceso de confianza, pero no nos imaginamos ese término aplicado a nosotros. Y de esta manera nos consolamos con la idea de que no tenemos mucho de qué preocuparnos. ¿No se equivocó Netflix a causa del exceso de confianza de Reed Hastings? «Lo lamento por él, pero yo no cometeré el mismo error, porque el exceso de confianza no es mi pecado.» ¿Y los desastres ocurridos a KFC y Home Depot? «Si se debieron al exceso de confianza, entonces puedo quedarme tranquilo de que no me sucederán a mí.» Puede incluso que experimentemos algo de *schadenfreude*, que nos alegremos de las desgracias del prójimo.

La ironía, por supuesto, radica en que esas personas tampoco se ven a sí mismas como demasiado confiadas. En su momento, creyeron que sentían la debida confianza, y que sus actos eran audaces y decisivos, pero sin duda no excesivos. Es sólo después de que las cosas salgan mal cuando oímos hablar del término. Jamás aprenderemos de los errores de los demás si los atribuimos al exceso de confianza, y acabaremos engañándonos.

EL EXCESO DE CONFIANZA EN EL AQUÍ Y AHORA: NO UNA, SINO TRES COSAS

Por suerte, el exceso de confianza sólo es inferido después del hecho. Pero también puede ser estudiado en el aquí y ahora, definido como la confianza que sobrepasa lo que está justificado objetivamente. Así es como ha sido estudiado en las investigaciones sobre la toma de decisiones, y en este campo las pruebas parecen claras. Decenios de investigaciones han aportado pruebas muy sólidas de que las personas padecen un sesgo de exceso de confianza.

Hay ejemplos que han sido citados una y otra vez, hasta el punto de pasar a formar parte del folclore. En 1981, el psicólogo sueco Ola Svenson halló que el 93 por ciento de los conductores norteamericanos se valoraban por encima de la media. Los conductores suecos no llegaban tan lejos, y sólo el 69 por ciento afirmaba ser mejor que la media.[20] Está claro que esto no puede ser correcto. La explicación evidente es que los conductores encuestados estaban aquejados de un exceso de confianza en sí mismos. Otro estudio encontró que el 25 por ciento de los estudiantes de último curso de instituto creían formar parte del 1 por ciento con más capacidad para llevarse bien con los demás,[21] y otro estudio arrojó el dato de que el 37 por ciento de los ingenieros creía pertenecer al 5 por ciento de los mejores profesionales de su campo.[22] Los profesores universitarios tampoco son inmunes, porque una gran mayoría se valoran por encima de la media en lo tocante a las aptitudes docentes.[23] Sin duda, esto no es correcto; deben de estar aquejados de un exceso de confianza.

Otras pruebas provienen de los experimentos de los que se habló en el capítulo uno, en los que las personas son enfrentadas a una serie de preguntas de cultura general —la longitud del Nilo, el año de la muerte de Mozart, etcétera— y se les pide que elaboren un rango en el que crean al 90 por ciento que está contenida la respuesta correcta. El estudio original, dirigido por Marc Alpert y Howard Raifaa en 1969, encontró que el «rango de confiabilidad del 90 por ciento» contenía la respuesta correcta en menos del 50 por ciento de las ocasiones.[24] Se han llevado a cabo incontables variaciones de este estudio y todas han arrojado unos resultados muy consecuentes. Una y otra vez, las personas aportan rangos que son demasiado restringidos, dando pie a la conclusión inevitable: pecan de exceso de confianza.

Teniendo en cuenta todos esos ejemplos, las pruebas parecen indicar abrumadoramente que las personas están aquejadas de un exceso de confianza en sí mismas. Pero cuando hacemos un análisis más detenido, sin embargo, esto no está tan claro. Como Don Moore y Paul J. Healy describieron en 2008 en un artículo titulado «The Trouble with Overconfidence», la mera expresión «exceso de confianza» ha sido utilizada para significar tres cosas muy diferentes, lo que los autores llaman «exceso de precisión», «sobrestimación» y «efecto mejor que la media». Y lo explican así: «Los investigadores suponen, ya explícita, ya implícitamente, que los diferentes tipos de exceso de confianza son lo mismo».[25] Pero no son lo mismo, y cuando los cogemos de uno en uno, la idea de que las personas padecen una extendida inclinación a ser demasiado confiadas empieza a deshacerse.

El *exceso de precisión* es la tendencia a estar demasiado seguro de que nuestro juicio es acertado. ¿Esos estudios que piden rangos de confiabilidad del 90 por ciento? Ése es un ejemplo de exceso de precisión. En *The Signal and the Noise*, Nate Silver menciona el exceso de confianza como un problema grave cuando se hacen predicciones. Se está refiriendo al exceso de precisión: la tendencia a creer que una predicción es más exacta de lo que resulta ser.[26]

La *sobrestimación*, el segundo tipo de exceso de confianza, es la creencia de que tendremos un rendimiento por encima de lo que está objetivamente justificado. Cuando los golfistas creen que pueden meter el 90 por ciento de sus golpes con el *putt* desde 1,80 metros, estamos ante una sobrestimación. Cuando creemos que podemos terminar una tarea en un período de tiempo inferior al que podemos, eso es sobrestimación. La sobrestimación es una evaluación absoluta; depende de una valoración de nosotros mismos y de nadie más.

Las pruebas de la sobrestimación no son tan sólidas como las del exceso de precisión. En el caso de muchas tareas normales, hay muchas pruebas de que las personas creen que pueden hacerlo mejor de lo que en realidad son capaces. Como Tali Sharot escribe en *The Optimism Bias: A Tour of Our Irrationally Positive Brain*, la mayoría de las personas también creen que el futuro será mejor que el presente. Pero hay límites. Cuando se trata de las tareas difíciles, muchas personas creen que no lo harán muy bien y en ocasiones incluso subestimarán lo bien que pueden hacerlo. En general, es una exageración afirmar que las personas tienen la tendencia común al exceso de valoración.

El efecto mejor que la media, la tercera clase de exceso de confianza, es la creencia de que podemos tener un rendimiento mejor que los demás. No es un juicio absoluto, sino relativo. Cuando el 90 por ciento de los conductores norteamericanos creen que son mejores que la media, están padeciendo un efecto mejor que la media; cuando el 80 por ciento de los estudiantes creen que terminarán entre el 20 por ciento superior de su clase, también están bajo el influjo del mismo efecto. Un ejemplo famoso de efecto mejor que la media es el de la ciudad ficticia, fruto de la imaginación de Garrison Keillor, de Lake Wobegon, donde «todos los niños están por encima de la media». Naturalmente, es imposible que una mayoría encaje en la mitad superior de la distribución, pero muchos estudios sugieren que pensamos que sí encajamos. Sharot escribe que «la mayoría de las personas se ven como seres superiores a la media de los seres humanos»; la neurocientífica llama a esto sesgo de superioridad, y dice que está muy extendido.[27]

En lo tocante al efecto mejor que la media, gran parte de lo que hemos llegado a creer no sólo es exagerado, sino en realidad incorrecto. Cuando doy clases a los ejecutivos sobre toma de decisiones, suelo pedirles que cumplimenten un breve cuestionario que contiene muchas preguntas que les exigen formar juicios y realizar elecciones. En primer lugar, y en un guiño al estudio de Svenson, les pido que se evalúen como conductores y que luego se comparen con sus iguales. La inmensa mayoría —el 71 por ciento de más de 400 personas a las que pregunté a lo largo de varios meses— se valoró por encima de la media, un dato que es muy coherente con los resultados que obtuvo Svenson hace ya tantos años.

Si me hubiera parado ahí, puede que también hubiera concluido que las personas pecan de exceso de confianza. Pero mi cuestionario seguía interrogándoles por una habilidad muy diferente, el dibujo, concretado en la capacidad para hacer un buen retrato. En esta ocasión, la mayoría de las personas no sólo creían que no eran muy buenas, sino que también estaban convencidas de que eran peores que sus iguales. La gran mayoría —el 59 por ciento de la misma población— se valoraron por debajo de la media. Esto no es lo que uno esperaría si las personas estuvieran verdaderamente aquejadas de un sesgo generalizado de exceso de confianza.

¿Y qué conclusiones deberíamos sacar de estas respuestas? Pues que son bastante coherentes cuando pensamos en lo que las personas saben sobre sí mismas y los demás. Empecemos con la conducción. ¿Cuál es el conductor que mejor conoces? Es muy probable que a ti. A menos que tengas chófer personal, probablemente sepas más de ti que de cualquier otro conductor. ¿Y qué sabes de ti mismo? Lo más probable que eres un conductor «muy bueno». Nunca te has visto involucrado en un accidente importante, y rara vez (si no nunca) te han parado por exceso de velocidad ni ninguna otra infracción grave. Docenas de veces a la semana te abrochas el cinturón, arrancas el coche, metes una marcha y conduces hasta tu destino de forma segura. Y hasta podrías tener una rebaja en tu seguro de coche que lo demostrara.

A mayor abundamiento, sabes que hay muchos malos conductores en la carretera. Todas las semanas te enteras de graves accidentes de tráfico y de conductas temerarias al volante. Las autoridades encargadas de la seguridad del tráfico en Estados Unidos notificaron 32.367 accidentes mortales en 2011, de los que

9.878, o sea el 30 por ciento, fueron causados por conductores que estaban bajo los efectos del alcohol. Eso equivale a una muerte relacionada con el alcohol cada 53 minutos, y tú —toca madera— no tuviste la menor relación con ninguna de ellas.[28] Con tantas pruebas de mala conducción, es completamente razonable deducir que estás por encima de la media; de hecho, si nunca has tenido un accidente y apenas has cometido unas pocas infracciones, bien podrías decidir que estás entre los mejores. ¡La verdad es que no hay ninguna razón evidente para creer que haya alguno mejor! Así que si te colocas entre el 20 por ciento superior de todos los conductores, ¿es ésa una valoración excesiva? Bajo ningún concepto. Y es completamente razonable basándonos en la información que tienes de ti y de los demás.

Ahora piensa en el dibujo. Dibujar no es una tarea rutinaria que la mayoría de las personas lleguen a dominar; la mayoría nunca hemos aprendido a dibujar muy bien, y somos conscientes. En el colegio, nos resultaba difícil e incluso penoso tratar de sacarle el parecido a alguien, y es probable que dejáramos de intentarlo hace mucho. Por otro lado, no sabemos lo bien que dibujan la mayoría del resto de las personas, pero sí que sabemos que hay muchos buenos artistas en el mundo, e inferimos de ello que probablemente los demás sean, por término medio, algo mejores que nosotros. Y eso es exactamente lo que hallamos: que la mayoría de las personas creen que están «por debajo» de la media. Y pocos son lo que se percatan de que casi todos los demás son del mismo parecer.[29]

Otro tanto vale para otras tareas que encontramos difíciles, como los juegos malabares.[30] En realidad, no «sabemos» que los demás sean mejores, porque la mayoría jamás hemos intentado hacer juegos malabares delante de un grupo, donde podríamos comprobar lo frustrante que es para casi todo el mundo. Pero sí somos conscientes de que hay algunos malabaristas muy buenos, y sabemos que no somos uno de ellos, lo que nos lleva a pensar que somos peores que la media. Un estudio realizado en una universidad norteamericana preguntó a unos estudiantes si creían que superarían a otros estudiantes en la contestación de un cuestionario sobre vegetación autóctona de la cuenca amazónica. Sólo el 6 por ciento creía que terminaría en la mitad superior; el otro 94 por ciento consideró que puntuaría por debajo de la media.[31] Este «no» es lo que esperaríamos si las personas realmente tuvieran una tenaz inclinación a sentirse mejor que la media. Una explicación más sencilla es que la manera de situarnos depende de la dificultad de la tarea y la información que poseamos.[32]

Una vez desglosado el exceso de confianza en sus diferentes partes y tras analizar cada una detenidamente, no deberíamos concluir que las personas se consideran superiores a las demás, y punto. No somos máquinas de producir exceso de confianza; las respuestas dependen de la tarea concreta en cuestión y de la información que tengamos.[33] En lugar de afirmar que las personas sienten inclinación por algo, tal vez sería más preciso decir que son «miopes». Aunque se ven a sí mismas con claridad, tienen menos información acerca de los demás, y en consecuencia generalmente sacan deducciones razonables.

Englobar tres clases diferentes de exceso de confianza es conveniente, pero Orwell ya nos advirtió que eso puede llevarnos a tener pensamientos absurdos. A modo de ejemplo, piensa en una crónica de David Brooks sobre la legislación sanitaria publicada en el *New York Times*. Brooks empezaba haciendo una sencilla afirmación: «Los humanos somos unas criaturas demasiado confiadas». Y como prueba, mencionaba algunos de los estudios que hemos visto una y otra vez: «El 94 por ciento de los profesores universitarios creen que están por encima de la media de los docentes, y el 90 por ciento de los conductores creen que están por encima de la media cuando van al volante. Los investigadores Paul. J. H. Schoemaker y J. Edward Russo dieron a los ejecutivos informáticos de su sector industrial unos cuestionarios. Después, los ejecutivos calcularon que se habían equivocado en el 5 por ciento de las respuestas. De hecho, se habían equivocado en el 80 por ciento».[34]

A partir de ahí, Brooks afirmaba que la crisis financiera de 2008 fue el resultado del exceso de confianza, y entonces, después de declarar que «la hoguera del exceso de confianza se ha trasladado a Washington», escribió que la reforma sanitaria de la Administración de Obama estaba condenada a ser sumamente deficiente, porque había sido diseñada por humanos, que —como las pruebas han demostrado— están aquejados de un exceso de confianza.

Todo esto parece razonable hasta que comprendemos que el exceso de confianza no es una cosa, sino varias. Los estudios que demuestran que los profesores y los conductores se evalúan excesivamente alto son sendos ejemplos del «efecto mejor que la media», algo típico cuando se trata de tareas relativamente fáciles, pero no así en el caso de las difíciles. En cuanto a los ejecutivos informáticos que solían equivocarse en las respuestas, eso es un «exceso de precisión». Pero unos y otros son ejemplos muy diferentes y no conducen a la generalización de que «los humanos muestran un exceso de confianza», ni tampoco justifican la afirmación de que la crisis financiera de 2008 fue provocada por el exceso de confianza, a menos, claro está (como sucede tan a menudo), que seamos proclives a culpar de cualquier fracaso al exceso de confianza.

En cuanto a la reforma sanitaria, si la Administración Obama hubiera mostrado una gran confianza en las posibilidades de éxito de una reforma, estaríamos en presencia de una «sobrestimación». Pero los estudios de conductores y profesores que «se colocan por encima» y de ejecutivos informativos que «se exceden en la precisión» a duras penas nos permiten concluir que la reforma sanitaria esté manchada de «sobrestimación». De hecho, si la reforma sanitaria es difícil —y según todas las trazas puede que sea «muy» difícil concluirla con éxito—, el error tal vez esté en todo lo contrario. En realidad, puede que «subestimemos» nuestra capacidad para llevar a cabo esta clase de cambios, y lejos de comprometernos en proyectos demasiado difíciles, realmente quizás emprendamos demasiados pocos proyectos complicados y ambiciosos.

¿CUÁL ES EL GRADO EXACTO DE CONFIANZA?

Hasta el momento, hemos visto que no es nada provechoso deducir sin más el exceso de confianza después del hecho y cuando las cosas han ido mal, ni que es correcto utilizar una palabra para describir tres cosas muy diferentes. Hay escasos motivos para sugerir que el exceso de confianza sea tan frecuente como se suele afirmar.

Pero no deberíamos detenernos ahí. Si el exceso de confianza significa «mayor confianza de lo que las circunstancias justifican», tenemos que dar un paso más. Hemos visto anteriormente que las ilusiones positivas suelen ayudar a mejorar el rendimiento, que creer que podemos hacer algo quizá nos ayude a hacerlo bien. En tal caso, ¿un grado ligeramente exagerado de confianza es realmente excesivo?

El camino a seguir es recordar los temas de los capítulos previos. Primero: ¿podemos controlar e influir en los resultados?; y segundo: ¿el rendimiento es relativo o absoluto?

En cuanto a las cosas en las que no podemos influir —la tirada de dados, el clima, o el S & P 500—, de nada vale la sobrestimación: cualquier creencia en que podemos controlar los acontecimientos es excesiva. Pero cuando sí podemos influir en los resultados —ya sea metiendo las bolas con el *putter*, o pedaleando en una bicicleta, o ejecutando alguna labor—, las ilusiones positivas pueden ser útiles. La creencia deliberada en un rendimiento alto, quizás hasta una creencia que sea un tanto excesiva dadas las pruebas históricas, es capaz de mejorar los resultados.

¿Cuál es el mejor nivel de confianza? Aquel que nos estimule a hacerlo lo mejor que sepamos, pero que no sea tan alto que se convierta en complacencia, ni que dé por hecho el éxito, ni que, por el contrario, descuide lo que hace falta para lograr un rendimiento alto. En el experimento ciclista del doctor Thompson (véase capítulo dos), por ejemplo, los deportistas podían igualar al avatar cuando éste estaba preparado para ir un 2 por ciento más deprisa, pero no podían seguirle un 5 por ciento más rápido. Ese límite sin duda tenía que ver con las reservas de oxígeno, y puede que haya sido específico de la tarea en cuestión; para otras tareas, las cifras variarán. Como es natural, conocer ese equilibrio exacto por adelantando es difícil, y los resultados variarán de una persona a otra. Sin embargo, la norma general se mantiene. Cuando podemos influir en los resultados, puede ser provechoso mantener opiniones que sean un tanto exageradas, esto es, sobrestimar.

Cuando el rendimiento sea relativo, sin embargo, el grado deseado de confianza sólo puede entenderse en el contexto de la competencia. ¿Cuál es el nivel óptimo de confianza? El de que tenemos que hacerlo mejor que nuestros rivales.

Esto no quiere decir que un nivel muy alto de confianza garantice el éxito. No lo hará. El rendimiento de nuestros rivales también importa. Aun así, cuando la capacidad para influir en los resultados se combina con el rendimiento relativo, sólo aquellos que se exigen al máximo para ir más allá de lo que parece razonable estarán en situación de triunfar. Lo que podría parecer un nivel exagerado de confianza no sólo es útil, sino que en el contexto de la rivalidad competitiva resulta esencial.

El problema es que identificar ese nivel de confianza por adelantado es difícil. No existe una fórmula de la que podamos echar mano, razón por la cual solemos recurrir a deducciones *ex post*. Cuando las cosas salen bien, la conclusión que sacamos es que nuestro nivel de confianza fue el apropiado. «Rebosamos confianza de la sana.» Cuando las cosas salen de mala manera, concluimos que la confianza era inadecuada, o por excesiva o por insuficiente. «Pecamos de exceso de confianza, o quizá de falta de ella.» Por supuesto, no es más que una salida fácil. *Ex ante*, las cosas nunca están tan claras. Determinar el nivel adecuado de confianza exige algo más que una mera comparación con los logros pasados; tenemos que tener en cuenta si podemos ejercer control sobre los resultados y también la naturaleza de la competencia. Cuando el rendimiento es relativo y las recompensas muy desiguales, un nivel muy alto de confianza ya no es excesivo, sino esencial.

¿DE VERDAD CONFIAMOS DEMASIADO?

Al principio de este capítulo citaba la reflexión de Mark Twain de que todo cuanto necesitamos en la vida es ignorancia y confianza, afirmación que, claro está, no debe tomarse al pie de la letra. El éxito jamás está asegurado, al menos no cuando depende de las acciones de los demás, y la ignorancia no es algo que en general debamos recomendar.

Pero como era típico de Mark Twain, había puesto el dedo en una verdad mayor.[35] Cuando la confianza puede inspirar y motivar, lo que por definición parece excesivo —un grado de confianza que exceda lo que objetivamente está justificado— puede que sea útil. Y cuando el rendimiento es relativo, y las recompensas desiguales, semejante grado de confianza tal vez resulte esencial. Aquellos que al final tienen éxito habrán mostrado un nivel de confianza mayor de lo que, según algunas definiciones, estaba justificado; excesivo según algunas definiciones, que no según otras.

Sí, hay muchos ejemplos, no sólo en los experimentos de laboratorio, sino también en la vida real, de personas que hacen gala de una confianza excesiva. Éstas a menudo son precisas en exceso, frecuentemente hacen estimaciones excesivas y de vez en cuando también se consideran mejor que la media. Sin embargo, en cuanto los desmenuzamos, descubrimos que el exceso de precisión está muy extendido, pero que la sobrestimación y el efecto mejor que la media no son inevitables. De hecho, cuando se trata de tareas difíciles, las personas son más proclives a incurrir en el efecto peor que la media. La imagen habitual de las personas como demasiado confiadas está justificada en cuanto a las tareas rutinarias, pero no en cuanto a muchos de los mayores retos a los que nos enfrentamos.

Lejos de que las personas sean «máquinas de exceso de confianza», me barrunto que es más exacta una interpretación diferente. De acuerdo con Henry David Thoreau, la mayoría de las personas llevan unas existencias de desesperación silenciosa. Échale un vistazo a las librerías de los aeropuertos; ¿a que jamás imaginarías que la gente peca de exceso de confianza? Lo que realmente abunda son los libros que nos animan a que elevemos nuestro nivel de confianza. Cuando lo comprobé recientemente, me encontré con estos títulos:

- *Self-Confidence: The remarkable Truth of Why a Small Change Can Make a Big Difference.* [Confianza en uno mismo: la increíble verdad...]
- *Brilliant Confidence: What Confident People Know, Say, and Do.* [Bendita confianza: lo que la gente segura sabe...]
- *Confidence: The Power to Take Control and Live the Life You Want* [Confianza: el poder de asumir el control...]
- *Instant Confidence: The Power to Go for Anything You Want*[36] [Confianza inmediata: la fuerza de ir a por...]

Estos libros difícilmente sugieren que la persona media peque de exceso de confianza; lo que parece es que la mayoría de las personas quieren «más» confianza, no menos.* Incluso los más talentosos entre nosotros a veces son propensos a dudar de sí mismos. El violinista alemán Christian Tetzlaff, uno de los grandes músicos de nuestra época, aclamado por su original timbre y asombrosas interpretaciones, comentó: «Las más de las veces nos decimos: "Tengo confianza" o "Lo voy a hacer bien." Pero entonces, en un momento de soledad en casa, sientes lo cerca que estás de alguna clase de abismos».[37] Vivimos en una sociedad a la que le impresiona la confianza, y con frecuencia tratamos de proyectarla porque pensamos que eso es lo que los demás esperan de nosotros. Pero cuando analizamos atentamente las pruebas, es

* Sería aceptable que preguntaras si un rápido vistazo a las librerías de los aeropuertos es el mejor indicador del comportamiento de la gente. Es muy probable que encontremos libros sobre casi cualquier tema, y el hecho de que algunas personas deseen mejorar su confianza no significa que la mayoría compartamos esa preocupación. Hasta podríamos alegar que sólo las personas con una confianza deficiente compran libros de superación, porque las que de verdad son demasiado confiadas ¡no sienten la necesidad de leer!

más que discutible que la mejor manera de describir a las personas sea como exhibidoras de un exceso de confianza.

¿Por qué se ha informado de forma tan sistemática de que las personas son demasiado confiadas? Una de las causas tiene que ver con la planificación de los experimentos. Si pedimos rangos que exijan el 90 por ciento de confianza, no deberíamos sorprendernos de encontrar que la mayoría de los errores caigan del lado del exceso de confianza, no del de su escasez. Si preguntamos por actividades rutinarias como el conducir, nos encontramos con que las personas tienden a situarse por encima de la media. Cuando dirigimos experimentos que no han sido concebidos equilibradamente, no deberíamos sorprendernos de que los errores se produzcan mayoritariamente en un sentido. Pero el sesgo más grave no radica en las respuestas que se dan, sino en las preguntas que se hacen.

A su vez, esto plantea una cuestión más profunda: ¿por qué las investigaciones no han sido equilibradas? Sospecho que la respuesta es que durante años la teoría económica se basó en la idea de que las personas son actores racionales, capaces de realizar juicios precisos y tomar decisiones acertadas. Así que encontramos muy interesantes las pruebas de sesgos y errores porque desafían la ortodoxia imperante. Y en particular, informamos del exceso de confianza porque es lo que más sorprende.

Pero también hay otra razón. Algunas de las investigaciones más importantes sobre la toma de decisiones han sido dirigidas por psicólogos cognitivos que lo que han buscado es comprender los procesos mentales básicos, pero para quienes las cuestiones sobre la competencia entre las empresas no revista especial importancia. Por tanto, no deberíamos esperar que se pregunten cuándo podría ser la confianza excesiva por definición, aunque útil para fines competitivos. Sin embargo, para aquellos a los que nos preocupa el mundo de la gestión empresarial, las cuestiones sobre la competencia son fundamentales. Así que deberíamos tener cuidado de no tomar los hallazgos que tengan sentido en un ámbito y aplicarlos a otro, al menos no sin preguntar si las circunstancias son las mismas.

REFLEXIONES SOBRE LA CONFIANZA... Y EL EXCESO DE CONFIANZA

Al principio de este capítulo también cité al psicólogo Scott Plous, que hace más de veinte años escribió: «No hay ningún problema en el juicio y la toma de decisiones más frecuente y más potencialmente catastrófico que el exceso de confianza». A estas alturas, las afirmaciones de exceso de confianza han sido tan repetidas que se aceptan como hechos. Muchos autores actuales se han limitado a repetir la misma frase sin adoptar una visión crítica.

Ahora, a punto de acabar este capítulo, sugiero que pongamos la frase patas arriba: «Ningún concepto en la realización de juicios y la toma de decisiones ha llevado a tanto pensamiento erróneo como el exceso de confianza». Por supuesto, casi todos los fracasos se pueden atribuir *ex post* al exceso de confianza, pero eso no es decir mucho. Sabemos que hay que ser escéptico sobre las atribuciones retrospectivas; hacen buenas historias, pero no son unas explicaciones válidas. En cuanto a las investigaciones de laboratorio, lo que solemos llamar exceso de confianza resulta ser tres tipos diferentes de errores: la precisión excesiva, la sobrestimación y el efecto mejor que la media. De la primera hay pruebas fehacientes, aunque no tanto de las dos últimas. Las pruebas de la precisión excesiva no se pueden utilizar como pruebas de sobrestimación o del efecto mejor que la media. La tendencia a valorarnos por encima de los demás —efecto mejor que la media— se entiende mejor como miopía, dado que la mayoría de las personas perciben sus aptitudes con claridad y hacen deducciones razonables en cuanto a los demás. Las afirmaciones generalizadas de que las personas pecan de exceso de confianza no soportan un análisis detenido.

Se ha recurrido al exceso de confianza para hacer referencia a tantas cosas, y ha sido utilizado de tantas maneras, que el término en sí ha sido desprestigiado. Lo que sugiero es que cualquiera que utilice el término habría de concretar el punto de comparación. Excesivamente confiado ¿en comparación con qué? En muchos aspectos de nuestras vidas, donde podemos ejercer control e influir en los resultados, lo que parece ser un nivel exagerado de confianza puede resultar útil; y cuando a eso le añadimos la necesidad de superar a los rivales, semejante nivel de confianza puede incluso resultar esencial.

6

Los ratios base y rompiendo barreras

«Todos los pilotos corren riesgos de vez en cuando, pero sabiendo —no suponiendo— que lo que puedes arriesgar suele ser la diferencia crucial entre que te salgas con la tuya u horades un agujero de quince metros en la madre tierra.»

Chuck Yeager, *Yeager: An Autobiography*, 1985

El exceso de confianza no es la única predisposición que ha de ser reconsiderada cuando combinamos la capacidad de influir en los resultados y la necesidad de superar a los rivales. También tenemos que mirar con nuevos ojos el error de la negación del índice básico.

Este sesgo de la negación del índice básico fue identificado al comienzo de la década de 1970 por los psicólogos Daniel Kahneman y Amos Tversky. Imagina que en un cruce con mucho tráfico durante la hora punta de la tarde, un taxi golpea ligeramente a un peatón y huye a toda prisa. Una testigo lo identifica como perteneciente a la compañía Taxis Azules que opera en la ciudad. Da la casualidad de que el 15 por ciento de los taxis de la ciudad son de esta compañía, mientras que el 85 por ciento restante pertenecen a la compañía Taxis Verdes. La testigo tiene buena vista, y las pruebas concluyen que es capaz de identificar correctamente el color de un taxi con la iluminación nocturna en un 80 por ciento de las ocasiones. Si la mujer testifica que el coche era azul, ¿qué probabilidades hay realmente de que fuera un taxi azul?

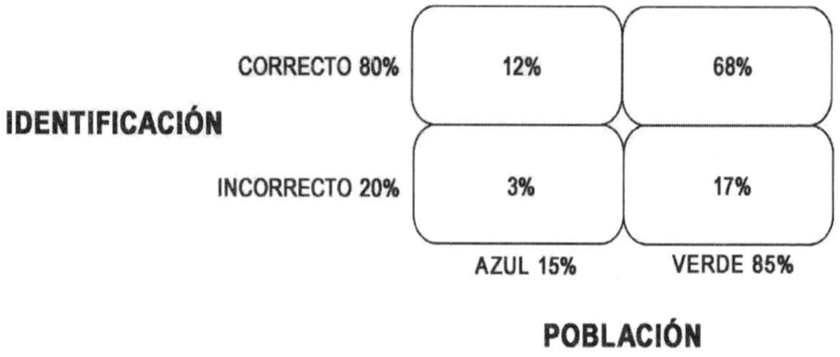

Figura 6.1. *¿Taxi azul o taxi verde?*

La mayoría de las personas consideraron que la probabilidad de que fuera un taxi azul era de más del 50 por ciento, y muchas sostuvieron que estaría cerca del 80 por ciento,[1] lo cual aparentemente puede ser razonable, dado que se nos dijo que la testigo acertaba el 80 por ciento de las veces. Pero lo que falta es una valoración de la población total, que tenía más del quíntuplo de Taxis Verdes que de Taxis Azules.

El cálculo correcto exige que se conozca la «probabilidad condicional», o probabilidad de que el coche sea azul dado que fue identificado como tal. Esto requiere la utilización del teorema de Bayes, llamado así en honor del reverendo Thomas Bayes, clérigo inglés del siglo XVIII que fue el primero en esbozar la idea de la probabilidad condicional, aunque la fórmula que usamos fue desarrollada más tarde por el matemático francés Pierre Simon Laplace.[2]

Si nuestra testigo acierta el 80 por ciento de las veces, entonces, como se muestra en la figura 6.1, de 85 taxis verdes, identificará correctamente 68 como verdes, pero verá 17 como azules, y de los 15 taxis azules, identificará correctamente 12 como azules, aunque incorrectamente 3 como verdes. Así pues, de los 29 vehículos que identifica como azules (12 + 17), el 41,4 por ciento (12/29) son efectivamente taxis azules, mientras que el 58,6 por ciento (17/29) son realmente taxis verdes.

La respuesta a la pregunta —si ella testifica que el coche era azul, ¿cuáles son realmente las probabilidades de que fuera un taxi azul?— es, por tanto, que sólo del 41,4 por ciento. Su opinión puede ser exacta el 80 por ciento de las veces, pero la pregunta pide las «probabilidades condicionales», esto es, las probabilidades de que tuviera razón dado que identificó el coche como azul. Esto exige una manera diferente de pensar que a la mayoría de las personas no se les ocurre de manera natural.

En un experimento relacionado, Kahneman y Tversky describieron una población compuesta por un 70 por ciento de ingenieros y un 30 por ciento de abogados. Una persona escogida al azar fue descrita como varón, con unas aptitudes altamente cualificadas y aficionado a la electrónica. Preguntados acerca de si este hombre era ingeniero o abogado, los encuestados se decantaron abrumadoramente por un ingeniero. Dada la descripción, parecía lo acertado. A continuación, con otro grupo se invirtieron las frecuencias, de manera que la población pasó a estar compuesta por un 30 por ciento de ingenieros y un 70 por ciento de abogados. Aun así, la mayoría de las personas siguieron pensando que el hombre con unas aptitudes altamente cualificadas y que disfrutaba de la electrónica era un ingeniero. Al hecho de que la población fundamental se compusiera sobre todo de abogados le dieron poca importancia. Para su mentalidad, la descripción se adecuaba más a un ingeniero, y eso es lo que conjeturaron.[3]

Tanto un experimento como otro demuestra el mismo fenómeno subyacente: cuando las personas hacen un juicio en condiciones de incertidumbre, tienden a centrarse en el caso en cuestión y pasar por alto la composición de la población general. Al hacerlo, están utilizando lo que se denomina heurística de la representatividad, lo que a menudo es útil, aunque también puede conducir al error. Kahneman y Tversky observaron: «En buena medida, se hizo caso omiso de las frecuencias de los ratios base de estas categorías, que o bien eran conocidas por los sujetos por su experiencia cotidiana, o bien señaladas explícitamente en la pregunta».[4]

Determinar el color de un taxi o adivinar la profesión de alguien tal vez no parezcan cosas muy importantes, pero el prejuicio de la negación del ratio base puede llevar a la comisión de errores graves. En un estudio publicado en 1978 en la revista *New England Journal of Medicine*, los investigadores plantearon el siguiente problema a 60 personas entre alumnos y personal del Harvard Medical School:

> Si una prueba para detectar una enfermedad cuya prevalencia es de 1/1.000 tiene un ratio de falso positivo del 5 por ciento, ¿qué probabilidades hay de que una persona que arrojó un resultado positivo tenga realmente la enfermedad, dando por sentado que no sabes nada sobre los síntomas o señales de esa persona?[5]

La respuesta más extendida, dada por casi la mitad de los encuestados, fue que el 95 por ciento, con el razonamiento de que si el ratio de falso positivo era del 5 por ciento, las probabilidades de que una prueba con resultado positivo signifique que la enfermedad está presente tienen que ser del 95 por ciento. Una vez más, hicieron caso omiso del ratio base subyacente. Si la prueba se realiza a una muestra aleatoria de población, donde la enfermedad sólo afecta a 1 de cada 1.000 sujetos, entonces sólo el 1,9 por ciento de las pruebas positivas son correctas. Más del 98 por ciento de los resultados positivos (0,95/49,95) corresponden a personas «sanas», lo que significa que una prueba positiva «tiene 50 veces más de probabilidades» de corresponder a una persona sana que a una persona con la enfermedad. Sorprendentemente, sólo 11 de las 60 personas encuestadas en una de las principales facultades de medicina del país dieron la respuesta correcta.

De entonces acá se han llevado a cabo diferentes variaciones de este experimento con hallazgos notablemente coherentes. La mayoría de las personas, ya sea gente normal, ya profesionales, pasa por alto los ratios base de población, toda vez que no se plantea el problema desde el punto de vista del efecto de las probabilidades de un acontecimiento en las condiciones de otro. (Por suerte, es posible que la historia esté cambiando, al menos en la profesión médica. Mientras investigaba para este libro, hablé con un profesor de la Facultad de Medicina de la Universidad de California en San Francisco, una de las más importantes de Estados Unidos, que me aseguró que los estudiantes de medicina reciben en la actualidad una amplia formación sobre probabilidades y análisis estadístico.)

Hasta la fecha, el error de la negación del ratio base se suele mencionar como uno de los errores habituales que amenazan nuestro pensamiento,[6] y que aparece al lado del exceso de confianza, el sesgo de confirmación y otros. Para evitar el error de negación del ratio base, se aconseja a las personas que analicen la población en general. Así las cosas, no deberían centrarse en el caso en cuestión, sino que deberían retroceder y considerar el contexto mayor y elaborar una comprensión básica de las probabilidades condicionales.

Éste es un paso en el sentido adecuado, por supuesto. Pero si la lección se acaba aquí, nos habremos conformado con demasiado poco. Al igual que la pregunta de Richard Feynman sobre el milagro de Lourdes, tenemos que explorar más a fondo y hacer otra serie de preguntas.

LOS RATIOS BASE ¿SE ENCUENTRAN O SE FACILITAN?

En los experimentos que se acaban de describir es fácil demostrar el error de la negación del ratio base porque se había proporcionado toda la información relevante. Así, se nos dio la frecuencia de Taxis Azules y Taxis Verdes; se nos dijo que la testigo acertaba el 80 por ciento de las veces; se nos comunicó la división entre ingenieros y abogados; se nos informó de la prevalencia de la enfermedad además del ratio de falsos positivos y positivos verdaderos... Con toda la información necesaria ante nosotros, lo único que teníamos que hacer era aplicar la fórmula y realizar el cálculo correcto.

En el mundo real, sin embargo, los ratios base rara vez se proporcionan, y por consiguiente hay que encontrarlos. Como Nassim Nicholas Taleb escribe en *El cisne negro: el impacto de lo altamente improbable*: «El casino es la única aventura que conozco donde se saben las probabilidades [...]. En la vida real uno no sabe las probabilidades; tienes que descubrirlas, y las fuentes de la incertidumbre no están definidas».[7]

Descubrir los ratios base a veces es fácil; si quieres saber el número de taxis azules y de taxis verdes, sendas llamadas telefónicas a las compañías de taxis o una pesquisa en el departamento de tráfico podrían dar sus frutos. También querrás asegurarte de que la información está actualizada; quieres los taxis registrados ese año, no las cifras del año pasado.

Pensándolo bien, cabe que el número de taxis registrados en la ciudad no sea el ratio base más instructivo. Si queremos determinar si nuestra testigo estaba en lo cierto o se equivocaba, sería aún mejor determinar cuántos taxis azules y verdes estaban de servicio «esa tarde noche en concreto». Entonces podrías enterarte de que todos los taxis azules pero sólo las tres quintas parte de los taxis verdes estaban de servicio, lo que arrojaría un ratio base relevante muy diferente.[8] Mejor todavía sería que averiguaras cuántos de cada color estaban de servicio esa noche en concreto y también cuántos estaban en la zona general donde tuvo lugar el accidente, algo viable con la tecnología GPS. Como es natural, tendríamos que decidir de qué tamaño debería ser el área de estudio: ¿unas pocas manzanas completas o una zona algo más grande? Cuanto más precisa sea nuestra estimación horaria del accidente, más pequeña será la zona que necesitamos analizar; cuanto mayor sea el margen de tiempo, mayor el área.

Si todo esto parecen complicaciones, eso es exactamente lo que se pretende. El reconocimiento de la necesidad de tener en cuenta los ratios base sólo es el principio. La utilización del teorema de Bayes para realizar el cálculo no sirve de mucho si no sabemos qué ratio base utilizar.

Análogamente, el experimento de la Facultad de Medicina de Harvard facilitó todos los hechos relevantes: la prevalencia de la enfermedad y el ratio positivo falso. Con esta información podríamos calcular que más del 98 por ciento de los resultados positivos en realidad corresponden a personas sanas. Pero ¿quién dice que la prevalencia de la enfermedad es de 1 entre 1.000? En el mundo real, esas cifras no se dan así como así, y descubrirlas a veces es una labor ardua.

Por ejemplo, la enfermedad de Parkinson es una dolencia degenerativa del sistema nervioso central que generalmente afecta a personas de más de cincuenta años. Aunque la enfermedad se conoce desde hace casi doscientos años —fue descrita por primera mes como «parálisis temblorosa» por el médico inglés James Parkinson en 1817—, no se ha elaborado ninguna prueba de laboratorio precisa, lo que deja a los médicos la labor de diagnosticar a partir de (deficientes) exámenes neurológicos. Los escáneres cerebrales pueden descartar otros trastornos, pero no proporcionan pruebas definitivas del Parkinson. De hecho, hay ocasiones en que el diagnóstico de esta enfermedad sólo se puede confirmar cuando la medicación, como es el caso de la levodopa, alivia el deterioro motor. Esto es, la presencia de la enfermedad sólo se confirma ¡si el tratamiento es efectivo!

A pesar de estas dificultades, se ha calculado que el Parkinson afecta al 2,1 por ciento de las personas de sesenta y cinco años y más en Estados Unidos, al 2,2 por ciento en Holanda y en más o menos la misma proporción en muchos países de Europa. Frente a estas cifras relativamente estables, había un caso atípico notable: durante muchos años, China informó de unos índices muy bajos de Parkinson, con valores entre el 0,1 y el 1 por ciento de la población de ancianos. ¿Qué explicación podían tener unas tasas tan bajas? ¿Es que los chinos eran menos propensos a padecer la enfermedad, quizá por razones genéticas o tal vez debido a la dieta o el estilo de vida? Algunos investigadores de Pekín sospechaban que la explicación era más sencilla: los ratios tan bajos comunicados de Parkinson en China eran reflejo de un diagnóstico inadecuado. El verdadero problema era que muchos casos o no eran detectados o no se informaba de ellos. Durante varios meses se entrenó a un equipo para que realizara las pruebas iniciales en las clínicas locales, que luego fueron seguidas de exámenes neurológicos en tres centros regionales repartidos por todo el país. Gracias a esta estrategia, se identificaron muchos casos más, y la prevalencia del Parkinson entre las personas de sesenta y cinco años y mayores en China aumentó finalmente al 1,7 por ciento.[9] En la actualidad, se cree que la prevalencia de la enfermedad de Parkinson es básicamente la misma en todo el mundo. Pero el dato no se proporcionó; se tuvo que descubrir.

RATIOS BASE, ¿FIJOS O CAMBIANTES?

La siguiente cuestión es si los ratios base son fijos o cambian con el paso del tiempo. En un extremo tenemos los ejemplos del carbono 14, un isótopo que se produce de forma natural y que tiene una vida media de 5.370 años, lo que significa que una concentración de carbono 14 se reduce a la mitad transcurrido ese período, tras lo cual se volverá a quedar de nuevo en la mitad al cabo de otros 5.730 años, y así sucesivamente. Esta cifra no se descubrió en una tableta, sino que se tuvo que encontrar, y sin embargo, una vez encontrada, permanece inalterable. Las leyes de la física que gobiernan el índice de desintegración atómica son las mismas hoy que hace 10.000 años o 10 millones de años. Y otro tanto sucede con la resonancia magnética de haces atómicos, cuyas oscilaciones sumamente regulares nos han proporcionado los relojes más exactos del mundo. Utilizando el átomo del cesio 133 como fuente, en 1955 se construyó el primer reloj atómico, y dada su extremada precisión, el Sistema Internacional de Unidades pasó a definir un segundo como la duración de 9.192.631.770 períodos de la radiación asociada a la transición entre dos niveles de energía de un átomo de cesio 133. Éste es un ratio base «muy» preciso, y que además no cambia.

Otros ratios base tienen un elemento estocástico, lo que significa que el valor para cualquier muestra concreta está sujeta a una variación aleatoria. Por ejemplo, por término medio nacen 105 niños por cada 100 niñas, con pequeñas variaciones entre algunas poblaciones.[10] (Supondremos que no hay intervención en la selección del sexo, lo cual es habitual en algunos países y origina una tasa diferente de nacidos vivos, por no mencionar toda clase de problemas sociales en la siguiente generación.) En la actualidad damos por hecho ese ratio base, pero éste fue descubierto después de considerables investigaciones, muchas de ellas dirigidas por Laplace, que dedicó decenios a revisar registros de nacidos vivos de Londres, París, San Petersburgo, Nápoles y otros lugares.[11] Aunque se tuvo que descubrir, permanece inalterable a lo largo del tiempo, aunque en un día determinado y en cualquier ciudad u hospital, la proporción exacta de nacimientos de hombres y mujeres varíe. Si hay 41 nacimientos vivos en un hospital en el transcurso de una semana, nuestro mejor pronóstico sería que 21 serían niños, y 20 niñas. En una semana determinada, sin embargo, las niñas pueden sobrepasar a los niños, y en ocasiones de largo, aunque cuanto mayor sea el número de nacimientos, mayores serán las probabilidades de que se dé una tasa que converja en 105:100.

Un ejemplo más: la fibrosis quística está relacionada con un gen del cromosoma 7. Alrededor de 10 millones de norteamericanos son portadores del gen, pero dado que la enfermedad es recesiva, sólo nacen alrededor de 1.000 niños cada año con esta enfermedad. Este ratio base es fruto de las investigaciones, y sin embargo, desgraciadamente, no se puede hacer gran cosa para cambiarlo. Probablemente, la incidencia de la fibrosis quística permanecerá constante mientras el acervo genético subyacente sea el mismo.[12] Por otro lado, la tasa de mortalidad asociada a la fibrosis quística se ha modificado espectacularmente en los últimos decenios. Gracias a los avances en el cuidado y tratamiento, los niños que nacen con la enfermedad sobreviven durante mucho más tiempo que dos generaciones atrás. He aquí dos ratios base, pero determinados por fuerzas muy diferentes y con implicaciones distintas.

La figura 6.2 muestra la incidencia y mortalidad de la leucemia en la población de Estados Unidos durante los últimos 35 años. La tasa de incidencia —esto es, el número de casos nuevos comunicados— ha permanecido constante, con una media de 13,18 por cada 100.000 habitantes durante el período de los 35 años, pasan-

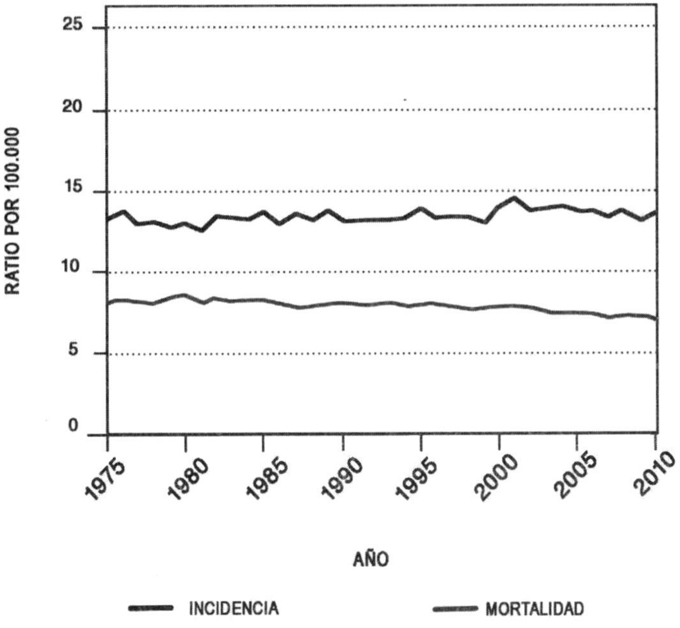

Fuente: Adaptado del Estudio de epidemiología y resultados finales, National Cancer Institute, US National Institute of Health, http://www.seer.cancer.gov

Figura 6.2. *Incidencia y mortalidad de la leucemia en EE. UU., 1975-2010.*

do de los 12,80 en 1975 y 13,55 en 1976, a los 12,95 en 2009 y 13,31 en 2010. Sin embargo, la tasa de mortalidad ha descendido lentamente, con una media de 7,72 por cada 100.000 durante todo el período, pasando de 8,09 en 1975 a 7,06 en 2009 y 6,91 en 2010. ¿Estas tasas constantes significan que la incidencia y mortalidad de la leucemia se escapan a nuestra capacidad de determinación? En absoluto. Los factores que conducen a la leucemia siguen sin conocerse del todo, y los esfuerzos para mejorar el tratamiento están logrando avances, aunque lentamente. El hecho de que estas tasas se hayan mantenido relativamente constantes en el pasado no significa que no vayan a cambiar de forma significativa en el futuro.

En cuanto a otras enfermedades, los ratios de incidencia y mortalidad han experimentado cambios más espectaculares. Durante los mismos 35 años, la incidencia del linfoma no Hodgkin casi se duplicó, pasando de 11,08 por cada 100.000 habitantes en 1975, a 20,98 por cada 100.000 en 2010, como queda reflejado en la figura 6.3. Aquí no hay un ratio base constante análogo al del Parkinson, la fibrosis quística o incluso la leucemia. Los investigadores médicos están estudiando las fuerzas que han llevado a este rápido aumento, quizá factores medioambientales, la dieta o el estilo de vida, o quizás el descenso de otras enfermedades. Sin embargo, la buena noticia es que la tasa de mortalidad ha descendido considerablemente.

Desde 1975 a 1997, la tasa de mortalidad pasó del 5,63 al 8,88 por cada 100.000 habitantes, pero desde 1997 no ha parado realmente de «descender» hasta llegar a los 6,14 en 2010, y eso a pesar de que la incidencia seguía todavía en auge. Gracias a los esfuerzos de los investigadores clínicos, los médicos y demás profesionales de la asistencia sanitaria, se ha puesto un tremendo esmero en el tratamiento del linfoma no Hodgkin. A los fines que

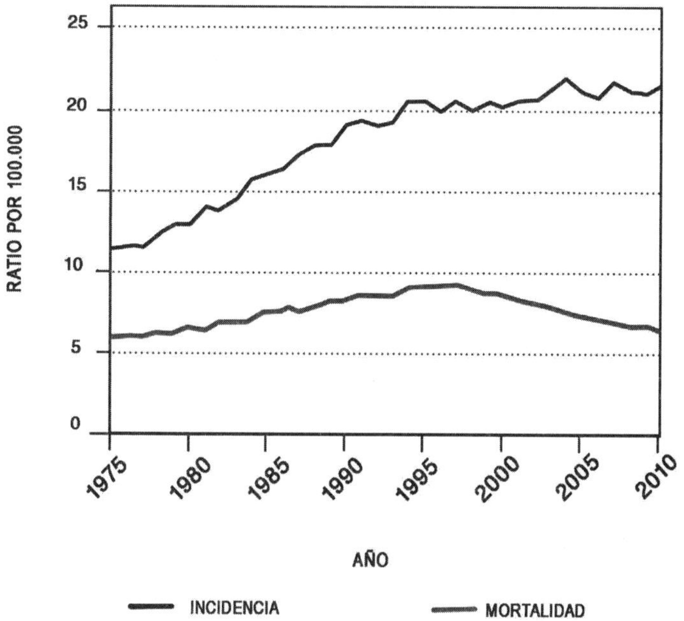

Fuente: Adaptado del Estudio de epidemiología y resultados finales, National Cancer Institute, US National Institute of Health, http://www.seer.cancer.gov

Figura 6.3. *Incidencia y mortalidad del linfoma no Hodgkin en EE.UU., 1975-2010.*

nos interesan, la lección que cabe extraer de todo esto es que cuando se trata de enfermedades temibles, los ratios base ni son fijos ni están totalmente fuera de nuestro control. Ya hemos influido en algunos, y hay otros que quizá siga estando a nuestro alcance el mejorarlos.

En cada uno de estos ejemplos, reconocer que las personas tienen la tendencia a pasar por alto los ratios base es sólo un punto de partida. Es más importante plantear la siguiente serie de preguntas. ¿Los ratios base se proporcionan o hay que descubrirlos? ¿Son fijos o cambian con el tiempo? Y si es esto último, ¿qué se puede hacer para cambiarlos? Cuando se trata de la toma de decisiones en el mundo real, en última instancia estas preguntas son más importantes que identificar la presencia de un prejuicio cognitivo.

¿CUÁNTO PODEMOS MEJORAR EL RENDIMIENTO?

Cuando tenemos la capacidad para modificar los acontecimientos, nos enfrentamos a una dificultad diferente: la de hacer estimaciones precisas del rendimiento futuro. El peligro a este respecto no es el de pasar por alto el ratio base de la población más numerosa en un momento dado, sino el de olvidar las lecciones del pasado y realizar una mala predicción del futuro. Las personas suelen conceder una gran importancia a su (exagerado) nivel de destrezas y motivación; el resultado es la realización de previsiones basándose en lo que Kahneman y Tversky llaman la «visión interior». Por desgracia, tales pronósticos, que ignoran las experiencias de los demás que han acometido tareas similares, a menudo resultan ser desenfrenadamente optimistas.

Los peligros de fiarse de la visión interior están descritos por Daniel Kahneman en una historia sobre el diseño de un programa académico.[13] Cuando se nombró un comité de docentes para elaborar el programa académico, la mayoría de sus miembros consideró que la labor les llevaría alrededor de dos años. Aquello parecía razonable, hasta que alguien sugirió que examinaran los antecedentes de iniciativas parecidas acometidas por otros comités. Para asombro de los comisionados, descubrieron que el tiempo medio de realización se acercaba a los siete años, ¡y que en el 40 por ciento de los casos jamás habían terminado su labor! La verdad es que este tipo de ejemplos son muy frecuentes. Puede que un proyecto empiece bien —los primeros pasos suelen ser los más fáciles—, lo que lleva a que los miembros extrapolen lo que se les antoja una estimación realista para todo el proyecto, pero que al final suele resultar que es desenfrenadamente optimista. Probablemente, nadie se ha dado cuenta de que los pasos futuros tienen que ser más difíciles que los primeros , y casi nadie prevé la infinidad de obstáculos y complicaciones que surgen, tales como el cambio de trabajo de los miembros del comité, nuevos encargos que tienen prioridad, etcétera.

La manera de evitar los peligros de una visión interior excesivamente optimista es considerar la historia pasada de acontecimientos parecidos, lo que se conoce como «visión externa». Así las cosas, deberíamos preguntarnos: ¿qué han hecho los demás en escenarios comparables? ¿Cuáles han sido los antecedentes de una población de referencia? ¿Cómo han reaccionado los demás a las dificultades, y qué nos hace pensar que podremos hacerlo mejor? Si seguimos manteniendo que somos capaces de hacerlo mejor que nuestros predecesores, tendríamos que razonar tal creencia.[14]

Esto no quiere decir que los líderes del proyecto debieran ignorar la visión interior por completo; muchos elementos de la gestión del proyecto están contenidos en nuestra capacidad de influencia, y para eso, como ya sabemos, un alto grado de confianza puede ser útil. Esto puede motivar a los miembros del equipo y estimularlos para que consigan un rendimiento mayor. De ahí que, por consiguiente, se aconseje a los directivos que busquen lo que Kahneman y Dan Lovallo denominaron «una saludable dosis de optimismo», y se les inste a que encuentren «un equilibrio entre el optimismo y el realismo, entre los objetivos y los pronósticos».[15]

Esto suena bien, pero plantea un importante interrogante: ¿qué es exactamente una «saludable» dosis de optimismo? ¿Qué cantidad es útil, y en qué punto podría el optimismo convertirse en dañino? Si no tenemos cuidado, por supuesto, podríamos sacar conclusiones basándonos en los resultados. Cuando las cosas salgan bien, concluiremos que el nivel de optimismo era saludable; y cuando acaben mal, deduciremos que era insano, ya por excesivo, ya por insuficiente.

En vez de sacar conclusiones *ex post*, tenemos que plantear la pregunta por adelantado. ¿Cuán optimistas deberíamos ser? Si nos comprometemos a obtener mejores resultados que los de los ratios base históricos, ¿en cuánto podemos —debemos— mejorar el rendimiento?

Para responder a estas preguntas, hemos de plantearnos si podemos ejercer control sobre los resultados y si el rendimiento es absoluto o relativo. Cuando no hay manera de controlar los resultados, los sentimientos de optimismo no ayudan a nada. No hay razón para el optimismo cuando nos enfrentamos a un acontecimiento puramente aleatorio, como apostar a las vueltas de una ruleta. Es bastante mejor tener una idea clara de las probabilidades y las recompensas y ser plenamente conscientes de nuestra preferencia por el riesgo. Por otro lado, cuando sí podemos controlar los resultados, el optimismo puede conducir a un rendimiento mayor. Establecer unos objetivos que sean exigentes, pero que puedan inspirar a nuestro equipo, tal vez resulte un estímulo para aumentar el rendimiento. Ésta es la idea que hay detrás de los «objetivos ambiciosos».

A mayor abundamiento, hemos de considerar si el rendimiento es absoluto o relativo, y de ser este último el caso, tener presente la distribución de las recompensas. ¿Es nuestro objetivo hacerlo bien sin más o debemos hacerlo mejor que nuestros rivales? ¿Cuál es el nivel saludable de optimismo cuando el objetivo consiste en superar a los rivales? El suficiente para ayudarnos a ganar.

Piensa en el ejemplo de la remodelación del programa académico. Si el objetivo fuera simplemente realizar un esquema satisfactorio, el rendimiento sería absoluto, y el optimismo sería saludable si nos estimula a hacerlo mejor. Si el tiempo medio para la conclusión era de cinco años, y motivando y estimulando a nuestros colegas pudiéramos lograrlo en cuatro, ése podría ser perfectamente un buen resultado.

Pero ahora supón que nos encontramos en un escenario competitivo en el que el objetivo es diseñar un programa académico más deprisa que otros comités que están llevando a cabo un proyecto parecido. Puede que el Ministerio de Educación haya encomendado la misma labor a seis comités simultáneamente y decidido que el más rápido en completarlo recibirá subvenciones adicionales, podrá hacerse con los profesores jóvenes más brillantes o beneficiarse en algún otro aspecto importante, mientras que los demás no recibirán nada en absoluto. Ahora, el rendimiento es relativo y las recompensas son tremendamente desiguales, de hecho, sólo hay un ganador. Los cuatro años para concluir el proyecto podrían no ser ya tan buen resultado, porque probablemente los demás comités se estén poniendo unos objetivos igualmente exigentes. Si nuestro objetivo es adelantar a los demás, puede que queramos esforzarnos al máximo para terminar en «tres» años, o tal vez hacer todo lo posible e intentar finiquitar en «dos años y medio». Si el ganador se queda con toda la recompensa y no hay medalla de plata para el segundo, no hay nada que ganar con un planteamiento moderado.

Si te parece que la idea de competencia entre colegios es un poco forzada, piénsalo dos veces. Con Arne Duncan como secretario de Educación de la Administración Obama, el Ministerio de Educación norteamericano puso en marcha una competición a la que denominó Carrera hacia la Cima, para la que asignó unos fondos de 4.350 millones de dólares destinados a premiar a los estados que elaboraran los mejores planes cuatrienales de reforma educativa. Al cabo de dos años, 46 estados remitieron sus planes de reforma, y los 12 mejores recibieron subvenciones por importes que fueron de los 70 a los 700 millones de dólares. Y al final, resultó que hasta el mero hecho de pasar por la experiencia se reveló útil, pues incluso los distritos académicos que no recibieron ningún dinero sacaron provecho. Jay Altman, el responsable de darle la vuelta a los colegios de Nueva Orleans, comentó: «Luisiana no terminó ganadora de la Carrera hacia la Cima, pero estuvimos cerca, y el proceso supuso un estímulo para que Luisiana y otros estados se plantearan la reforma educativa de manera más amplia y no de forma tan fragmentaria».[16] Sin embargo, a los efectos que nos interesan, esto es, lo que significa una dosis saludable de optimismo, debemos tener en cuenta tanto la capacidad de influir en los resultados como la naturaleza del rendimiento. Si no tenemos en cuenta la necesidad de superar a los rivales, no hay manera de que sepamos si un determinado nivel de optimismo es saludable o no.

TRASCENDER LOS RATIOS BASE

En *Hombre y superhombre*, George Bernard Shaw escribió: «El hombre sensato se adapta al mundo; el insensato no para de intentar que el mundo se adapte a él. Por consiguiente, todo el progreso depende del hombre insensato».[17] Frase intrigante a la par que provocativa, germen para un buen relato y que incluso podría llegar a parecer cierta, al menos echando la vista atrás. De acuerdo con ella, cabe la posibilidad de que demos crédito a una persona nada razonable, un visionario que rechazara cualquier compromiso en aras de un éxito deslumbrante. Piensa en Henry Ford y el Modelo T, o en Steve Jobs y el iPod. Probablemente, podríamos llegar hasta David y Goliath. Parece verosímil que la devoción tenaz a una visión sea la semilla del éxito. (Como es natural, es muy probable que pudiéramos afirmar también lo contrario: que las grandes calamidades también podrían atribuirse a los insensatos.)

Pero si analizamos la cuestión más detenidamente, el progreso humano —en las ciencias, en los negocios y en todos los demás ámbitos— «no» depende del hombre insensato ni de las personas que actúan de forma irracional. Los grandes resultados implican sin duda algunos riesgos, pero suele haber maneras de controlar el riesgo y reducirlo a unos niveles aceptables. Tal vez fuera más práctico considerar que el progreso se debe a los hombres y mujeres que emplean tanto su capacidad de análisis —cerebro izquierdo— como sus momentos de audacia —lo que hay que tener—. De hecho, manejando cuidadosamente el riesgo es como ellos pueden reducir los peligros potenciales.

Un buen número de ejemplos de esto se pueden encontrar en la aviación. A lo largo de la historia de la humanidad, pocas cosas han tenido un ratio base más prohibitivo que el vuelo humano. Desde el cuento de Ícaro y pasando por los dibujos de Da Vinci, el sueño del vuelo del más pesado que el aire era constante y sin embargo inalcanzable. No era una cuestión de escasas probabilidades; es que el ratio base era cero.

Pese a ello, el progreso se realizó en varios frentes. En el siglo XIX, un habitante de Yorkshire, George Cayley, mejoró nuestro conocimiento de las fuerzas esenciales que influyen en la aviación, entre ellas la elevación y la resistencia. En la década de 1880, Otto Lilienthal realizó más de 2.000 vuelos en los precursores de las alas delta actuales. Tales experimentos contribuyeron a una mejor comprensión de la estabilidad y el control y demostraron que un planeador podía soportar el peso de un ser humano. No obstante, el sueño de volar siguió siendo inalcanzable.

Wilbur Wright y Orville Wright, de Dayton, Ohio, plantearon las cosas de forma diferente. En lugar de imaginar que estaban emprendiendo una única iniciativa contra fuerzas superiores muy antiguas, descompusieron la labor en diferentes partes, lo que hizo que cada una de ellas se volviera manejable. Los hermanos Wright identificaron tres retos independientes —forma de las alas, control alar y fuerza y peso del motor— y se dispusieron a abordar cada uno de ellos.

Para estudiar el diseño de las alas, construyeron un túnel de viento y, tras múltiples ensayos, acabaron dando con un ala más eficiente y menos combada —esto es, curva— y un ratio mayor entre longitud y anchura alares. En 1902, los hermanos Wright creían saber unas cien veces más sobre el movimiento del aire sobre las superficies curvas «que todos nuestros predecesores juntos».[18]

En cuanto al control alar, descubrieron que un elemento esencial para conseguir volar consistía en mantener el equilibrio en condiciones inestables. Cuando los pájaros encuentran una turbulencia, mantienen el control inclinando un ala hacia arriba y la otra hacia abajo, moviendo cada una de forma independiente en respuesta a las fuerzas que inciden en cada una. Los hermanos Wright dotaron de esa misma capacidad a su aeronave mediante una deformación alar, o alabeo, para conseguir el control lateral mediante unos cables.

Por último, para superar el problema de la potencia, diseñaron y fabricaron su propio motor, que pesaba sólo 81 kilos e iba provisto de unas hélices en las que la hoja era en sí misma un plano aerodinámico, parecido a un ala en su diseño. El motor era una maravilla de eficiencia, capaz de convertir el 66 por ciento de su energía rotacional en empuje.

Tras unir esos tres elementos, el triunfo llegó el 17 de diciembre de 1903, cuando el *Wright Flyer* se levantó en el aire en Kitty

Hawk. El éxito de los hermanos Wright se debió en parte a su visión —no andaban cortos ni de ambición ni de confianza en sí mismos—, pero también a su manera de abordar el problema principal, al redefinir su cometido y pasar de afrontar un único desafío con un ratio base prohibitivo, a abordar tres desafíos parciales con más probabilidades de viabilidad. En cuanto hubieron resuelto cada una de las partes, lo imposible se hizo posible.

¿OBSTÁCULOS DE LA NATURALEZA O DE LA INGENIERÍA?

Casi 50 años más tarde, después de lograr unos avances que habrían resultado inimaginables en 1903, la aviación se enfrentó a una dificultad totalmente diferente, lo que Chuck Yeager denominó «la mayor aventura en la aviación desde los hermanos Wright, la conversión de los aviones de hélice en reactores supersónicos y en aviones cohete».[19]

Ahora el reto era viajar a mayor velocidad que el sonido. Muchos científicos e ingenieros temían que las ondas de choque fueran tan fuertes que cualquier avión se partiera en pleno vuelo. Algunos consideraban que la sacudida de aire en el Mach 1 representaba un muro impenetrable, de ahí el término «barrera del sonido».[20] A principios de 1947, el legendario piloto de pruebas inglés Geoffrey de Havilland Jr. se mató en su avión, *The Swallow*, que se desintegró al alcanzar el Mach 0,94. A raíz de esto, los británicos renunciaron a sus experimentos supersónicos[21] al antojárseles una tarea demasiado dura. Yeager lo recordaba así: «Había muchos ingenieros *brains** que creían que las leyes de la natu-

* El ingeniero Brains es un personaje de la serie de televisión británica *Guardianes del espacio*. (*N. del T.*)

raleza sodomizarían a cualquiera que fuera pillado a velocidades superiores a Mach 1».

¿El ratio base para el viaje supersónico? Cero, claro está. Jamás se había hecho.

Pero superar la velocidad del sonido difícilmente sería labor para un insensato, y el éxito no sería una cuestión de bravuconería. En lugar de aceptar la opinión mayoritaria de que no se podía superar la velocidad del sonido, algunos creyeron que la verdadera barrera tenía que ver más con la ingeniería, el diseño y la ejecución precisa, todo lo cual eran cosas que podíamos controlar. En palabras del piloto Jack Ridley: «La única barrera es una mala aerodinámica y un mal diseño».[22]

Durante 1947, los Air Corps del Ejército de Estados Unidos, antecedente de las Fuerzas Aéreas de dicho país, trabajaron en colaboración con Bell Aircraft en la creación de un avión llamado X-1, diseñado con el único propósito de que volara por encima de la velocidad del sonido. Los métodos empleados fueron deliberados y sistemáticos. El coronel Albert Boyd, responsable de los trabajos de los Army Air Corps, insistió en adoptar una actitud cautelosa: «Nadie sabrá con seguridad lo que sucede en Mach 1 hasta que alguien llegue allí. Ésta es una misión sumamente arriesgada, y no vamos a ir paso a paso, sino centímetro a centímetro».[23]

Naturalmente, el trabajo dependía de unos pilotos con una confianza muy alta. En palabras del ingeniero de pruebas del X-1 Dick Frost: «La confianza suprema en uno mismo es una parte considerable del bagaje de un piloto de combate de pruebas, vamos, verdadera chulería».[24] Y ningún piloto de pruebas tenía más confianza en sus aptitudes que Chuk Yeager. Pese a lo cual, no escatimaba ningún esfuerzo en aprender todo lo que pudiera sobre el avión y aceptaba atenerse a unas normas estrictas para ir avanzando paulatinamente. Así lo expresó: «Aceptas el riesgo como parte de cada nuevo desafío; son los gajes del oficio. Así que aprendes todo lo que puedes sobre la aeronave y sus sistemas, realizas prácticas de vuelos de planeo y de recorridos en tierra y piensas en cualquier contingencia posible, hasta que las fuerzas supremas a las que te enfrentas empiezan a parecer más amistosas».[25]

Juntos, el equipo iba dando pequeños pasos y evaluaba los resultados después de cada uno. Durante su primer vuelo, el X-1 fue soltado desde un B-29 y no empleó sus cohetes; se limitó a descender planeando hasta el suelo. En el siguiente vuelo empleó un cohete, y al siguiente otro. Las velocidades se iban aumentando poco a poco, con incrementos de sólo 24 o 32 kilómetros por hora cada vez. Al cabo de siete vuelos, el X-1 alcanzó el Mach 0,94.

Entonces, al octavo vuelo, al hacer que el avión fuera más deprisa, Yeager tiró hacia atrás de la palanca de mando, pero no obtuvo respuesta. Sólo cuando desaceleró, volvió a recuperar el control de los timones de profundidad, los alerones de los estabilizadores horizontales de cola que controlan la actitud longitudinal y el cabeceo del avión. De vuelta en tierra, los pilotos y los ingenieros tuvieron una charla para localizar el problema. Sabían que en Mach 0,88 se formaba una onda de choque sobre la parte más gruesa del ala y el estabilizador; ahora, en Mach 0,94, la onda de choque era mayor y llegaba hasta el timón, privando al piloto del control. Se encontró la solución: si se podía hacer que el estabilizador girara arriba y abajo con un interruptor auxiliar de compensación del timón de dirección, el piloto podría mantener el control sin necesidad de utilizar los timones de profundidad.

Una vez resuelto este problema, el escenario era propicio para que el X-1 superara la velocidad del sonido. Muchos seguían albergando dudas, pero Yeager confiaba en la opinión del ingeniero Jack Ridley: «Si Jackie piensa que puedo hacerlo, lo haré. Alguien tiene que hacerlo, así que lo haré yo».[26] El 14 de octubre de 1947 el X-1 fue soltado desde el B-29 y se elevó zumbando, rompiendo todas las marcas anteriores. Al llegar a los 12.760 metros de altitud, Yeager propulsó al X-1, superó el Mach 0,965 y acto seguido traspasó la velocidad del sonido. La aguja de la escala Mach le avisó y el X-1 siguió su vuelo, navegando con la misma suavidad que, en palabras de Yeager, «el culito de un bebé». Ridley había estado en lo cierto: la verdadera barrera no estaba fuera de nuestro control; en última instancia, era una cuestión de ingeniería y, por consiguiente, entraba en nuestra capacidad de influencia.

¿Una hazaña extraordinaria de pericia aeronáutica y valor? Sin duda alguna. Pero el logro de Yeager mal se puede catalogar de bravuconería. Uno no asume riesgos; los controla. Avanzas poco a poco, haces ajustes y buscas las maneras de reducir los riesgos sobre la marcha. Lo que parecía una barrera imposible fue pulverizada y convertida en pequeños trozos, cada uno de los cuales se resolvió mediante un análisis clarividente y la voluntad de dar un último paso que superara lo que se había hecho hasta entonces.

Y, por supuesto, la ruptura de las barreras en la aviación no se terminó con el viaje supersónico. En la actualidad, la meta ya no es ir todavía más deprisa, sino traspasar los límites de la tecnología en otros aspectos. *Solar Impulse*, pilotado por el explorador suizo Bertrand Piccard, es un avión que funciona con energía solar. Con una cabina monoplaza situada bajo una ancha envergadura alar cubierta por 12.000 paneles solares, la aeronave no pesa más que un automóvil y alcanza una velocidad máxima de apenas 70 kilómetros por hora. *Solar Impulse* carga sus baterías durante los vuelos diurnos, alcanza una altura de 7.600 metros hasta que el sol se pone, y entonces desciende planeando suavemente durante la noche, hasta que el sol de la mañana le permite recargar las baterías y empezar el ciclo de nuevo.[27]

Al igual que sus predecesores, *Solar Impulse* avanza poco a poco. Su primer vuelo intercontinental lo realizó desde España a Marruecos en junio de 2012. En mayo de 2013, partió de California en la primera etapa de un viaje de diez días para cruzar Estados Unidos.[28] El objetivo declarado de Piccard es conseguir dar la vuelta al mundo en 2015.

Preguntado acerca de si no estaba persiguiendo una quimera, Piccard respondió: «Mi meta no es ir más allá de los límites de la física. Es ir más allá de los límites que nos hemos impuesto. Los seres humanos se impiden ir más allá de lo que conocen, se impiden ponerse en situaciones en que se arriesguen a perder el control. Ésas son exactamente las situaciones que me interesan, donde me aventuro a lo desconocido».[29]

Bertrand Piccard, en no menor medida que los que le precedieron en la aviación, es la encarnación de lo que hay que tener —la voluntad de ir más allá de lo que se ha logrado hasta el momento—, pero siempre guiado por una planificación meticulosa y el control inteligente del riesgo, elementos ambos del cerebro izquierdo.

REFLEXIÓN SOBRE LOS RATIO BASE

Sabemos por los experimentos que la mayoría de las personas incurren en el error de la negación del ratio base, y que de forma natural no piensan desde el punto de vista de las probabilidades condicionales. Las personas tienden a concentrarse en el acontecimiento que tienen ante sí, pero a menudo pasan por alto hechos importantes que afectan al grueso de la población.

Como es natural, ser conscientes del error de la negación del ratio base es bueno, ya porque vayamos a interpretar los resultados de una prueba médica, ya para formar otro juicio en condiciones de incertidumbre. Sin embargo, tan importantes por lo menos son una serie de preguntas secundarias. De todos los ratios base que podríamos considerar, ¿cuál es el más pertinente para el propósito que nos ocupa? ¿El ratio base es fijo o cambiante? Y si es este último el caso, ¿qué es lo que provoca que cambie? ¿Y podemos tomar medidas para cambiarlo?

De igual manera, es útil conocer la diferencia entre la visión interior y la visión externa y ser consciente de que la primera suele exagerarse en virtud de la sobrestimación; en consecuencia, la prudencia aconseja tener en cuenta la visión externa para mantener a raya la visión interna. Sin embargo, también es importante considerar si el optimismo puede ser útil. Para responder esta pregunta no sólo tenemos que saber si podemos influir en los resultados, sino también detectar si el rendimiento es absoluto o relativo.

Por último, aunque pueda resultar fascinante afirmar que el progreso es fruto de los actos de los insensatos, la verdad es mucho más compleja. Superar lo que se ha hecho antes no es competencia del montaraz y el imprudente, toda vez que hacerlo exige una combinación de meticulosidad en el análisis y de control de los riesgos (el cerebro izquierdo), así como la voluntad de adentrarse en lo desconocido (y lo que hay que tener).

7

Mejores decisiones con el paso del tiempo

«Con el transcurso de los años, he aprendido que no hay ningún mal en estimularse con los delirios entre los momentos de inspiración válida.»

Steve Martin, *Born Standing up: A Comic's Life*, 2007

Cuando los Army Air Corps de Estados Unidos se propusieron volar más deprisa que la velocidad del sonido, el coronel Albert Boyd insistió en que se avanzara pasito a pasito. Empezarían haciendo un vuelo de sólo unos minutos, supervisarían meticulosamente los resultados, harían algunas modificaciones y al día siguiente traspasarían los límites sólo un poquito más. Cada vuelo formaba parte de una secuencia, en la que las lecciones aprendidas en un paso se utilizarían para mejorar el siguiente.

Ya hemos visto que las grandes decisiones se derivan de la comprensión de si podemos influir en los resultados y si el rendimiento es absoluto o relativo. Otro elemento importante, encarnado por el coronel Boyd y sus pilotos, es el del aprendizaje y mejoría con el paso del tiempo. Esto es algo que tiene que ver con la adquisición de la pericia, que no es lo mismo que la mera acumulación de la experiencia.

NOÉ Y EL ARCO

Empecemos analizando una actividad que requiere sólo unos segundos: lanzar un tiro libre en baloncesto. Los tiros libres son una buena manera de probar la habilidad lanzadora. La tarea es la misma para todo el mundo: lanzar desde una distancia de 4,5 metros, una pelota de 24 centímetros de diámetro y meterla por un aro de 38 centímetros de anchura situado a 3 metros del suelo. No es exactamente lo mismo que enhebrar una aguja, pero se le acerca; el margen de error no es muy grande. Además, al igual que cuando golpeamos una pelota de golf, el rendimiento depende exclusivamente de uno. No estás prediciendo lo que hará otra persona; te toca a ti meter la pelota en el aro.

Durante la temporada 2011-2012, los equipos de la NBA intentaron una media de 22,5 tiros libres por partido. Los Oklahoma City Thunder convirtieron el 80,6 por ciento de sus tiros libres, metiendo 1.406 de 1.744 intentos. Los Orlando Magic hicieron el peor registro, al convertir sólo el 66 por ciento, con 995 aciertos de 1.508 lanzamientos. Esto representa una cuantiosa diferencia entre el primer equipo y el último, aunque por supuesto la varianza entre los jugadores individuales es todavía mayor. Jamal Crawford, de los Portland Trailblazers, encabezó la liga al meter el 92,7 por ciento de sus tiros libres, muy por encima del jugador más valioso de la temporada, LeBron James, con un 77,1 por ciento, y ya no digamos del jugador de los Magic Dwight Howard, que convirtió sólo el 49,1 por ciento de sus lanzamientos desde la línea de tiros libres.[1] (El pésimo rendimiento de Howard fue la principal razón de que los Magic fueran el peor equipo. Sin Howard, el resto de los jugadores de los Magic convirtieron el 76,3 por ciento, ligeramente por encima del 75,2 por ciento en que se situó la media de la liga.) Por más bien que tiró Crawford, siguió faltándole un poco para alcanzar a los mejores de la historia, Mark Price y Steve Nash, los cuales lograron ambos un 94 por ciento de aciertos a lo largo de todas sus carreras. Este porcentaje supera en mucho la media, que se ha mantenido constante desde 1960 en aproximadamente el 74 por ciento para la NBA, y el 68 por ciento para las ligas universitarias.

Esto hace que uno se pregunte: ¿cuál es el secreto para meter un tiro libre?

Para averiguarlo, un inversor de capital riesgo e inventor de California (además de antiguo jugador universitario de baloncesto y entrenador) llamado Alan Marty, trabajó conjuntamente con Jerry Krause, jefe de investigaciones de la Asociación Nacional de Entrenadores de Baloncesto, y Tom Edward, director de tecnología aeroespacial del Ames Research Center de la NASA. Según Marty, los tres «formaron el primer grupo en confirmar científica y sistemáticamente lo que hace grandes a los grandes lanzadores».[2]

Tras meses de investigación, decidieron que el mejor tiro libre tenía tres características. Primero, es recto, ni ligeramente a la izquierda ni a la derecha, sino justo al centro. Esto no supone ninguna sorpresa: nadie quiere lanzar un ladrillo que salga rebotado a un lado u a otro. Segundo, el mejor disparo no apunta al centro exacto de la canasta; el punto perfecto está situado 27 centímetros más allá de la parte delantera del aro, unos 5 centímetros por detrás del punto medio. Esto da como resultado un tiro BRAD, acrónimo en inglés para «aro posterior y abajo» (*Back Rim and Down*). En tercer lugar, y muy importante, está el arco. Los mejores lanzamientos no son ni demasiado altos ni demasiado planos, sino que dejan las manos en un ángulo de 45 grados.

Encontrar el mejor arco fue el resultado de utilizar tres métodos. Los investigadores observaron detenidamente a algunos de los mejores lanzadores de tiros libres y cartografiaron sus lanzamientos, lo que reveló un sistemático arco de 45 grados. Al mismo tiempo, Edwards, el científico de la NASA, reprodujo la física de los tiros libres y determinó que el mejor lanzamiento tenía un arco que se situaba entre los 40 y los 50 grados. Por último, el equipo construyó una máquina de lanzamiento automático y la programó para que lanzara sin cesar de una manera exacta y repetitiva. Tras probar con diferentes arcos, desde tiros relativamente planos a lanzamientos altos en espiral, encontraron que el mejor era el de 45 grados. Tres métodos, los cuales coincidieron todos en una única respuesta.

Hasta aquí, todo estupendo. Pero, como es natural, una cosa es calcular el arco perfecto, y otra completamente distinta lanzar una pelota de baloncesto con ese arco exactamente una vez tras otra. ¿Cómo lanzas sistemáticamente la pelota con un arco de 45 grados y una profundidad de 28 centímetros más allá del borde?

La clave está en la respuesta inmediata, de manera que los jugadores puedan ajustar sus disparos e intentarlo de nuevo una y otra vez, hasta que consigan un determinado grado de precisión y regularidad. Con esta idea presente, Marty y su equipo idearon un sistema llamado Noé (en honor del hombre que construyó el arca en el Génesis), que conecta un ordenador a una cámara y una voz automatizada. Cuando los jugadores hacen un lanzamiento, la cámara registra la trayectoria y el altavoz proclama inmediatamente el ángulo. De esta manera, los jugadores pueden hacer un lanzamiento, realizar un ajuste, y lanzar otro, así varias veces por minuto, y no pasa mucho tiempo antes de que el jugador adquiera el tacto adecuado para conseguir un arco de 45 grados.

Tanto a nivel individual como colectivo, Noé ha proporcionado unos resultados impresionantes. Un entrenador de instituto atribuyó a Noé la mejoría de la media de su equipo, que pasó del 58 al 74 por ciento. Lo explicaba así: «Esta generación quiere unas respuestas inmediatas. También quiere una reacción visual, y este sistema proporciona ambas cosas. Estamos en la era de los videojuegos, así que disponer de un sistema que produce estadísticas al momento es fantástico».

LA PRÁCTICA DELIBERADA Y EL ALTO RENDIMIENTO

El principio que anima a Noé es la «práctica deliberada». Esto es, no sólo una gran cantidad de tiempo practicando, sino una práctica que se ajuste a un claro proceso de acción, respuesta, corrección y de nuevo acción. No se trata simplemente de la experiencia, sino de la especialización.

Para encontrar las primeras ideas sobre la práctica deliberada, hay que remontarse a más de dos decenios, a un estudio dirigido por Benjamin Bloom, presidente de la American Educational Research Association. En el momento, era opinión generalizada que en muchos campos el alto rendimiento era una cuestión de estar bendecido con un talento congénito, ocasionalmente denominado genialidad. Pero cuando Bloom analizó la infancia de 120 profesionales de élite de especialidades que iban de la música a las matemáticas, se encontró con otra cosa.[3] El éxito, las más de las veces, se debía a la práctica intensiva, dirigida por maestros entregados y apoyada por la familia.

Desde entonces, numerosas investigaciones han intentado descubrir los impulsores del alto rendimiento. Algunos de los trabajos más importantes han sido dirigidos por K. Anders Ericsson, profesor de psicología de la Universidad Estatal de Florida. Ericsson es descrito por Steven Dubner y Steven Levitt, autores de *Freakonomics*, como la principal figura del movimiento del rendimiento experto, «una relajada coalición de eruditos que tratan de responder a una importante pregunta aparentemente primordial:

cuando alguien es muy bueno en algo concreto, ¿qué es lo que realmente le hace bueno?»[4] En uno de sus primeros experimentos, hace ya más de 30 años, Ericsson le pidió a unas personas que escucharan una serie de números aleatorios, y que luego los repitieran. Al principio, la mayoría sólo era capaz de repetir media docena de números, pero a base de entrenamiento mejoraron notablemente. «Con el primer sujeto, después de 20 horas de entrenamiento, su retención numérica aumentó de 7 a 20» —recordaba Ericsson—. Siguió mejorando, y después de unas 200 horas de entrenamiento, había llegado a superar los 80 números.» La práctica reiterada había conseguido que esa persona fuera diez veces mejor en la tarea de repetir números.

La técnica que funcionaba para una tarea aparentemente baladí también resultaba igual de efectiva para muchas otras provechosas. Ericsson amplió sus estudios a actividades que comprendían desde la interpretación musical a la resolución de enigmas, pasando por actividades muy cualificadas, como el aterrizaje de aeronaves y las intervenciones quirúrgicas. De forma sistemática, los sujetos mejoraban notablemente en cuanto recibían una respuesta inmediata y explícita y a continuación realizaban modificaciones antes de intentarlo de nuevo.[5]

No te sorprenderá saber que los malabarismos, citados como actividad difícil en el capítulo cinco, se prestan a la práctica deliberada. Son muy pocas las personas capaces de ponerse a hacer malabarismos de inmediato, pero la mayoría podemos aprender a hacer juegos malabares con tres pelotas con unas cuantas instrucciones y una buena dosis de práctica deliberada. El golf también se presta a la práctica deliberada. Anders Ericsson describe cómo un golfista novato con una práctica regular puede alcanzar con bastante rapidez el nivel de idoneidad, aunque al cabo de un tiempo la mejoría disminuye. La realización de más recorridos de golf no lleva a más avances, y esto por una sencilla razón: en un partido, cada golpe es un poco diferente. Un golfista da un golpe y pasa al siguiente, sin el beneficio de la respuesta y sin la posibilidad de repetir. No obstante, Ericsson observa lo siguiente: «Si te permitieran golpear cinco o diez veces desde el mismo lugar del recorrido, obtendrías más reacciones sobre tu técnica y empezarías a corregir tu estilo de juego para mejorar tu control».[6] Eso es exactamente lo que hacen los profesionales. Además de las horas en el campo de prácticas y el *putting green*, hacen recorridos de prácticas en los que realizan muchos golpes desde el mismo lugar. De esta manera, pueden observar el vuelo de la bola, corregir e intentarlo de nuevo. Los mejores golfistas no sólo practican mucho, sino que practican de forma deliberada.

IR DE UN LADO A OTRO

Antes hemos visto que cuando podemos influir en los resultados, el pensamiento positivo puede potenciar el rendimiento. El concepto de la práctica deliberada nos permite perfeccionar esa idea. El pensamiento positivo es efectivo cuando está flanqueado por la retroalimentación objetiva y la corrección.

El resultado no es simplemente el optimismo, sino lo que el psicólogo Martin Seligman llama el «optimismo aprendido». La clave está en sustituir una visión estática, que adopta una única mentalidad para todos los momentos, por una visión dinámica, que permite la capacidad para cambiar de una mentalidad a otra. Antes de acometer una actividad, es importante ser objetivo en cuanto a nuestras capacidades y en relación con la tarea en cuestión. Concluida la actividad, hayamos tenido éxito o no, una vez más es importante ser objetivo sobre nuestro rendimiento y aprender de la retroalimentación. Sin embargo, en el momento de la acción, es esencial un alto grado de optimismo (aun cuando pueda parecer excesivo). Ésta es la idea expresada por el cómico Steve Martin al echar la vista atrás sobre su carrera: aquellos momentos de engañosa confianza en uno mismo pueden ser útiles, siempre que no dejen de estar controlados por unos juicios válidos.

Una idea relacionada proviene de Peter Gollwitzer, un psicólogo de la Universidad de Nueva York que distingue entre una «mentalidad deliberativa» y una «mentalidad ejecutiva». La primera sugiere una actitud independiente e imparcial, con la que dejamos a un lado las emociones y nos centramos en los hechos. Una mentalidad deliberativa es adecuada para valorar la viabilidad de un proyecto, planear una iniciativa estratégica o decidir la actuación adecuada.* Por el contrario, una mentalidad ejecutiva tiene que ver con los resultados. Cuando estamos con una mentalidad así, buscamos las maneras de acertar, para lo cual dejamos a un lado las dudas y nos concentramos en lograr el rendimiento deseado. A este respecto, el pensamiento positivo es esencial. La mentalidad deliberativa tiene que ver con la amplitud de miras y la decisión de lo que debería hacerse; la ejecutiva, con la parcialidad y la consecución de nuestras metas. Pero lo más esencial es la capacidad para moverse de una a otra.[7]

Para probar el impacto de las mentalidades, Gollwitzer y su colega Ronald Kinney dirigieron un agudo experimento. Se pidió a un grupo de personas que relacionaran todos los motivos que se les ocurriera, a favor y en contra, en relación con un proceder concreto. La intención era inculcar una mentalidad deliberativa. A un segundo grupo se le pidió que relacionaran las medidas concretas que toma-

* Un inciso sobre la terminología: la práctica deliberada exige el ir y venir entre la mentalidad deliberadora y la mentalidad ejecutiva.

rían para llevar a cabo eficazmente una actuación determinada. Aquí, el objetivo era infundir una mentalidad ejecutiva. Acto seguido, todos los sujetos participaron de una actividad de laboratorio rutinaria. Gollwitzer y Kinney hallaron que las personas con una mentalidad ejecutiva demostraban una confianza considerablemente mayor en su capacidad para controlar los resultados. Su conclusión fue la que sigue: «Después de haber tomado la decisión de perseguir determinado objetivo, el éxito en la consecución de dicha meta exige que uno se centre en las cuestiones ejecutivas. En consecuencia, los pensamientos negativos que conciernan a la conveniencia y la asequibilidad del objetivo escogido deberían evitarse, porque sólo socavarían el grado de determinación y obligación necesarios para ceñirse a la consecución del objetivo».[8] Una actitud mental ejecutiva, que se centra en lo que es necesario para realizar el trabajo y disipar las dudas, aumentará las probabilidades de que tengas éxito.

La pregunta que oímos a menudo —¿cuánto optimismo o confianza son los adecuados, y cuánto es demasiado?— resulta ser incompleta. No hay motivo para imaginar que el optimismo o la confianza deban permanecer constantes a lo largo del tiempo; es mejor subirlos y bajarlos, acentuando un alto grado de confianza durante los momentos de ejecución, pero dejándolo a un lado para aprender de la reacción y encontrar maneras de mejorar.[9]

MILAGRO EN EL HUDSON: CAMBIO DE MENTALIDADES EN LA CUBIERTA DE VUELO

Un ejemplo de cambio de mentalidad deliberativa a ejecutiva lo encontramos en el vuelo 1549 de US Airways, que aterrizó sano y salvo en el río Hudson en enero de 2009, salvando las vidas de las 155 personas que iban a bordo.[10]

En los momentos posteriores a que el Airbus 320 despegara del aeropuerto La Guardia y chocara con una bandada de gansos que provocó la avería de ambos motores, el capitán Chesley Sullenberger mantuvo una mentalidad deliberativa. Fría y sistemáticamente consideró sus alternativas, entre ellas el regreso a La Guardia o un aterrizaje de emergencia en el aeropuerto Teterboro de Nueva Jersey. Ni lo uno ni lo otro era posible. El avión había perdido toda la potencia y no podría llegar a ninguno de los dos aeropuertos. Era un momento en que se hacía necesario reflexionar con serenidad.

En cuanto Sullenberger decidió que la mejor medida era un amerizaje de emergencia en el Hudson, toda su atención pasó a centrarse en la forma de conseguirlo. Lo único que importaba ya era tener éxito en el aterrizaje. A tal fin, tuvo que hacer acopio de una actitud mental positiva para que ese aterrizaje —sólo ése, y en ese momento— fuera ejecutado a la perfección. En una entrevista concedida a Katie Couric en *60 Minutes*, Sullenberger describió su actitud mental mientras el avión descendía: «El agua se acercaba a toda velocidad», recordó. Couric le preguntó si durante aquellos momentos pensó en los pasajeros que iban a bordo. Sullenberger contestó: «No especialmente. Sabía que tenía que resolver ese problema para encontrar la manera de salir de aquel ataúd en el que estaba metido». El piloto sabía exactamente lo que necesitaba: «Tenía que aterrizar con las alas completamente niveladas; tenía que aterrizar con el morro ligeramente levantado; tenía que aterrizar a una velocidad decente y a la que se pudiera sobrevivir, y tenía que aterrizar a nuestra velocidad mínima de vuelo, pero no por debajo de ella. Y tenía que hacer que todas esas cosas sucedieran al mismo tiempo».

El tiempo para las deliberaciones se había acabado; ahora, el éxito dependía exclusivamente de la ejecución. Sullenberger mantuvo la concentración y la frialdad, y en ningún momento dejó de repetirse: «Seguro que puedo hacerlo». Su absoluta concentración en la ejecución le ayudó a conseguir lo que sería denominado «el mejor amerizaje de emergencia de la historia de la aviación». El gremio de pilotos y navegantes aéreos concedió a la tripulación del vuelo 1549 su máxima distinción, pudiéndose leer en la resolución de concesión lo siguiente: «Este amerizaje y evacuación de emergencia, sin pérdida de ninguna vida, es una hazaña única y heroica en la historia de la aviación». También es un ejemplo excelente de cambio de una mentalidad a otra, donde, después de aprovecharse de los beneficios del pensamiento deliberativo, se pasó por completo a la ejecución.

LO QUE HAY QUE TENER EN EL RINCÓN DEL AMÉN

La necesidad de cambiar de mentalidad se ve con claridad en el golf, y no sólo una vez, como en el aterrizaje de un avión, sino repetidamente. Ya hemos visto que el golf es un juego de confianza. Como dijo el golfista Mark O'Meara, tienes que «saber» que la bola va a entrar. Y esto es especialmente cierto cuando estás a punto de hacer un *putt*. Pero antes de golpear, un golfista tiene que valorar las cuestiones con objetividad e imparcialidad. *¿A qué distancia está el hoyo, cuál es la fuerza del viento y la altura de la hierba? Teniendo en cuenta todos estos factores, ¿qué golpe debería dar? ¿Qué palo debería coger, el hierro cinco para una distancia mayor o el hierro seis, que tiene una inclinación mayor?* Todas esas preguntas exigen un actitud mental deliberativa que no esté afectada por las ilusiones.

Cuando el golfista ha escogido el palo y ha adoptado su postura, la concentración se desplaza. Ahora todo tiene que ver con la perfecta ejecución de ese golpe —ése en concreto—. Se hace necesaria la mentalidad ejecutiva.

A continuación, una vez que el golfista golpea la pelota y observa su vuelo, regresa la observación imparcial. *¿Hoy estoy jugando largo o los golpes se me están quedando más cortos de lo habitual? ¿Estoy jugando lo mejor que sé o tengo que subsanar algún aspecto?* El énfasis hay que ponerlo en ver las cosas como son, libres de ilusiones o distorsiones. Instantes después, parado sobre la pelota con un palo en la mano, la mentalidad ejecutiva regresa, y una vez más el golfista debe creer que «ese» *swing*, «ese» golpe, será perfecto. Soy capaz de dar —y así lo haré— ese golpe como deseo.[11]

Y así discurre la cosa, de aquí para allá entre la deliberación y la ejecución, puede que hasta 72 veces —para un golfista con un par— en unas cuantas horas. No es ninguna sorpresa que el juego mental sea primordial. Según Bob Rotella, uno de los entrenadores más prestigiosos de la actualidad: «Para jugar al golf lo mejor que sepa, un golfista tiene que concentrarse estrictamente en el golpe que vaya a jugar ahora, en el momento presente. Un jugador no puede pensar en el golpe que acaba de hacer, o en el que hizo la semana anterior con el torneo en juego. Eso es pensar en el pasado. No puede pensar en lo fantástico que sería ganar el torneo ni en lo mal que se sentiría si la cagara. Eso es pensar en el futuro».[12]

Uno de los pupilos de Rotella es el campeón irlandés Padraig Harrington, un jugador elegante, pero con fama de analizar las cosas demasiado. En el Open de Doral, en marzo de 2013, Rotella hizo que Harrington llevara una gorra con unos electrodos para medir qué áreas de su cerebro eran las más activas mientras jugaba, si el más analítico cerebro izquierdo o el más instintivo hemisferio derecho. Rotella lo explicaba así: «Queríamos a Padraig en el cerebro derecho. Durante un recorrido, cambias de uno a otro, pero cuando vas a hacer un *swing*, sin duda has de estar en el lado derecho».[13] Otro de los entrenadores de Harrington, Dave Alred, añadió: «Un lado de tu cerebro te deja seguir con las cosas, y el otro lado de tu cerebro te complica lo que intentas hacer. Esto dicho en pocas palabras. Los golfistas tienen que oscilar entre los dos lados, y es ahí donde se complica el asunto».[14]

En ninguna parte se puso tan claramente de manifiesto la capacidad para cambiar de actitudes mentales como en el Torneo de Maestros de 2010. Al empezar el último día del torneo, Lee Westwood ostentaba una mínima ventaja sobre Phil Mickelson, seguido de cerca por Tiger Woods y K. J. Choi. Con unos pocos golpes buenos y unos cuantos *putt* precisos, cualquiera de ellos estaba en situación de ganar. El rendimiento era relativo, y las recompensas notablemente desiguales, con un ganador que recibiría un estipendio de 1.350.000 dólares, frente a los 810.000 dólares del segundo y los 510.000 dólares del tercero. Un único golpe podría suponer medio millón de dólares, además de la mítica Chaqueta Verde.

En el hoyo 8, Mickelson y Westwood estaban empatados a un 12 bajo par. Entonces Mickelson cobró una ligera ventaja de un golpe en el hoyo 9 y se plantó en los tres siguientes hoyos con el más estrecho de los márgenes. Al llegar al hoyo 13, tenía una ventaja de dos golpes con sólo seis por jugar. El hoyo 12, llamado Azalea, es uno de los más difíciles del recorrido, un hoyo par cinco de 466 metros al final de una difícil serie de hoyos conocida como el Rincón del Amén.

Aferrando un *driver*, Mickelson llegó al *tee* y lanzó una pelota lejana y profunda, pero que se desvió del recorrido y se paró en el *rough*, donde la hierba está sin cortar, quedándose en una zona cubierta de agujas de pino detrás de algunos árboles. Todavía a 182 metros del *green*, Mickelson encaraba un golpe de aproximación muy difícil. Para empeorar las cosas, un afluente del arroyo Rae discurría por delante del *green.* Se avecinaba el desastre.

La mayoría de los espectadores esperaban que Mickelson hiciera un golpe corto, esto es, que golpeara para quedarse en la calle y desde ahí realizar un golpe de acercamiento seguro por encima del arroyo y caer en el *green.* Lo más probable era que perdiera un golpe, y si Westwood hacía un *birdie* en el hoyo 13 el Torneo de Maestros estaría empatado. Pero al menos Mickelson evitaría un golpe muy arriesgado entre los árboles, que podría salir muy mal y costarle varios golpes, ya con pocas opciones para recuperarse.

Incluso su *caddy* le aconsejó que cogiera el camino seguro; pero Phil Mickelson tenía otra cosa en la cabeza. Tras considerar la vía que tenía a través de los árboles, calculó que podía atravesarlos con un buen golpe e incluso llegar al *green.*

Decidir el mejor golpe fue fruto de la deliberación: se concienció de sus aptitudes, valoró el escenario competitivo y tuvo en cuenta los hoyos pendientes de jugar. Luego, tras comprometerse consigo mismo a intentar el arriesgado golpe, la mente de Mickelson pasó a ocuparse de la ejecución. Como diría más tarde: «Tuve que dejar fuera todo lo que me rodeaba: el hecho de que la mayoría de la gente, la mayor parte de los espectadores, amigos de la familia y hasta mi *caddy* quisieran que hiciera un golpe corto. Tuve que concentrarme en hacer un buen *swing*, porque sabía que si lo hacía la pelota pasaría entre los árboles y acabaría en el *green*».[15]

Mientras la tribuna observaba en silencio, Mickelson realizó un golpe limpio que hizo pasar la pelota entre los pinos, salvar el arroyo, rebotar dos veces y acabar justo a unos pocos metros del hoyo. Fue un golpe asombroso, algo legendario. A partir de ahí, y con la ventaja asegurada, continuó hasta ganar el Torneo de Maestros de 2010.[16]

¿Un ejemplo de lo que hay que tener? Sin duda alguna. En cuanto Mickelson tomó la decisión de seguir adelante con el golpe, bloqueó todas las distracciones e hizo acopio de una confianza absoluta. Como diría más tarde: «Simplemente me pareció que tenía que confiar en mi *swing* y golpear. Y resultó perfecto».[17]

Por supuesto que no todos los golpes arriesgados salen tan bien. Es fácil escoger un golpe memorable y colegir, después de realizado, que fue brillante. (Cuando se le preguntó por la diferencia entre un golpe fantástico y un golpe inteligente, Mickelson respondió con franqueza: «Un golpe fantástico es cuando aciertas en contra de todas las probabilidades. Un golpe inteligente es cuando no tienes los redaños de intentarlo».)[18] Como muchos casos de brillantez, éste vendría determinado por un cuidadoso análisis. Además de un agudo sentido del golpe en sí, Mickelson también se concienció de la situación de la competición. Jamás habría intentado semejante golpe el primer día del torneo, ni siquiera el segundo. Durante las primeras rondas, la idea principal es jugar bien, buscar las oportunidades de hacer un *birdie* y sobre todo evitar cometer errores de bulto. Como dice el dicho, no puedes ganar el torneo el jueves, aunque sí puedes perderlo. Mejor cometer un error del Tipo II por omisión, que un error del Tipo I por acción.

La última ronda, la del domingo, es harina de otro costal. Con sólo unos pocos hoyos por jugar y con la victoria al alcance de la mano, se impone un cálculo diferente. Phil Mickelson demostró talento y redaños, además de un clarividente conocimiento de la estrategia.

LOS LÍMITES DE LA PRÁCTICA DELIBERADA

Con tantos ejemplos de mejora del rendimiento mediante la práctica deliberada, resulta tentador concluir que, como diría Ericsson, «el rendimiento sobresaliente es fruto de años de práctica deliberada y entrenamiento, no de ningún talento o habilidad innata».[19] Muchos otros han repetido este mismo argumento. En los últimos años, la práctica deliberada ha sido invocada como la clave del alto rendimiento en libros que van desde *El talento está sobrevalorado: las auténticas claves del éxito personal*, de Geoff Colvin a *Fueras de serie: por qué unas personas tienen éxito y otras no*, de Malcolm Gladwell.[20] También se menciona profusamente en *Los desafíos de la memoria*, en el que el periodista científico Joshua Foer buscaba a Anders Ericsson para que le guiara en su búsqueda (altamente fructífera) de mejorar su memoria.[21] ¿Cómo podemos mejorar nuestra capacidad para recordar información, ya sean los artículos de una lista de la compra, los nombres de las personas que hemos conocido o la secuencia exacta de 52 cartas? La clave radica en practicar deliberadamente. Ponte una meta concreta, consigue una respuesta rápida y fiable, haz modificaciones y vuelve a intentarlo de nuevo. Y luego una vez más.

No hay duda, el mensaje de la práctica deliberada es muy alentador, ya que apela a nuestro espíritu del «puedo hacerlo». Nos gustaría creer que el genio no nace; nos gustaría creer que incluso Mozart tuvo que practicar durante largas horas y que el éxito de Einstein fue el resultado de contar con unos buenos profesores y de mucho trabajo. Nos hace sentir bien imaginar que Bobby Fischer no era una criatura de otro mundo, sino que empezó pronto y perseveró; eso nos permite pensar que quizá también hay esperanza para nosotros. Si Joshua Foer pasó de novato a campeón nacional en un año, ¿por qué yo no?[22]

Sin embargo, deberíamos ser prudentes. La práctica deliberada está lejos de ser la panacea que a algunos les gustaría sugerir.

En primer lugar, hay cada vez más pruebas de que el talento es importante, y mucho. Los investigadores de la Vanderbilt University encontraron que los niños que eran muy buenos en las pruebas de inteligencia cuando eran pequeños disfrutaban de una importante ventaja sobre los demás en los éxitos posteriores. Una capacidad intelectual muy alta sí que confiere realmente una enorme ventaja en el mundo real para muchas actividades difíciles.[23] En segundo lugar, si no tenemos cuidado, siempre podemos coger ejemplos a posteriori, echar la vista atrás y afirmar que la práctica exhaustiva conduce al éxito. Entre los ejemplos que Gladwell utiliza en *Fueras de serie* estaban los Beatles y Bill Gates, escogidos para ilustrar el valor de las muchas horas de práctica, ya sea tocando música de madrugada en los clubes de Hamburgo y Liverpool, ya programando ordenadores durante horas y horas en la casa paterna de Seattle. Sin embargo, se pasan por alto las legiones de personas que también practicaron diligentemente, pero que «no» encontraron el mismo éxito. (Al psicólogo Steven Pinker el planteamiento de Gladwell se le antojó especialmente molesto: «El razonamiento de *Fueras de serie*, que consiste en escoger anécdotas caprichosamente y hacer sofistería y falsas dicotomías a posteriori hizo que casi me comiera mi libro digital».)[24]

Y lo que es más importante, la práctica deliberada se adecua muy bien a algunas actividades, pero mucho menos a otras. Vuelve a echar un vistazo a los ejemplos que hemos visto: lanzar a canasta, memorizar una baraja de cartas, golpear una pelota de golf. Cada una de estas acciones tiene una duración breve, a veces de sólo unos segundos o incluso algunos minutos. Cada una produce una respuesta inmediata y tangible. Podemos ver enseguida si la pelota de baloncesto entró por el aro, si acertamos las 52 cartas o si la pelota aterrizó en el *green*. Podemos hacer correcciones y entonces intentarlo de nuevo. Además, cada acción es una cuestión de rendimiento absoluto. Aunque un golpe de golf se hiciera con un ojo puesto en la competición, el golpe en sí —el balanceo de un palo para impulsar una pelota hasta el *green* y de ahí al interior del hoyo— sería una cuestión de rendimiento absoluto: la ejecución de la tarea no depende de nadie más.

Esta clase de tareas se describen en la columna izquierda de la tabla 7.1. La duración es breve, la respuesta es inmediata y clara, el orden secuencial y el rendimiento absoluto. Cuando se dan estas condiciones, la práctica deliberada puede ser tremendamente eficaz.

Tabla 7.1. *¿Cuándo es útil la práctica deliberada?*

	Útil	**Menos útil**
Duración	Breve	Larga
Respuesta	Inmediata	Lenta
Orden	Secuencial	Simultánea
Rendimiento	Absoluto	Relativo

Pero cuando relajamos las condiciones, la imagen cambia. Otras tareas tienen una duración larga, una respuesta que es lenta o incompleta, han de acometerse simultáneamente y conllevan un rendimiento relativo. Nada de esto pretende sugerir que su práctica deliberada no sea una técnica provechosa, pero tenemos que saber cuándo es útil y cuándo no.

Para apreciar la importancia que puedan tener estas diferencias, piensa en el trabajo de un representante de comercio. Imagina que eres un vendedor de cosméticos que va de puerta en puerta por tu barrio. Esta clase de actividad está incluida en la columna de la izquierda. La transacción es rápida, ya que tarda en realizarse quizás unos cuantos minutos; la respuesta es inmediata, pues sabes enseguida si has hecho o no una venta; hasta que no terminas una visita no haces la siguiente; el rendimiento es absoluto, en el sentido de que no estás compitiendo directamente con ninguna otra oferta. En consecuencia, la lógica de la práctica deliberada encaja aquí a la perfección. La manera que tienes de describir los productos, cómo presentas las alternativas, las palabras que usas y los chistes que cuentas, y la manera que tienes de intentar cerrar el trato, todo eso son cosas que se pueden practicar y perfeccionar aplicando la respuesta que obtienes en un encuentro al siguiente. Los mejores vendedores enfocan cada encuentro como una nueva oportunidad y hacen todo lo que pueden para inspirar confianza y seguridad en sí mismos. No pueden permitirse caer en el desánimo por el último rechazo ni en la preocupación por los que le esperan; tienen que creer que «este» cliente, «esta» visita, «esta vez» pueden ser fructíferos, y hacen acopio de pensamiento positivo para que les ayude a conseguir su objetivo. Después de cada visita, se retiran y reflexionan. ¿Qué hice bien y qué puedo mejorar la próxima vez? Cambian rápidamente de la deliberación a la ejecución, y vuelta a empezar.

Para otras clases de vendedores, la historia es completamente distinta. Piensa, por ejemplo, en la venta de un complejo sistema de software empresarial. El proceso de ventas —es un «proceso» de venta, no una «visita» de venta— exige una profunda comprensión de las necesidades del cliente y se desarrolla a lo largo de semanas y meses. Durante ese tiempo, la respuesta es incierta o inexistente y cabe que transcurran varios meses sin que sepas si tus esfuerzos darán sus frutos. A mayor abundamiento, y dado que estás trabajando simultáneamente en muchas ventas potenciales, no te resulta fácil asimilar las lecciones que obtienes de un cliente y aplicarlas al siguiente. Aquí, tus esfuerzos son simultáneos, no sucesivos. Y, por último, por lo que respecta a algo como un sistema de software empresarial, es mejor considerar el rendimiento como relativo y no como absoluto, dado que el cliente es muy probable que hable con múltiples vendedores, pero acabe comprándole sólo a uno. Si nada depende de tu esfuerzo, puede que jamás sepas si se debió a que tu presentación de ventas fue mala, a que los productos y servicios de los rivales eran mejores o a que otro vendedor fue más efectivo. En esta clase de escenarios, la respuesta rápida e inmediata que se pueda aplicar es sencillamente imposible.

LA PRÁCTICA DELIBERADA EN EL MUNDO EMPRESARIAL

En la empresa, algunas decisiones se prestan bien a la práctica deliberada, pero otras no. Las actividades rutinarias y que se producen con rapidez, que incluyen no sólo las operaciones sino muchos encuentros con clientes, se ajustan muy bien al rigor de la práctica deliberada. Ésta es la esencia de Kaizen, el sistema de mejora continuada que es la esencia de tantas técnicas de fabricación. Existe una secuencia disciplinada: planifica, ejecuta, reacciona y verifica. El tiempo del ciclo es breve y se repite una y otra vez; la respuesta es rápida y concreta y se puede aplicar al siguiente esfuerzo; el rendimiento, ya se mida en calidad o defectos, ya en alguna otra medida operativa, es absoluto, depende de ti y de nadie más.

En cuanto a otras actividades, los beneficios de la práctica deliberada resultan menos evidentes, y los ejemplos van más allá de las ventas de software. Piensa en la introducción de un nuevo producto. El proceso entero puede tardar meses o incluso años, y cuando por fin se conocen los resultados, ya se habrán presentado otros productos adicionales. Asimismo, el rendimiento es, al menos parcialmente, relativo: si un nuevo producto no tuvo éxito, ¿es porque hicimos un mal trabajo o porque un rival lo hizo mejor?

O considera el establecimiento de una filial en el extranjero, donde pueden transcurrir años antes de que podamos valorar si hemos estado acertados. Son muchos los factores que se escapan a nuestro control, inclusión hecha de las acciones de los competidores y las fuerzas económicas mundiales. ¿La entrada en un nuevo mercado tuvo éxito debido a los conocimientos superiores de las necesidades de los clientes o básicamente gracias a las condiciones económicas favorables? Las decisiones empresariales como éstas rara vez nos permiten el lujo de intentarlo una vez, recibir la respuesta, depurar nuestra técnica y volver a intentarlo.

En *El talento está sobrevalorado*, Geoff Colvin aporta una explicación al porqué de que dos jóvenes, Steve Ballmer y Jeff Immelt, compañeros de trabajo en Procter & Gamble a finales de la década de 1970, tuvieran éxito.[25] Aunque licenciados ambos en sendas estupendas escuelas de empresariales, Stanford y Harvard, respectivamente, ninguno de los dos se diferenciaba mucho de los centenares de otros nuevos contratados por P & G. Sin embargo, al cabo de 25 años, habían alcanzado un tremendo éxito: Ballmer como director ejecutivo de Microsoft, tomando el relevo de Bill Gates, e Immelt como director ejecutivo de General Electric, donde sucedió a Jack Welch. Colvin afirma que Ballmer e Immelt deben su éxito a la práctica deliberada, afirmación que a primera vista parece plausible. Si la práctica deliberada ayuda a la gente a mejorar en todo, desde golpear pelotas de golf a hacer aterrizar aviones, tal vez sea también un elemento importante para el éxito empresarial.

Sin duda el mensaje es muy alentador, pues es reconfortante y hasta estimulante imaginar que con diligencia y práctica deliberada tú también te puedes convertir en director ejecutivo de una gran empresa. Pero la afirmación de Colvin es discutible. Para concluir que Steve Ballmer y Jeff Immelt eran mejores en la práctica deliberada que sus coetáneos, tendríamos que saber quiénes estaban en el despacho contiguo y si «esas» personas participaban de la práctica deliberada, lo cual, claro está, ignoramos. Pero aunque «pudiéramos» compararlos con sus iguales, los factores más importantes en el éxito profesional rara vez son la clase de cosas que se prestan a una respuesta rápida y explícita, seguida de una corrección y un nuevo intento. Gran parte del éxito de Immet en General Electric tuvo que ver con la división empresarial que dirigió, la de instrumental clínico, y las decisiones que tomó sobre estrategias de productos y desarrollo comercial. En cuanto a Steve Ballmer, alguno de los factores más importantes en el éxito de Microfost estuvieron relacionados con la idea de crear un estándar de propietario, el MS-DOS, que no estuviera controlado por IBM y se pudiera vender a los fabricantes de ordenadores personales, denominados clones de IBM. Un astuto movimiento de Gates y Ballmer, sin duda, y que revelaba una descomunal visión sobre la evolución del hardware y el software, además de un profundo conocimiento de los puntos de apalancamiento cruciales en un sector industrial que cambiaba a una velocidad de vértigo. Pero ésta no es la clase de decisiones que se presta a la práctica deliberada; uno no tiene la oportunidad de intentarlo, controlar la respuesta y volverlo a intentar.

Las decisiones ejecutivas no se parecen en nada a tirar a canasta. De hecho, como norma general cuanto más importante es la decisión, menos oportunidad hay de ejercer la práctica deliberada. Ojalá fuera de otra manera, pero hay pocas pruebas de que en los negocios la práctica deliberada sea «lo que realmente distingue a los profesionales reconocidos internacionalmente de todos los demás».

Incluso Anders Ericsson pasa por alto esta distinción crucial. En un artículo de 2007 para *Harvard Business Review*, escribe:

«La práctica deliberada se puede adaptar para alcanzar la pericia en la empresa y el liderazgo. El ejemplo clásico es el del método del caso que enseñan en muchas escuelas de empresariales y que enfrenta a los alumnos a situaciones de la vida real que requieren una actuación. Dado que los resultados finales de aquellas situaciones son conocidos, los alumnos pueden juzgar inmediatamente los méritos de las soluciones que proponen. De esta manera, pueden practicar la toma de decisiones de diez a veinte veces por semana».[26] Tal afirmación es cuestionable. En el mundo empresarial, los resultados finales rara vez se conocen con la rapidez y claridad de, pongamos por caso, el aterrizaje de un avión o el golpeo de una pelota. Ni los alumnos aprenden mediante el método del caso tienen la oportunidad de tomar una decisión y ver qué resultado tienen sus acciones. En el mejor de los supuestos, aprenden lo que otra persona hizo y adquieren una idea de lo que pasó a continuación (al menos, tal como lo describa el autor del caso, que muy probablemente reuniera los datos y elaborara un relato con un resultado final preconcebido). El método del caso puede ser un medio muy efectivo de aprendizaje, y los casos bien construidos pueden suscitar debates sesudos que den lugar a ideas potentes. Pero no exageremos; la mayoría de las decisiones estratégicas están muy lejos de la lógica de la práctica deliberada, en la que la respuesta rápida y precisa se puede utilizar para mejorar las decisiones subsiguientes. Cuando no hacemos esta distinción, inducimos a error a nuestros alumnos y puede que hasta nos estemos engañando a nosotros mismos.

Ericsson recomienda que los directivos y demás profesionales reserven algo de tiempo cada día para reflexionar sobre sus actos y sacar conclusiones. «Aunque esto puede antojarse una inversión relativamente pequeña —observa—, son dos horas al día más de lo que la mayoría de los ejecutivos y gestores dedican a desarrollar sus aptitudes, puesto que la mayor parte de su tiempo se les va en reuniones y preocupaciones cotidianas. La diferencia equivale a unas 700 horas o más al año, o 7.000 horas más al decenio. Piensa en lo que podrías conseguir si dedicaras dos horas al día a la práctica deliberada.»[27] Estoy completamente a favor de la reflexión y la valoración; volver atrás para considerar las propias acciones y tratar de extraer conclusiones de la experiencia es una buena idea. Pero cuando la retroalimentación es lenta e imprecisa, y cuando el rendimiento es relativo y no absoluto, nos encontramos en una esfera diferente. Aunque la práctica deliberada sea ideal para algunas actividades, es mucho menos adecuada para otras.

REFLEXIONES SOBRE LAS DECISIONES CON EL PASO DEL TIEMPO

Las decisiones acertadas exigen algo más que identificar los prejuicios y descubrir las maneras de esquivarlos. Como hemos visto, lo primero que necesitamos saber es si estamos tomando una decisión sobre algo que podemos o no controlar directamente; también tenemos que entender si el rendimiento es absoluto o relativo.

En este capítulo hemos añadido la dimensión temporal, y hemos de preguntarnos: ¿estamos tomando una decisión secuencial, donde el resultado de una decisión puede ayudarnos a realizar modificaciones y mejorar la siguiente? Si es así, la lógica de la práctica deliberada funciona bien aquí. Podemos fluctuar entre una mentalidad deliberativa y una actitud mental ejecutiva. Para muchas actividades, especialmente en aquellas que aportan una respuesta rápida y concreta, y para las que el rendimiento es absoluto, los beneficios de la práctica deliberada pueden ser inmensos.

Sin embargo, muchas decisiones no se prestan a la práctica deliberada, y es esencial ser conscientes de la diferencia. El ejemplo inicial de Skanska USA Building y su puja por el Centro de Datos de Utah es un caso pintiparado. Sólo el proceso del concurso llevó meses, y la construcción final tardaría años en concluirse. Las lecciones exactas serían laboriosas de extraer y difíciles de aplicar al siguiente proyecto, que sería diferente al del UDC en muchos aspectos. Además, licitar contra otras cuatro empresas añadía una dimensión competitiva, así que el rendimiento era relativo. Por más que a Bill Flemming le hubiera encantado obtener los beneficios de la práctica deliberada, y aunque con toda seguridad utilizó su experiencia acumulada para que le ayudara a realizar una oferta prudente, una decisión importante y compleja como la puja por el UDC requería un planteamiento distinto.

Los responsables prudentes saben que, a la hora de tomar decisiones secuenciales que proporcionan una respuesta clara, nos podemos equivocar al actuar controlando los resultados, haciendo modificaciones y volviéndolo a intentar. Pero cuando las circunstancias son otras —cuando son decisiones de envergadura, complejas y difíciles de revertir—, hay que aplicar otra lógica. Ahora el premio radica en tomar «esa» decisión acertadamente. En lugar de equivocarse en el hecho de tomar una medida que pueda ser equivocada pero que se pueda corregir inmediatamente, tal vez prefiramos equivocarnos por exceso de prudencia y evitar un error con unas consecuencias potencialmente devastadoras a largo plazo.

8

Las decisiones de un líder

> «Si un oficial al mando carece de confianza, ¿qué puede esperar él de sus hombres?»
>
> Stanley Kubrick, *Senderos de gloria*, 1957

Hasta ahora hemos visto las decisiones tomadas por individuos tales como golfistas, ciclistas o pilotos, las cuales han sido coherentes con la inmensa mayoría de las investigaciones sobre la toma de decisiones centradas en la manera en que los individuos realizan las elecciones y juicios que más les favorecen. Ésa es una buena manera de aprender sobre todo, desde las elecciones del consumidor a las inversiones financieras.

Pero hay otras decisiones que son tomadas por personas que tienen responsabilidades dentro de un marco institucional. Son decisiones adoptadas por el director ejecutivo de una empresa, el entrenador de un equipo o el líder de un grupo, decisiones que se diferencian en un aspecto fundamental: introducen una dimensión social. Y para entender las decisiones acertadas, tenemos que tener en cuenta qué es lo que caracteriza al papel del líder.

Ya le echamos un vistazo a las decisiones del liderazgo en la historia de Bill Flemming y el Centro de Datos de Utah. Como presidente de Skanska USA Building, Flemming tenía más cosas en qué pensar aparte de que la oferta fuera lo bastante baja para ganar, pero lo suficientemente alta para ser rentable. Le preocupaba también cómo entenderían sus empleados la decisión; quería que le vieran como un jefe agresivo, aunque no temerario. Pero también le preocupaba cómo valorarían las empresas rivales sus actos. La cantidad ofertada por Bill Flemming estaba inexorablemente ligada a su idea del papel de un líder.

UN POCO ACERCA DEL LIDERAZGO

En esencia, el concepto de liderazgo no es muy complejo: se trata de movilizar a las personas para conseguir un fin.[1] Jack Welch, el legendario director ejecutivo de General Electric, lo definió así: «Como líder, tu trabajo consiste en guiar y estimular».[2] Eso lo resume bastante. Guiar es fijar una dirección, y estimular consiste en movilizar a los demás para que lleguen allí.[3]

Naturalmente, «cómo» decidir la mejor dirección y «cómo» movilizar y estimular a los discípulos no es asunto baladí. Algunos han concebido el liderazgo como algo esencialmente «transaccional»: esto es, la persona al mando utiliza las recompensas y los castigos para atraerse los intereses personales de los seguidores. Otra opinión, actualmente en boga, considera el liderazgo como «transformativo»: el objetivo es inducir a los seguidores a que trasciendan su mezquino interés personal y persigan una serie de fines más elevados, tal vez cumplir con una misión o servir a una causa. Para el líder transformativo, la capacidad de comunicar con eficacia y de convencer a los demás es esencial; si un líder no es considerado genuino, sincero y digno de confianza, los demás no le seguirán.[4]

Ahora nos encontramos con una complicación. Sabemos que un elevado grado de confianza puede ser útil para alcanzar el éxito; como vimos en el capítulo cinco, un nivel exagerado de confianza incluso puede ser esencial, en cuyo caso tenemos que replantearnos lo que se entiende por exceso de confianza. Todo esto está bien si eres un individuo que se encuentra en el hoyo 13 de Augusta, como Phil Mickelson.

Pero ¿y si eres el líder de un grupo o el director ejecutivo de una empresa? Tú no actúas por ti mismo, sino por medio de otras personas, así que tienes que estimularlas para que logren grandes cosas, puede incluso que para que hagan algo arriesgado o insólito. Así las cosas, quizá tengas que infundirles un grado de confianza que exceda lo que pueda estar justificado por la experiencia pasada o las capacidades actuales. ¿Qué deberíamos pensar de nuestras responsabilidades ahora? ¿Cómo reconciliamos la necesidad de estimular a los demás con los rasgos del liderazgo que admiramos, tales como la honradez, la transparencia y la autenticidad?

Estas cuestiones no surgen cuando estudiamos las decisiones de los individuos, aunque son esenciales cuando se trata de las decisiones de los líderes, y suscitan algunas de las preguntas más difíciles de contestar. Cuando estamos dirigiendo a los demás, ¿dónde acaba la transparencia y empieza el engaño? ¿Cuál es el límite entre la veracidad y la manipulación? Preguntas como éstas no aparecen en los experimentos de laboratorios pero son la materia de la que están hechas las decisiones del mundo real.

LIDERAZGO CONTRA TODO PRONÓSTICO

Para ver cómo se las arreglan los líderes a fin de estimular a las personas y que logren más de lo que parece posible, fijémonos en un ejemplo extraído del programa de vuelos espaciales tripulados de las décadas de 1960 y 1970, el escenario que nos proporcionó la idea de «lo que hay que tener».

En 1962, el presidente John F. Kennedy declaró que había decidido ir a la Luna no porque fuera fácil, sino debido a su dificultad.[5] En realidad, se trataba de un objetivo de una gran complejidad. Para lograrlo, una cantidad extraordinaria de elementos —humanos y técnicos— tenían que funcionar al unísono y a la perfección. ¿Cuál era el ratio base para los vuelos espaciales? Cero, claro está, pues jamás se habían realizado. Los norteamericanos y los soviéticos estaban trazando un nuevo camino.

La cultura imperante en la National Aeronautics and Space Administration (NASA) era la de la preparación concienzuda y la práctica exhaustiva. Mientras astronautas como Alan Shepard y John Gleen eran elevados a la categoría de héroes para los ciudadanos, el Centro de Control de Misiones controlaba con mano firme el programa espacial. Desde los mismos comienzos, se elaboraron detallados procedimientos para todas las etapas de cada una de las misiones. Los principales cerebros de la NASA —hombres como Walt Williams, Bob Gilruth y Chris Kraft— establecieron una política conocida como «los tres nueves» o las tres sigmas. Todos los sistemas decisivos eran diseñados para que tuvieran una fiabilidad del 99,9 por ciento, no permitiéndose más de una posibilidad de error entre mil. Se privilegiaba la mentalidad deliberativa; las tonterías y las suposiciones no tenían cabida, sólo el análisis meticuloso. En tal escenario no había sitio para las ilusiones positivas.[6]

Los fundamentos del Control de Misiones se asentaban en seis puntos: disciplina, competencia, confianza, responsabilidad, tenacidad y trabajo en equipo. La definición de competencia decía: «No hay sustitutivo para la preparación absoluta y la dedicación plena, porque el espacio no tolerará al negligente ni al indolente».

La confianza también era esencial: «Creer en nosotros mismos además de en los otros, saber que debemos dominar el miedo y la duda para poder triunfar».

El programa avanzó sin contratiempos, desde los vuelos orbitales y suborbitales con un único astronauta del Proyecto Mercurio, a los vuelos cada vez más largos con dos hombres a bordo del Proyecto Géminis. En 1965, el primer director de vuelo de la NASA, Chris Kraft, comentó: «Había una confianza que yo jamás había visto fluir con anterioridad entre los ingenieros del Cabo, los astronautas, la red internacional y los equipos de control de vuelo. La única palabra que fui capaz de encontrar para describirlo fue "profesional". Antes éramos buenos; en ese momento, la misión del Géminis V nos había transportado a un nuevo nivel de profesionalismo que no sabía que existiera».[7] Tenían un elevado nivel de confianza, fruto de una competencia clarividente. Géminis envió cinco misiones tripuladas en 1965, y cinco más en 1966, todas ellas con éxito.

Sin embargo, los riesgos siempre estaban presentes, y en enero de 1967 un incendio en la plataforma de lanzamiento acabó con la vida de tres astronautas durante una prueba rutinaria para la primera misión Apolo. La NASA suspendió las misiones y realizó una exhaustiva investigación. Un comité de evaluación concluyó que el incendio había sido consecuencia de tres factores: una chispa en un cableado defectuoso, un entorno cargado de oxígeno y una escotilla cerrada que impidió la salida de los astronautas. Todo junto se reveló fatal.[8] Ahora, la insistencia en la seguridad se hizo aún mayor, y más de 120 factores independientes sólo en el módulo de mando se volvieron a diseñar, desde la escotilla de emergencia hasta los materiales ignífugos, pasando por los líquidos refrigerantes no inflamables. A cada paso, la NASA insistía en una fiabilidad todavía mayor. El entrenamiento de los astronautas se hizo aún más completo, con interminables horas en los simuladores seguidas de minuciosas reuniones informativas conocidas como «estelas»; exactamente, la materia de la que está hecha la práctica deliberada. Más que nunca, la NASA se obsesionó con la preparación exhaustiva y el profesionalismo absoluto.

Los vuelos espaciales tripulados se reanudaron en octubre de 1968, y dos meses después el *Apolo 8* circunvaló con éxito la Luna. Al siguiente verano, el *Apolo 11* aterrizó en nuestro satélite, un éxito visto en directo por millones de personas en todo el mundo, al que siguió otro éxito del *Apolo 12* en otoño de 1969.

La tercera misión lunar, el *Apolo 13*, despegó el 11 de abril de 1970 con una tripulación integrada por Jim Lovell, Fred Haise y Jack Swigert. Al cabo de 55 horas de misión, el *Apolo 13* estaba a 321.000 kilómetros de la Tierra y entraba en el campo gravitacional de la Luna.[9] En el Control de Misiones de Houston, el equipo del director de vuelo Gene Kranz estaba a punto de terminar su turno y sólo quedaba pendiente una tarea: la tripulación tenía que agitar los tanques de oxígeno, un procedimiento rutinario para garantizar que el contenido medio helado no se estratificara. De pronto, un impacto sacudió la cápsula, y Lovell comunicó por radio: «Houston, tenemos un problema».[10]

Los primeros síntomas eran eléctricos: un fallo en un módulo principal, una antena que funcionaba mal y unos interruptores del ordenador rotos. Como lo explicaría Kranz más tarde: «Al principio, cuando la tripulación gritó desde allí arriba, pensé que sería un fallo eléctrico. Lo resolveríamos rápidamente y volveríamos al buen camino». Sin embargo, en las pantallas de datos del Control de Misiones enseguida apareció: «Múltiples averías simultáneas». Las decisivas pilas de combustible no estaban funcionando; los niveles de oxígeno estaban cayendo a toda velocidad; la nave se tambaleaba y perdía el control. Aquella combinación de problemas no sólo no tenía precedentes, sino que era casi inimaginable.

Instantes después, la voz de Jim Lovell crepitó por la radio: «Eh, Houston, veo salir algo». Por la ventanilla de la cápsula podía ver que un gas era expulsado al espacio. Ya no había ninguna duda sobre la magnitud del problema: una explosión en el módulo de servicio había arrancado las pilas criogénicas y de combustible y hecho un agujero en los tanques de oxígeno. La fuerza era equivalente a más de 3 kilos de TNT, suficiente potencia para arrasar una casa de 270 metros cuadrados.[11] En el Control de Misiones, Kranz lanzó una mirada a Kraft: «Chris, estamos con la mierda al cuello». En un instante, el objetivo de la misión se transformó; un aterrizaje en la Luna era ya inviable. Así lo recordaba Kranz: «Lo único que tenía en la cabeza era la supervivencia, cómo ganar los segundos y minutos para darle a la tripulación la oportunidad de regresar a la Tierra».[12]

Como director de vuelo, las responsabilidades de Kranz eran, en parte, analíticas, teniendo que valorar lo que había sucedido y qué hacer a continuación. Después de considerar las alternativas, ordenó a los hombres de la averiada nave espacial que siguieran una trayectoria de regreso libre, continuando con la circunvalación de la Luna y utilizando la gravedad de ésta para impulsar la nave de vuelta a la Tierra. Pero el papel de Kranz iba más allá de seleccionar la opción correcta: como líder del equipo, su trabajo consistía en influir en los resultados. Así que no iba a intentar «predecir» un final seguro para la historia; tenía que guiar a su equipo para que «lograran» un regreso seguro. Ahora, la mentalidad necesaria ya no era sólo deliberativa, sino ejecutiva.

Kranz no se hacía ilusiones acerca de la gravedad de la situación: «A partir de ese momento estábamos inmersos en un ejercicio de supervivencia e iba ser difícil, cuando no imposible, traer a la tripulación a casa».[13] Tal vez fuera eso lo que Kranz estuviera pensando, aunque por supuesto no fue eso lo que dijo. Reuniendo a su equipo en torno a él, les habló sin rodeos:

Muy bien, equipo, tenemos un problema del carajo. Ha habido una explosión a bordo de la nave espacial. Todavía no sabemos lo que ha ocurrido. Estamos en el regreso largo alrededor de la Luna y nos toca resolver la manera de traer a nuestros hombres de vuelta a casa. Las probabilidades son condenadamente escasas, pero nosotros somos condenadamente buenos.

Cuando salgáis de esta sala, quiero que la abandonéis convencidos de que «esa tripulación va a volver a casa». Me importan un comino las probabilidades y me importa muy poco que jamás hayamos hecho algo parecido con anterioridad. El control de vuelo nunca perderá a un norteamericano en el espacio. Tenéis que creer, vuestra gente tiene que creer, que esa tripulación va a volver a casa. Y ahora, manos a la obra.[14]

Era misión de Kranz infundir en su equipo el convencimiento absoluto de que podían vencer y lo harían. Así que exclamó: «Nunca hemos perdido a un norteamericano en el espacio, y eso no va a pasar durante mi guardia. ¡El fracaso no se contempla!»[15] Su misión era traer de vuelta a los astronautas, eso sin duda.

Durante las siguientes horas, el *Apolo 13* se enfrentó a una sucesión de dificultades: la pérdida de oxígeno en la nave espacial; el aumento del dióxido de carbono; la falta de potencia y la puesta en marcha sin testar de un motor, que se hizo necesaria para ganar velocidad, y todo esto agravado por el agotamiento cada vez mayor de los astronautas. Era una sucesión interminable de problemas, varios de ellos potencialmente catastróficos, pero cada uno resuelto mientras el Control de Misiones y los astronautas trabajaban estrechamente en equipo.[16] Puede que las dificultades para un retorno seguro hubieran parecido insuperables, pero el problema se descompuso en diferentes elementos, cada uno de los cuales se podía resolver, y tuvo que resolverse. Tres angustiosos días más tarde, Lovell, Haise y Swigert amerizaban sanos y salvos en el Pacífico.[17]

EL LÍDER JAMÁS DEBER DESFALLECER

La historia del *Apolo 13* es dramática y estimulante, pero para quienes están estudiando la toma de decisiones ofrece algo más. Es un ejemplo genial de cómo se dirige a los demás para que logren el éxito en un momento de suma dificultad.

Para saber más, me puse en contacto con Gene Kranz; quería comprender cómo consiguió que los demás dieran lo mejor de sí ante semejantes dificultades. Me explicó que como director de vuelo, sabía que todos los ojos estaban puestos en él, así que era perentorio proyectar una seguridad absoluta ante las menguadas probabilidades. En sus propias palabras: «El líder debe marcar las expectativas y, sean cuales sean las dificultades, jamás debe desfallecer». Kranz comparó su papel con el de un cirujano cardíaco respecto a un paciente: «Tengo este pecho abierto y me dispongo a hacer una primera incisión ahí, cuando él me mira a los ojos. ¿De verdad quieres que vea alguna sombra de duda en ellos?»[18]

En sus memorias, Chris Kraft se hace eco de esa opinión: «Los equipos de control y los técnicos de apoyo interinos eran los mejores en sus especialidades. Ni una vez les oí decir algo como: "Si conseguimos traerlos..." Lo que oías era: "Cuando los traigamos..." y "Esto es lo que tenemos que hacer." Nunca era una cuestión en condicional. La única cuestión era el cómo. Esa confianza nos alcanzó a todos. Yo estaba preocupado, es verdad. Pero no tenía ninguna duda».[19]

En la película de 1995 *Apolo 13*, hay una escena en la que llaman desde la Casa Blanca preguntando por una estimación de las probabilidades de un regreso seguro. Kranz (interpretado por Ed Harris) desecha la pregunta con un gesto de la mano y se niega a hacer ningún vaticinio. Al final, sus colegas, sintiéndose obligados a responder al presidente Nixon, cifran las probabilidades en un 3 a 1 y un 5 a 1 en contra de un regreso seguro. Le pregunté a Kranz si se había producido realmente ese diálogo. Me contestó que se habían considerado explícitamente las probabilidades en la planificación y en las etapas preparatorias, pero nunca después:

> Con anterioridad al despegue abordamos el comportamiento en el proyecto de la misión, la trayectoria, los recursos, etcétera, apuntando en la mayoría de los casos a una probabilidad de éxito de tres sigmas. En cuanto despegamos, en lo concerniente a las tripulaciones y misiones ya no tratamos las probabilidades [...].
>
> Como director de vuelo, jamás consideré la posibilidad de fracasar en hacer regresar a la tripulación del *Apolo 13*. Creo que el personal de la Casa Blanca preguntó por las probabilidades. Nunca se las dijimos. Siempre dije lo mismo: «La tripulación viene para casa».[20]

No le pregunté a Gene Kranz si había pecado de «exceso de confianza» durante la crisis del *Apolo 13*; dado el uso habitual de la palabra —deducido después del hecho para explicar algo que ha salido mal—, la pregunta habría parecido fuera de lugar, puede incluso que hasta ofensiva. Los valores del Control de Misiones, que el propio Kranz había ayudado a redactar, hacían hincapié en la competencia y la confianza, sin duda nada que ver con la clase de conducta temeraria que asociamos generalmente con el exceso de confianza.[21]

Pero como ya sabemos, el exceso de confianza tiene más de una acepción. Al insistir en que los hombres estaban regresando a casa y al negarse a aceptar la posibilidad de fracaso, Kranz transmitió con toda claridad un nivel de confianza que sobrepasaba el que estaba objetivamente justificado. Porque haber sí que «había» una posibilidad de fracaso, y de hecho una muy grande. Sin embargo, cuando para estimular a la gente para que tenga éxito se hace esencial un grado muy alto de confianza, entonces realmente no es excesivo en absoluto. ¡Es necesario! Y conseguir que las personas crean que pueden actuar a ese nivel es un acto supremo de liderazgo.

Durante la crisis del *Apolo 13*, Gene Kranz demostró poseer una combinación de aptitudes de mando. Hizo una exhibición de valor y fuerza, por supuesto, pero también fue sabio, al darse cuenta de que su equipo podía ejercer el control e influir en los resultados, y que su responsabilidad como líder era precisamente conseguir que así lo hicieran. Sabía que no tenían nada que ganar rumiando la posibilidad de un final aciago, que no tenían nada que ganar equivocándose por omisión, esto es, no haciendo todo lo posible para conseguirlo. Naturalmente, las dificultades eran tremendas, pero gestionando bien los riesgos había una forma de mejorar las probabilidades de éxito; así que manteniendo una mentalidad deliberativa al mismo tiempo que hacía hincapié en la ejecución, Kranz condujo a su equipo hasta un resultado satisfactorio.

LA AUTENTICIDAD RECONSIDERADA

Pocos líderes se enfrentan a un desafío tan extremo como al que se enfrentó Gene Kranz, pero en muchos ejemplos de liderazgo podemos encontrar los mismos elementos. El liderazgo consiste básicamente en influir en los resultados, y cuando sólo son aceptables los niveles más elevados de rendimiento, los líderes tienen que transmitir unos niveles muy altos de confianza. Jack Welch lo expresaba en términos muy similares a los de Kranz: «Los líderes de las empresas no ganan nada mostrando incertidumbre e indecisión [...]. [Ellos] socavan el éxito hablando del peligro de fracasar [...]. Tu equipo no lo dará todo si se da cuenta de que estás a punto de decir: "Bueno, ya os dije que podría no dar resultado". Saben que sólo pueden ganar si el líder está convencido de que pueden hacerlo».[22]

Otro ejemplo de ello es Steve Jobs, que convenció una y otra vez a sus colegas de trabajo de que podían hacer lo imposible. Durante su primera estancia en Apple, a principios de la década de 1980, Jobs creó el Macintohs, un innovador ordenador personal con una interfaz gráfica de usuario que permitía controlarlo mediante un ratón. Dos decenios más tarde, de nuevo en la sede central de Apple en Cupertino para su segunda época al timón, revolucionó la electrónica no profesional con un reproductor de música de bolsillo, el iPod, que podía almacenar más de mil canciones, algo absolutamente inimaginable para el momento. Jobs poseía lo que los que le rodeaban denominaban «un campo de distorsión de la realidad».[23] Esto era consecuencia, según afirma su biógrafo Walter Isaacson, del «desafío deliberado a la realidad, no sólo para los demás, sino también para sí mismo». Jobs desafiaba, provocaba, animaba, reprendía, engatusaba y exigía a sus empleados para que hicieran cosas que jamás se habían hecho, hablando de crear productos que fueran «insensatamente fantásticos». Un tanto hiperbólico quizá, pero desde ahí hay sólo un pequeño paso para imaginar los fantásticos productos debidos a mentes que, si no insensatas, al menos no estén limitadas por el pensamiento convencional. Estimular a las personas para que consigan lo imposible forma parte del papel del líder, en especial en un sector industrial donde la competencia es intensa y se requiere una innovación permanente.[24]

Estos ejemplos nos obligan a mirar con nuevos ojos la idea de la «autenticidad». Los mejores líderes, se nos dice a menudo, tienen un rasgo en común: son auténticos, son genuinos y fieles a sí mismos.[25] En los últimos años, este término ha estado en boca de todos, desde Oprah Winfrey, que habló de descubrir tu «auténtico yo», al papa Benedicto XVI, que promulgó una encíclica titulada «Verdad, proclamación y autenticidad de la vida en la era digital». En el mundo empresarial la autenticidad también se ha convertido en una expresión popular, y así, el antiguo ejecutivo de Medtronic Bill George escribió un libro, *Authentic Leadership*, que insiste sobre todo en la necesidad de que los ejecutivos sean, pues eso, «auténticos».

No hay duda de que "autenticidad" es una palabra atractiva. (¿Quién puede estar en contra de ella, cuando lo contrario es ser falso?) También es una afirmación maravillosa sugerir que alguien puede ser un líder eficaz con tal de que él o ella sea auténtico/a. Es un poco como la promesa de la práctica deliberada: «Mientras seas auténtico, puedes conseguir lo que sea».

Sin embargo, si examinamos el asunto con más detenimiento, las cosas se vuelven más complicadas. Para empezar, siempre podemos encontrar pruebas de autenticidad cuando alguien tiene éxito. Coge cualquier sociedad con un rendimiento alto, y podemos argumentar que el líder es fiel a sí mismo. (Es algo parecido a la manera en que utilizamos habitualmente el «exceso de confianza.) Pero es demasiado fácil sacar deducciones basadas en los resultados. Si podemos encontrar pruebas de autenticidad para cualquier líder con éxito, entonces no hemos dicho nada en absoluto. El término pierde toda su validez.

Suponiendo que podamos definir autenticidad de una manera objetiva y no simplemente deducirla de los resultados, nos topamos con un problema diferente. Si un líder infunde en los demás cierto nivel de confianza que excede lo que está justificado objetivamente, ¿eso es autenticidad o es engaño? ¿Y cuándo lo uno da paso a lo otro?

Nuestra respuesta instintiva es afirmar que Kranz, Welch y Jobs son modelos de autenticidad. Después de todo, los tres tuvieron mucho éxito. Sin duda, sus equipos acertaron al creerles, porque los resultados fueron favorables. Pero si eso no es más que una deducción basada en los resultados, difícilmente es una respuesta satisfactoria.

Para romper este punto muerto, es útil hacer una distinción entre «autenticidad» y «sinceridad». La autenticidad generalmente significa actuar de acuerdo con nuestro yo interior; somos auténticos cuando expresamos lo que verdaderamente sentimos. La sinceridad, por su parte, tiene que ver con comportarse de acuerdo con las exigencias de nuestro papel; somos sinceros cuando cumplimos con nuestras obligaciones y satisfacemos nuestras responsabilidades.[26]

En el mundo occidental, la virtud más admirada durante siglos fue la sinceridad. Se nos enseñaba a cumplir con nuestras obligaciones y a asumir nuestras responsabilidades —bien con nuestra patria, bien con nuestra familia o religión—, aunque eso conllevara penurias y sacrificios. Ser firme y leal sobrepasaba el deseo de expresar los sentimientos íntimos de uno. El general Douglas MacArthur, en su alocución al Cuerpo de Cadetes de West Point en 1962, reflejó esta filosofía en sólo tres palabras: «Deber, honor, patria».[27]

En los últimos decenios, el péndulo ha oscilado hacia la autenticidad. La cultura popular sostiene ahora que la mayor virtud consiste en actuar de acuerdo con nuestros sentimientos más íntimos. Los líderes, se nos dice, deberían esforzarse en ser auténticos.

Para el sociólogo de Harvard Orlando Patterson, este cambio no ha sido para mejor: «La autenticidad domina ahora nuestra manera de vernos y nuestras relaciones, con consecuencias funestas. En el interior de los individuos sensibles, alimenta la duda; entre las personas, fomenta la desconfianza; en el seno de los grupos, acrecienta el pensamiento grupal en la interminable búsqueda de ser uno con la auténtica alma del grupo; y entre los grupos, es la fuente interna de la políticas identitarias».[28]

¿Por qué debería alimentar la duda la autenticidad? Porque nos pasamos el tiempo preocupándonos por cuáles de nuestros numerosos y en ocasiones conflictivos sentimientos son auténticos, en lugar de concentrarnos en cumplir con nuestro deber.[29] En cuanto a la desconfianza, a Patterson le preocupa menos lo que sienten las personas que su forma de comportarse. Afroamericano nacido en Jamaica, Patterson explica: «No podría importarme menos que mis vecinos y compañeros de trabajo sean sexistas, racistas o desprecien a los viejos con autenticidad. Lo que me importa es que se comporten con civismo y tolerancia, obedezcan las normas de interacción social y sean sinceros al respecto. Los criterios de sinceridad son inequívocos: ¿mantendrán sus promesas? ¿Respetarán los significados y acuerdos que negociamos tácitamente? ¿Ofrecen sus gestos de cordialidad con buena fe consciente?»[30]

Aunque nos gusten las palabras como «transparencia», «honestidad» y «autenticidad», no dejemos de recordarnos que la responsabilidad última de un líder consiste en movilizar a los demás para que consigan un fin. Y cuando deben guiar a los demás para alcanzar unos niveles altos de rendimiento, es posible que a veces tengan que comunicar algo menos que toda la verdad. Quizá retengan información que podría ser descorazonadora o conducir al derrotismo. Tal vez necesiten engañar a los demás —un poco a la manera del experimento ciclista que vimos anteriormente— para que piensen que pueden lograr más de lo que han logrado en el pasado. El liderazgo eficaz exige mucho más que mantenerse fiel a las creencias íntimas de uno o que ser sincero y honesto en todo momento. Ello significa ser sincero con un propósito más elevado, y puede que exija algo menos que la transparencia absoluta. Ésa no es una postura que hayamos llegado a asociar con el liderazgo ejemplar, al menos no en nuestra era de la autenticidad. Y semejantes cuestiones de comunicación y divulgación en entornos empresariales tampoco aparecen en la mayoría de las investigaciones sobre la toma de decisiones, las cuales han tendido a centrarse en la manera en que los individuos forman juicios y hacen elecciones. Pero cuando pensamos en las decisiones de los líderes, estos tipos de complicaciones siempre están presentes.

EL ASPECTO DE UN LÍDER

La decisión a la que se enfrentó Gene Kranz también fue excepcional en otro aspecto importante. Una vez que se produjo la explosión y el aterrizaje lunar ya no fue posible, la misión se convirtió en misión de supervivencia. El resultado se sabría al cabo de unos días en el mejor de los casos, y sólo había dos posibles resultados: los astronautas regresarían sanos y salvos, o bien perecerían. El problema en cuestión se caracterizaba por la inmediatez y la claridad. Parafraseando a Samuel Johnson, saber que la tripulación podría morir en cuestión de días hace que la mente se concentre de maravilla.[31]

En muchas situaciones de liderazgo no se cumplen ninguna de estas circunstancias. Las decisiones tardan más en tener resultados, y éstos son más difíciles de valorar. Esto hace que sea también más difícil valorar al líder, lo que a su vez cambia la forma en que los líderes toman sus decisiones.

Piensa en un ejemplo reciente. Carly Fioriona fue directora ejecutiva de Hewlett-Packard (HP) desde 1999 a 2005. Durante su permanencia en el cargo los ingresos aumentaron, en parte debido a la fusión con Compaq en 2001. ¿Podemos considerarla una líder de éxito? No según Carol Loomis, que escribió una devastadora crítica en *Fortune* en la que calculaba que en virtud de las condiciones del contrato, HP había regalado el 37 por ciento de su más que rentable negocio de impresión e imagen digital a Compaq, recibiendo a cambio más bien poco.[32] Tras la destitución de Fiorina en 2005, durante años la compañía siguió creciendo de forma rentable, mejoró en la eficiencia de las operaciones y aumentó el rendimiento neto. ¿Se debió todo ello al nuevo director ejecutivo, Mark Hurd, y a su ampliamente elogiado talento para la ejecución? Eso dijo la prensa, dando lugar a una buena historia. Pero ¿no sería que la mejoría en el rendimiento de HP era el resultado de las elecciones estratégicas realizadas por Fiorina mientras estuvo en el cargo, decisiones que simplemente tardaron mucho tiempo en dar frutos? Ése fue el argumento que aportó Fiorina en su libro *Hard Choices*. ¿Cuál es la historia correcta? No está muy claro, por las razones que examinamos en el capítulo anterior. Las decisiones de los ejecutivos tardan meses y años en desarrollarse, a veces hasta mucho después de que haya acabado un mandato. Y de hecho, cuando Hurd se vio obligado a marcharse años después por irregularidades personales, muchos se mostraron muy críticos con su permanencia al frente de la empresa, y afirmaron que las aparentes mejorías se habían logrado a costa del crecimiento futuro de la compañía.

Es una paradoja: a medida que ascendemos en una organización, las decisiones se vuelven más complejas y tardan más en producir resultados, haciendo más difícil evaluar al líder. En cuanto a los puestos más altos, en los que las decisiones suelen ser las que más consecuencias tienen, la valoración de tales decisiones puede ser la más difícil de todas.

Cuando Rakesh Khurana, de la Escuela de Empresariales de Harvard, acometió el estudio de una selección de directores generales, esperaba encontrarse con unas valoraciones rigurosas y objetivas y con que los salarios más altos se ofrecieran a los ejecutivos que fueran manifiestamente más efectivos.[33] Sin embargo, descubrió que el mercado para los directores generales estaba plagado de imperfecciones y que en buena medida se basaba en percepciones sumamente subjetivas. Khura describió el proceso de búsqueda de un ejecutivo como «la búsqueda irracional de un líder carismático», que se entendía mejor como un ritual en el que los consejos de administración hacían elecciones que «parecían» razonables y se podían defender con independencia de cómo salieran las cosas al final. Dado que los líderes no pueden ser valorados fácilmente en lo que más debería importar —la calidad de sus decisiones—, a menudo lo son en si se ajustan a la imagen que tenemos de un buen líder. Por encima de todo, es de gran ayuda tener el aspecto de un líder.

En cuanto a esas personas elegidas para ser directores ejecutivos, éstos saben que sus decisiones tardarán años en desarrollarse y que serán confundidas con tantos otros factores que una valoración definitiva es casi imposible. En consecuencia, suelen actuar con la vista puesta en la impresión que causarán e intentan ajustarse a lo que asociamos con una conducta efectiva, que básicamente es aparentar decisión. Como James March y Zur Shapira explican: «Se espera que los directivos hagan que las cosas ocurran. La ideología gerencial representa a los directivos haciendo cambios, por lo que existe una tendencia al prejuicio de considerarlos como personas que hacen cambios en las organizaciones, y a los demás como personas que esperamos que los hagan».[34]

De nuevo esa palabra: «prejuicio». March y Shapira no se refieren a un sesgo cognitivo ni a un error de juicio inconsciente, sino a una poderosa tendencia o inclinación. Ya vimos esto anteriormente en la «tendencia o inclinación a actuar»: una preferencia deliberada a actuar, en lugar de esperar. En el sentido que aquí nos ocupa, significa que se espera que los líderes actúen con decisión. Se tendrá la impresión de que actúan correctamente siempre que parezcan inclinados a tomar medidas y a actuar con confianza en sí mismos.

Además, los líderes desean que se les considere tenaces, ya que se espera de ellos que tengan un sentido claro de la dirección y que se muestren firmes en la persecución de las metas relacionadas. En un experimento excelente, Barry Staw y Jerry Ross pidieron a cuatro grupos que leyeran una descripción de las acciones de un líder en un escenario empresarial. A cada uno de los grupos se le dio una lectura distinta. Una versaba sobre un líder aferrado a una política, pese a los repetidos fracasos y a que nunca había tenido éxito (perseverar/fallar, perseverar/fallar, perseverar/fallar); en el segundo relato, perseveraba y al final tenía éxito (perseverar/fallar, perseverar/fallar, perseverar/triunfar); en la tercera lectura, el líder no paraba de cambiar de política, pero nunca tenía éxito (cambiar/fallar, cambiar/fallar, cambiar/fallar), y en el cuarto cambiaba permanentemente de política y al final lograba sus objetivos (cambiar/fallar, cambiar/fallar, cambiar/triunfar). Después de la lectura, se pidió a los participantes que evaluaran las acciones de los líderes. El líder que recibió la puntuación más alta fue el que siguió una política constante y al final tuvo éxito (perseverar/fallar, perseverar/fallar, perseverar/triunfar). Éste obtuvo el reconocimiento por el éxito final, y también fue elogiado por la firmeza de su conducta y por haber perseverado, pese al fracaso inicial. ¿Y por lo que respecta al líder que cambió de política y finalmente tuvo éxito? Fue «peor» valorado en cuanto a su claridad de visión y su fortaleza de carácter. De hecho, y dado que había cambiado de rumbo, el éxito final fue atribuido en algunos casos a la casualidad. Lejos de elogiar su adaptabilidad y flexibilidad, fue cuestionado por su falta de coherencia. Las implicaciones para los líderes son de gran calado: ser considerado coherente y firme era tan importante como el resultado final, y a veces más.[35]

Saw y Ross realizaron su experimento tres veces: con directivos en ejercicio, con alumnos de una escuela de empresariales y con unos estudiantes de psicología. ¿Quiénes crees que concedieron mayor importancia a la coherencia? Los directivos en ejercicio, seguidos de los alumnos de empresariales; los alumnos de psicología fueron los que menos importancia concedieron a la coherencia. Según parece, los líderes llegan a valorar la importancia de la impresión que tienen los demás de ellos por medio de su propia experiencia (ocasionalmente dolorosa), ya que han aprendido —a veces por las malas— que los resultados no importan mucho más. Al menos es igual de importante parecer fuerte y constante y evitar la apariencia de pusilánime e indeciso. Como Staw resumió en un artículo titulado «Liderazgo y perseverancia»: «Pocos actos son tan visibles, relevantes o están sujetos a juicio como los del liderazgo [...]. La mayoría de los líderes tratan de evitar la apariencia de vacilación, de manera que quienes los eligieron puedan tener fe en un programa o filosofía de gestión y puedan entender la dirección en la que está yendo la empresa. Como hemos visto, se considera que los líderes fuertes tienen que ser coherentes».[36]

Desear ser considerado una persona perseverante ayuda a explicar por qué los que toman decisiones son propensos a intensificar su compromiso con una línea de conducta perdedora.[37] El progresivo compromiso atrajo la atención en la década de 1970 como una manera de explicar la política estadounidense durante la guerra de Vietnam. Las fuerzas terrestres fueron introducidas en 1965, pero la lentitud en los avances provocó que tuviera que aumentarse el número de efectivos, hasta que en 1969 Estados Unidos tenía más de 500.000 soldados en Vietnam y soportaba un número cuantioso de muertes. ¿Cómo se había llegado a esa situación? Cada medida en el proceso había parecido sólo una pequeña inversión adicional, pero que mantenía viva la esperanza de cambiar el resultado de la guerra. Valorada su utilidad marginal, cada decisión de aumentar la presencia militar parecía sensata, al menos desde que se alcanzó un punto en el que quedó claro que la decisión de desistir debería haberse tomado mucho antes. A posteriori, el disparate del aumento sería evidente; a la sazón, discernir el momento en que no debería haberse dado un paso más era prácticamente imposible. Como lo explicaba Barry Staw: «Los individuos pueden perseverar en una línea de actuación simplemente porque creen que la coherencia en la conducta es una forma adecuada de comportamiento, así que modelan su propia conducta de acuerdo con aquellos a los que ven como triunfadores en el seno de las organizaciones o de la sociedad en general».[38] Lo que al líder le parece una decisión razonable —dar sólo un paso más, puede que pequeño, y seguir perseverando, con disciplina y firmeza— puede conducir a un resultado desastroso.

REFLEXIONES SOBRE LAS DECISIONES DEL LIDERAZGO

Gran parte de lo que sabemos sobre la toma de decisiones se basa en experimentos de laboratorio con individuos que actúan solos. Se trata de una buena manera de aislar los mecanismos cognitivos de la elaboración de juicios y las elecciones. Es también una buena manera de arrojar luz sobre muchas decisiones del mundo real.

Sin embargo, extrapolar los resultados de esos estudios a las decisiones del liderazgo es problemático. Los líderes movilizan a los demás para que alcancen un fin, lo que significa que realizan su trabajo a través de los actos de las otras personas. Liderazgo significa modelar los resultados, lo que implica ejercer el control, del que a menudo tenemos más —no menos— de lo que nos imaginamos. Además, los líderes suelen tomar decisiones que son, casi por definición, más complejas y relevantes que las decisiones rutinarias que toman los individuos. Asimismo, por estos motivos a menudo no se prestan a la práctica deliberada.

Para los líderes, la toma de decisiones acertadas conlleva varias consecuencias. La primera es el reconocimiento de que quizá necesitan infundir en los demás un grado de confianza que podría parecer exagerado, pero que es necesario para obtener un rendimiento alto. Términos que están actualmente en boga, tales como «transparencia» y «autenticidad», no hacen justicia a los retos a los que se enfrentan los líderes; puede que sea más adecuado el concepto de «sinceridad». En última instancia, el deber de un líder consiste en estimular a los demás, y para esto es esencial que sea capaz de encarnar la confianza. Como el general Rousseau, un personaje de *Senderos de gloria*, preguntaba retóricamente: «Si un oficial al mando carece de confianza, ¿qué puede esperar de sus hombres?»

En segundo lugar, es que, al contrario que las decisiones que ofrecen una respuesta rápida para que podamos realizar las correcciones y mejoras para la siguiente, los líderes suelen tomar decisiones que tardan mucho tiempo en dar sus frutos. La práctica deliberada es imposible; los líderes suelen tener sólo una oportunidad para tomar decisiones verdaderamente estratégicas. Por esta razón es especialmente importante deliberar con prudencia y tener en cuenta las consecuencias de los errores del Tipo I y del Tipo II.

Tercero, dada la dificultad de evaluar las decisiones complejas y a largo plazo con precisión, los lideres acostumbran a actuar con un ojo puesto en el comportamiento que se espera de ellos. Dicho de otra manera: deciden cómo decidir. Cuando duden de cuál es la mejor línea de actuación, los líderes tenderán a hacer aquello que permita que se les vea como perseverantes, valerosos y firmes.

Esto último plantea importantes cuestiones de gobierno y supervisión. En *Las cualidades del líder*, Joseph Nye escribe: «La historia tiende a ser amable con el afortunado y desagradable con el desgraciado, pero aun así podemos juzgarlos desde el punto de vista de los medios que utilizan y las causas de su fortuna».[39] Sin duda, es así como deberíamos tratar de juzgarlos. Sin embargo, en la práctica es difícil separar la suerte de la habilidad, sobre todo en cuanto a la mayoría de las decisiones de largo alcance y a largo plazo. No siempre es fácil valorar los resultados, y mucho menos aún evaluar objetivamente los medios utilizados para conseguirlos. Es mucho más sencillo y ofrece una historia más satisfactoria hacer imputaciones basadas en los resultados. Cuando éstos son buenos, deducimos de forma natural que el proceso fue fantástico y las acciones auténticas.

Sabemos mucho sobre los sesgos comunes y los errores de juicio habituales en cuanto a los individuos que toman decisiones rutinarias. Básicamente, sin embargo, el liderazgo no es una sucesión de decisiones específicas, sino que requiere trabajar por medio de otras personas a lo largo de extensos períodos de tiempo. No es algo transaccional, sino transformativo. Tomar grandes decisiones exige, sobre todo, que reconozcamos que las decisiones más importantes y relevantes a las que se enfrentan los líderes son básicamente distintas de las que se han estudiado detalladamente en entornos de laboratorio. Los controles que han sido tan útiles para aislar los mecanismos cognitivos, igual que una luz estroboscópica que capta un único fotograma cada vez, nos apartan de la comprensión de lo que define verdaderamente las decisiones de un líder.

9

Donde los modelos temen pisar

> «Estaba tan enamorado del poder y la elegancia de los aspectos más matemáticos de este campo emergente que ignoré los apuntalamientos no matemáticos: cómo identificar un problema u oportunidad, cómo especificar los objetivos de interés, cómo generar las alternativas a analizar.»
>
> Howard Raiffa, «Decision Analysis: A Personal Account of How It Got Started and Evolved», *Operations Research*, 2002

En los capítulos anteriores hemos considerado una serie de elementos de la toma de grandes decisiones y hecho la distinción entre resultados en los que podemos influir y aquellos en los que no, entre el rendimiento que es absoluto y el relativo, entre las decisiones que se prestan a una respuesta rápida y aquellas que no, y entre las decisiones tomadas por individuos que actúan en solitario y las adoptadas por los líderes.

En los capítulos venideros reuniré todos esos elementos y estudiaré unos pocos ejemplos integrales. Pero primero analicemos con atención un tema de actualidad: los modelos de decisión.

MODELOS POR DOQUIER

La idea de que incluso los modelos sencillos pueden conducir a decisiones sorprendentemente precisas lleva con nosotros desde hace algún tiempo. En 1954, Paul Meehl, psicólogo de la Universidad de Minnesota, comparó las previsiones de los expertos con las de unos sencillos modelos estadísticos. Aunque los modelos utilizaban sólo una parte de los datos de los que disponían los expertos, casi siempre eran más precisos. Numerosos estudios similares han llegado a la misma conclusión. Incluso los modelos aparentemente rudimentarios suelen portarse muy bien.

En parte, los modelos son precisos porque evitan los errores comunes que acosan a los humanos. Las personas padecen el sesgo de la experiencia reciente, según el cual depositan demasiada importancia en la información reciente al tiempo que minimizan la más antigua. En consecuencia, prestan demasiada atención a una información que es fácilmente disponible. Y también es poco fiable: dan a alguien la misma información en dos ocasiones diferentes, y él o ella quizá lleguen a dos decisiones bastante distintas. Los modelos no padecen ninguno de estos problemas, toda vez que pueden procesar cantidades ingentes de información con precisión y fiabilidad.

Durante decenios, los modelos de decisión han realizado importantes contribuciones a una amplia diversidad de campos. Las universidades confían en los modelos para evaluar las solicitudes de admisión. Utilizando fórmulas que determinan la importancia de las variables —nota media del instituto, puntuaciones de pruebas, recomendaciones y actividades extracurriculares—, las universidades pueden realizar mejores predicciones sobre el éxito académico que confiando en un examen individual de cada candidato. Los funcionarios encargados de las admisiones no pueden aplicar una norma coherente a un nutrido grupo de solicitantes, pero los modelos sí. Los bancos utilizan modelos para conceder préstamos. Antaño, los banqueros se basaban en las tres C: crédito, capacidad y consideración, así que se preguntaban: «¿Tiene el solicitante unos sólidos antecedentes crediticios? ¿Sus ingresos mensuales le dejan suficiente dinero, después de otros gastos, para hacer frente a los pagos? ¿Parece digno de confianza?» Como normas generales no son malas, pero los banqueros, al igual que todos los demás, son propensos al error. Los modelos hacen un trabajo de predicción mejor acerca de la devolución de un préstamo, y al actualizarlos permanentemente con la información más reciente, podemos hacerlos aún más exactos a medida que pasa el tiempo.

En los últimos años, ha surgido el uso de los modelos de decisión. La combinación de una inmensa cantidad de datos —almacenados en lugares como el Centro de Datos de Utah de la NSA— y unos algoritmos cada vez más sofisticados ha conducido a avances en muchos campos. Algunas aplicaciones son extremadamente serias. Palantir, que tiene su sede en Palo Alto, California, analiza montones de transacciones financieras de forma continuada para detectar el lavado de dinero y el uso fraudulento de tarjetas de crédito. También sirve a los militares de Estados Unidos examinando imágenes fotográficas en tiempo real para localizar objetos sospechosos de ser bombas al borde de las carreteras, los llamados dispositivos explosivos improvisados o IED. Climate Corp, con sede en San Francisco, reúne años de información sobre temperaturas y lluvias de todo el país para realizar simulaciones climatológicas y ayudar a los granjeros a decidir qué cultivar y cuándo. El resultado es una mejor gestión del riesgo y la mejora en el rendimiento de los cultivos.[1]

Otras aplicaciones rozan lo humorístico. Garth Sundem y John Tierney elaboraron un modelo para arrojar luz sobre lo que describieron, medio en serio, medio en broma, como uno de los grandes misterios del mundo sin resolver: ¿cuánto durará el matrimonio de un famoso? Reuniendo toda clase de datos e introduciéndolos en un ordenador, elaboraron la Teoría Unificada de Sundem/Tierny sobre los famosos, que predecía la duración de un matrimonio basándose en la edad de la pareja (cuanto más mayores, mejor), en si se habían casado previamente (los fracasos matrimoniales no eran un buen indicio) y en el tiempo de noviazgo (cuanto más largos, mejor), además de la fama (medida por los resultados logrados en una búsqueda en Google) y en el atractivo sexual (la proporción de esos resultados de Google que mostraran imágenes con poca ropa). En años sucesivos y con sólo un puñado de variables, el modelo hizo un trabajo muy bueno de predicción del destino matrimonial de los famosos.[2]

Los modelos han mostrado una eficacia notable en campos que se suelen considerar competencia de los expertos. Dos politólogos, Andrew Martin y Kevin Quinn, elaboraron un modelo para explicar las recientes decisiones del Tribunal Supremo de Estados Unidos —si los nueve jueces confirmarían o revocarían las sentencias de los tribunales de rango inferior— basándose sólo en seis variables.[3] Pese a todas las largas deliberaciones, con minuciosas discusiones sobre arcaicas cuestiones jurídicas previas, la mayoría de las decisiones se reducen a unos pocos factores clave. Como es natural, el análisis a posteriori es una cosa. Para ver si el modelo podría «predecir» realmente las decisiones, el profesor de la Facultad de Derecho de la Universidad de Pensilvania Ted Ruger lo aplicó al mandato inminente del Tribunal Supremo. Independientemente, pidió a un jurado de 83 expertos legales sus predicciones sobre las mismas causas. Al final del año, comparó los dos grupos de predicciones y descubrió que el modelo había acertado en el 75 por ciento de las veces, frente al 59 por ciento de los expertos. Ni siquiera se habían acercado.[4]

Los modelos pueden funcionar bien incluso para tareas aparentemente subjetivas. ¿Quién crees que lo hace mejor a la hora de predecir la calidad del vino, un entendido con un paladar exigente y años de experiencia o un modelo estadístico que no puede oler ni paladear? La mayoría depositaríamos nuestra fe en el entendido: nos imaginamos a un hombre o mujer elegante, sujetando una copa de oscuro líquido rojizo que hace girar lentamente, aspira el aroma y saborea los sutiles matices, que si un toque de mora por aquí, que si otro a canela por allí... Creemos que la experiencia personal, adquirida a lo largo de muchos años en los viñedos de Borgoña y Napa, debería desembocar en una aptitud perfectamente calibrada para juzgar la calidad de una cosecha. Los hechos hablan de algo muy diferente. Utilizando los datos de la principal región productora de vino de Francia, Burdeos, el economista de Princeton Orley Ashenfelter elaboró un modelo que predijera la calidad de una cosecha basándose en tres únicas variables: la pluviometría invernal, la pluviosidad durante la vendimia y la temperatura media durante la temporada de cultivo.[5] Para sorpresa de muchos y vergüenza de unos pocos, el modelo superó a los expertos... y no por un margen pequeño.[6]

Estos dos últimos ejemplos fueron descritos por el profesor de derecho de Yale Ian Ayres en *Super Crunchers: Why Thinking-bu-Numbers Is the New Way to Be Smart*. En él, Ayres explicaba que los modelos funcionaban tan bien porque evitaban los prejuicios habituales. No es de extrañar, comentaba el jurista con un exceso de confianza, observar que las personas «muestran un detestable exceso de confianza en nuestras predicciones y son lentas en cambiarlas ante las nuevas pruebas».[7] (Como tales pruebas, Ayres mencionaba el estudio que ya hemos visto varias veces: ese en el que los participantes hacen estimaciones, con un 90 por ciento de confianza en el acierto, sobre preguntas de cultura general y que sistemáticamente aportan rangos bastante más reducidos. Tiene razón: la gente peca de exceso de precisión, pero ahora sabemos que esto no es prueba ni de sobrestimación ni del efecto mejor que la media.) Los modelos, claro está, no están aquejados de tales inclinaciones y consideran todos los datos de forma objetiva y ecuánime. Así que no es de extrañar que lo hagan mejor que los humanos.

Entonces, ¿son realmente los modelos de decisión «la nueva manera de ser prudente»? Por supuesto. Al menos, para algunas clases de decisiones.

Pero volvamos a nuestros ejemplos. En todos los casos, el objetivo era hacer una predicción sobre algo en lo que no se podía influir directamente. Un modelo es capaz de estimar si un préstamo será devuelto, pero no puede cambiar las probabilidades de que un préstamo dado sea devuelto a su vencimiento. Por lo tanto, no proporcionará al prestatario más capacidad para pagar ni garantizará que éste no derroche el dinero una semana antes de que tenga que pagar el préstamo. Un modelo puede predecir la pluviometría y los días de sol en una granja determinada en el centro de Iowa, pero no puede modificar el clima. Y también puede calcular el tiempo que puede durar el matrimonio de alguien famoso, pero no contribuirá a que dure más ni provocará que otro acabe antes. Un modelo puede calcular la calidad de una cosecha de vino, pero no hará que el vino sea mejor, ya que no puede reducir la acidez, mejorar el equilibrio o añadir un toque de vainilla o una nota de cassis.

Para esta clase de situaciones, en las que nuestra meta es realizar un cálculo exacto de algo en lo que no podemos influir, los modelos pueden ser tremendamente eficaces. Pero cuando sí podemos influir en los resultados, entonces la historia cambia. Volvamos al ejemplo del ciclismo del capítulo dos, en el que el doctor Kevin Thompson utilizaba un avatar engañoso con la intención de espolear a los ciclistas para que fueran más rápidos. Si Thompson hubiera realizado muchas pruebas del mismo experimento y acumulado una gran cantidad de datos, sin duda hubiera podido elaborar un modelo para predecir las relaciones entre la «respuesta subrepticiamente aumentada» y el rendimiento de los ciclistas. Así, podría haber mostrado, por ejemplo, que la mayoría de los deportistas pueden igualar al avatar cuando éste acelera un 2 por ciento, que unos pocos pueden mantener el 3 por ciento, otros, aunque menos, el 4 por ciento, y casi ninguno puede igualar al avatar cuando va un 5 por ciento más deprisa. Todo eso está muy bien para el investigador que lleva una bata de laboratorio y sujeta un portapapeles o ajusta los diales de los controles. El científico está utilizando los datos para predecir un resultado sobre el que no influye de manera directa. Pero para el ciclista la realidad es muy diferente. Para la persona que pedalea, el pensamiento positivo es trascendental. Creer que puedes lograr un rendimiento alto —incluso mantener la convicción de que puedes ir más allá de lo que has llegado anteriormente— puede llevar a lograr un rendimiento mejor.

Lo mismo sirve para la doctora Witt y su estudio de la precisión en el golpeo con el *putter*. Con los suficientes sujetos y variando el tamaño de los círculos y la distancia, sin duda podría crear un modelo para predecir el efecto de la ilusión de Ebbinghaus, y podría mostrar que el marco pequeño lleva a una cierta mejoría media con una varianza dada. Pero para uno de los individuos del experimento, que sujeta el *putter* en una mano y apunta al hoyo, las predicciones sobre las mejorías medias carecen de importancia. El golfista tiene que llevar el palo hacia atrás, luego moverlo hacia delante y golpear la pelota con la fuerza exacta para impulsarla hacia el hoyo. El modelo no golpea la pelota; lo hace el golfista que sostiene el palo. Es una distinción sencilla, aunque crucial y a menudo ignorada.

LOS MODELOS Y *MONEYBALL*

El no distinguir entre lo que podemos controlar y lo que no podemos ha llevado a una notable confusión, y en ninguna parte es más evidente que en la aplicación de las estadísticas al béisbol. Durante años, los directores técnicos del béisbol tomaron decisiones tácticas siguiendo una serie de normas no escritas, conocidas como «lo que deber ser». A principios de la década de 1970, un grupo de aficionados obsesionados con las estadísticas —practicantes del *sabermetrics*, un término acuñado por la Society for American Baseball Research— empezaron a aplicar la eficacia de los análisis de datos para comprobar algunas de las ideas más queridas del béisbol, a menudo con resultados sorprendentes. Cojamos una táctica habitual, el toque de sacrificio. Con un corredor en la primera base y con menos de dos *out*, ¿debería el bateador tocar la pelota para que avance el corredor? La sabiduría popular solía decir que sí. Como lo expresó Bill James, pionero del *sabermetrics*: «Todos los expertos sabían que cuando había corredor en la primera y ningún *out*, el movimiento porcentual sería golpear sin abanicar».[8]

Hasta hace poco no había manera de llevar a cabo un análisis empírico decente del toque de sacrificio, pero ahora sí lo hay. Una sencilla prueba compara las carreras que se derivan de dos situaciones: un corredor en la primera base sin ningún *out*, y un corredor en la segunda base con un *out*. El análisis de toda una temporada de los partidos de las ligas mayores reveló que un corredor en la primera base sin ningún *out* provocaba una media de 0,93 carreras, mientras que un corredor en la segunda base con un *out* llevaba a 0,71 carreras.[9] En igualdad de condiciones, fallar al bate para avanzar a un corredor de la primera a la segunda base provocaba unas 0,22 carreras menos, o un descenso de casi el 24 por ciento (22/93 = 0,237). ¿Y si ya hay un *out*? Entonces el toque de sacrificio es menos efectivo, porque las carreras anotadas descienden del 0,55 al 0,34. Esto supone una descenso absoluto menor de 0,21 carreras, pero una caída aún más pronunciada en términos porcentuales (21/55 = 0,382). En cualquier caso, fallar al bate para hacer avanzar al corredor es un mal movimiento. Estos descubrimientos supusieron una sorpresa para muchos, aunque confirmaron la corazonada del director técnico de los Baltimore Orioles Earl Weaver, que llevaba tiempo dudando de la efectividad de los toques de sacrificio. En la época de Weaver, la eficacia de los datos y la informática no existía para poner a prueba la hipótesis, y el técnico fue denostado por rechazar el pensamiento tradicional. Ahora sabemos que tenía razón. El toque de sacrificio es sólo un ejemplo de las creencias tradicionales erróneas en el mundo del béisbol. En palabras de Bill James: «Un porcentaje muy, muy alto de las cosas que todos los expertos daban por ciertas resultaron, al examinarlas, completamente falsas».[10]

La utilización del análisis de datos en el béisbol fue la idea del superventas de Michael Lewis del año 2003 *Moneyball: The Art of Winning an Unfair Game*. Lewis describía cómo los Oakland Athletics, un equipo con poco presupuesto en un mercado pequeño, registró una serie de años consecutivos con excelentes resultados. En lugar de confiar en los informes de los ojeadores tradicionales, el director técnico de los Athletics Billy Beane utilizó un análisis estadístico para calcular lo que realmente llevaba a una productividad ofensiva. En consecuencia, se centró en los indicadores clave que estaban estrechamente correlacionados con las carreras anotadoras, como el porcentaje de embase, que incluye no sólo los batazos sino también la habilidad para alentar el cambio de bases por bolas. Basándose en estas ideas, Beane formó un equipo de jugadores muy buenos a precio de saldo. Hablando desde el punto de vista de la toma de decisiones, estaba intentando «optimizar las carreras anotadas por cada dólar gastado». El buen historial de los Oakland de varios años consecutivos, logrado a pesar de una nómina baja, fue, muy probablemente, resultado de la utilización por parte del equipo del análisis de decisiones. Beane explicaba que simplemente estaba haciendo en béisbol lo que ya estaba pasando en otros sitios: «En los ochenta, en Wall Street, seguía habiendo un grupo de negociantes "instintivos", y se produjo aquel choque con las personas que estaban utilizando matemáticas elevadas. En los deportes pasó exactamente lo mismo».[11] Los especialistas en análisis cuantitativo ya habían revolucionado el mundo financiero, y ahora estaban dejando su marca en el béisbol.

Con la publicación de *Moneyball*, la utilización del análisis estadístico en el béisbol se convirtió en moneda de uso corriente. Los directores técnicos entusiastas de las estadísticas, varios de ellos discípulos de Billy Beane, se expandieron por las ligas mayores. Desde entonces, legiones de jóvenes, hombres y mujeres, han salido de las facultades y abandonado Wall Street en busca de un trabajo en el béisbol donde puedan poner en práctica sus habilidades estadísticas, creando bases de datos privadas y elaborando fórmulas cada vez más sofisticadas para predecir el rendimiento. En 2013, se habían elaborado multitud de nuevas estadísticas para medir los aspectos cada vez más esotéricos del juego. PITCHf/x monitoriza la localización y velocidad de cada lanzamiento individual y permite un análisis cada vez más sutil del rendimiento de los lanzadores.[12] Park Adjusted Defensive Efficiency (PADE) registra todas las pelotas en juego y amplía el análisis estadístico al promedio de fildeo, el aspecto del juego que se ha mostrado menos proclive a la cuantificación.[13] Basándose en esta ideas, los equipos ya son capaces de cambiar las posiciones de sus defensores de campo para cada bateador. Todavía hay algoritmos que se mantienen en secreto, algo así como una fórmula celosamente guardada.

Los San Francisco Giants, ganadores de las Series Mundiales [campeonato del mundo] de 2010 y 2012, son uno de los muchos equipos que utilizan el análisis estadístico para lograr una ventaja. Trabajan con más de diez empresas, entre ellas Inside Edge y Sportvision, para conseguir no sólo estadísticas, sino también una extensa videoteca del rendimiento sobre el terreno de juego. Los Giants fueron el primer equipo en utilizar FieldF/X, que registra toda la información del campo de juego. Entrenadores y jugadores tienen ya un tesoro de información para que les ayude a comprender el comportamiento de los lanzadores y bateadores, así propios como ajenos. Los Giants no sólo utilizan las estadísticas para comprender qué sucede en el campo, sino que también están a la vanguardia en la utilización de los modelos de decisión en el marketing y en las relaciones con los clientes.[14] Actualmente, el pasatiempo de Estados Unidos ha abrazado por completo la era digital, enlazando Cooperstown y Cupertino.*

¿Y qué hay de los Oakland Athletics? El rendimiento de un equipo de béisbol es relativo, no absoluto.** Si Oakland fuera el único equipo de las ligas mayores en confiar en las estadísticas para valorar los jugadores, disfrutaría de una clara ventaja sobre los restantes 29 equipos. ¿Qué sucedería si un segundo equipo adoptara el

---

* Cooperstown, pequeña ciudad del estado de Nueva York donde está emplazado el Salón de la Fama del Béisbol; Cupertino es una ciudad del estado de California en la que se está construyendo la futura sede de Apple. *(N. del T.)*

** En este caso, me estoy refiriendo al rendimiento de partidos ganados y perdidos; si habláramos del rendimiento financiero, la historia cambiaría. Hay maneras de conseguir un beneficio sustancial sin traerse los campeonatos a casa, algo que pueden atestiguar los Chicago Cubs.

mismo planteamiento? Que muy probablemente ambos equipos podrían encontrar jugadores infravalorados, y ambos tendrían ventaja sobre los otros 28 equipos. Pero ahora supón que 6 equipos se adhiriesen al Moneyball, o tal vez 12, o finalmente 20. El precio de mercado para los jugadores infravalorados subiría, y lo que Michael Lewis describió como un «juego injusto» se convertiría en un «mercado justo». En algún momento, cuando casi todos los equipos jugaran al Moneyball, ya no habría ninguna ventaja relativa para nadie. En efecto, algunos equipos que todavía rechazaran el poder del análisis de la información tendrían un peor rendimiento que el resto, pero la utilización de las estadísticas no sería suficiente para garantizar un rendimiento alto. Se convertiría en algo necesario, aunque insuficiente para ganar.

Y eso describe bastante bien lo que le ocurrió a los Oakland Athletics, cuyo rendimiento fue disminuyendo gradualmente mientras mostraban un balance de pérdidas durante cinco años seguidos, antes de volver por sus fueros ganadores en 2012 y 2013. En una entrevista realizada en 2009 —«No More Talk about Moneyball, Please»—, Billy Beane manifestó una ligera irritación ante la permanente atención prestada a sus primeros triunfos, lo que le llevó a comentar: «Mire, uno no se puede estancar en este negocio, y sin duda nosotros no lo hemos hecho. Hay equipos que probablemente estén mucho más allá de lo que podamos imaginar en este oficio basándose en su inteligencia y sus recursos [...]. No puedes hacer las mismas cosas, en este caso, siete años después. Ha habido demasiados cambios en el juego, y cada vez es más y más competitivo».[15]

El análisis estadístico es una herramienta potente, y por el momento es indispensable para los equipos de béisbol. Pero en este deporte, como en tantos otros escenarios competitivos, las mejorías absolutas no garantizan el éxito relativo. El listón no para de subir.

POR QUÉ TANTO BILLY BEANE COMO JOE MORGAN TIENEN RAZÓN

Teniendo en cuenta hasta qué punto se ha extendido el uso de las estadísticas en el béisbol, es fácil olvidar las pasiones que se desataron cuando se publicó el *Moneyball* de Michael Lewis. En el momento, la idea de que los jugadores pudieran ser evaluados por modelos estadísticos provocó algo parecido a una guerra santa. Jugadores, directores técnicos y ojeadores se enfurecieron, e insistieron en que el rendimiento de los jugadores no se podía reducir a unas cifras. Las estadísticas no captan los intangibles del juego, alegaban; los números no comprenden las sutiles cualidades humanas que hacen grandes a los jugadores.

Lewis, que procedía del mundo de las finanzas, concluyó que el béisbol era poco más que un club social glorificado, un puñado de viejos amigos del alma que compartían unos valores forjados en largas horas de prácticas de bateo, charlas de lanzadores relevistas y tabaco de mascar. Era una fraternidad muy unida que guardaba celosamente sus tradiciones. Como Lewis observó, la creciente insistencia en las estadísticas «volvía locos a los tradicionalistas endogámicos del béisbol [...]. Los miembros del club lo *flipaban*. Una y otra vez a lo largo de la temporada 2003 me encontré enfrentándome a la reacción de los lectores por un lado, y del club por otro».[16]

Por una parte, el escepticismo sobre el análisis estadístico reflejaba la falta de voluntad para aceptar las nuevas ideas. Los ojeadores y entrenadores se sentían a todas luces amenazados por el uso creciente de las estadísticas. (Resultó que tenían buenos motivos para preocuparse: en 2011, más de cien ojeadores habían perdido sus empleos, dado que sus opiniones y corazonadas ya no eran necesarias.)[17] Pero había un asunto de mayor calado que afectaba a la diferencia entre hacer predicciones e influir en los resultados.

De todos los detractores de Billy Beane, ninguno lo fue más declarado que Joe Morgan, una estrella del béisbol que había jugado desde la década de 1960 a la de 1980 y uno de los mejores jugadores de la segunda base de todos los tiempos.[18] Morgan, según Michael Lewis, también era de facto el presidente social del club, el guardián de la tradición beisbolera y el autoproclamado árbitro de lo que era o no aceptable. Y para Joe Morgan, la creciente utilización de los modelos de decisión era a todas luces «inaceptable». Cuando hablaba de *Moneyball*, escribió Lewis en un artículo para *Sports Illustrated* en 2004 «el tono del discurso, ya de por sí desquiciado, llega desconectado de la realidad». Había algo en la utilización de las estadísticas que resultaba profundamente inquietante. «No creo que las estadísticas tengan nada que ver con el juego —insistía Morgan—. Yo fui jugador. Sé lo que sucede ahí fuera [...]. Son los "jugadores" los que ganan los partidos. No las teorías.» La incomprensión era recíproca. A los adeptos del análisis estadístico, Joe Morgan les parecía de una ingenuidad incorregible. Los periodistas lo rechazaban considerándolo un ludista que escondía la cabeza en el suelo, un bobalicón incapaz de asimilar las nuevas ideas o de aceptar la verdad. Tommy Craggs, de *SF Weekly*, reflexionaba al respecto: «Por desgracia, soy consciente de que Morgan no lo pillará jamás. El único consuelo es que esta clase de debates serán una reliquia dentro de unos años. Morgan está en medio de un cambio de paradigma, y ni siquiera se ha enterado».[19]

Pero Joe Morgan no estaba del todo equivocado. Comprendía que los jugadores «no» predicen el resultado; lo suyo es «lograrlo». Como dijo Brian Wilson: «Tú eres el artífice de lo que va a suceder». Y para eso, no hay análisis estadístico suficiente en el mundo. Para el hombre que está en el terreno —ya sea Joe Morgan a punto de batear, ya sea Phil Mickelson en el hoyo 13 de Augusta—, el pensamiento positivo es vital.[20]

No es de extrañar, pues, que precisamente Morgan se mostrara tan temperamental a este respecto. Toda su carrera era el testimonio de la fuerza de la confianza en uno mismo. Este hombre, de sólo 1,70 metros de estatura, había tenido que vencer a los incrédulos a lo largo de su vida. Morgan recordaba así su época de beisbolista de instituto: «Ningún ojeador estaba interesado en mí. Cuando alguien decía algo amable sobre mí, casi siempre era un arma de doble filo: se me conocía por ser un jugador bueno y bajito, con especial insistencia en el segundo de los dos epítetos».[21] Sólo con mucho trabajo y un esfuerzo constante, consiguió firmar un contrato profesional. Y justo a los veintiún años, fue ascendido a las ligas mayores y se abrió paso en el equipo titular de los Houston Astros, donde gracias a una práctica incansable y a una confianza en sí mismo desbordante se convirtió en un jugador excelente. Después de seis años en Houston, pasó a los Cincinnati Red, donde explotaron todas sus virtudes y se convirtió en superestrella, en parte gracias al trabajo con el entrenador de bateadores de los Reds Ted Kluszewski, pionero en la utilización del vídeo para realizar pequeñas correcciones y uno de los primeros fieles de la práctica deliberada. Morgan fue nombrado jugador más valioso de la Liga Nacional en 1975 y 1976, gracias a reunir en su persona a un bateador sobresaliente, un magnífico corredor de bases y un diestro fildeador. Siguió jugando hasta 1985, y en 1990 recibió el máximo honor del béisbol, la entrada en el Salón de la Fama. No es de extrañar, por tanto, que Joe Morgan se resistiera a la creciente atención de la que era objeto el análisis estadístico. La historia de su vida era un ejemplo de triunfo sobre la adversidad, de desafío a las expectativas valiéndose del pensamiento positivo y la confianza en uno mismo.[22]

Cuando tomamos distancia de las acusaciones de unos y otros, nos damos cuenta de que tanto Billy Beane como Joe Morgan tenían razón, sólo que sobre cosas diferentes. Volvemos a una de las cuestiones fundamentales de las grandes tomas de decisiones: ¿estoy prediciendo algo sobre lo que no puedo influir o sí puedo ejercer algún control sobre esta cuestión? La labor de un director técnico es la de reunir un equipo que tenga un buen rendimiento en el terreno. Cuando valora a los jugadores, cuando decide a quién contratar y cuánto pagarle, a quién ascender y a quién traspasar, lo hace lo mejor que sabe basándose en un análisis imparcial; no tiene nada que ganar fantaseando ni siendo parcial. Billy Beane tenía fama de ejercitarse en el gimnasio del club durante los partidos, en lugar de observar lo que acontecía en el diamante. ¿Por qué? Porque, como director técnico, no tenía que lanzar ninguna pelota ni abanicar ningún bate. Podía ejercer el control sobre la composición del equipo y tener influencia en el resultado reuniendo al mejor equipo posible, pero en cuanto el partido empezaba, no tenía ningún poder.

El cometido de un jugador es completamente diferente. Si eres un bateador que camina hasta el plato sin ningún *out* y un corredor en la primera base, mal que bien tu equipo no está capacitado para una media de 0,93 carreras. Tu labor es golpear la pelota y encarrilar las carreras. Si te retiran, el número esperado de carreras desciende, o si bateas para cometer una doble jugada, peor aún. Si lanzas la pelota por encima de la valla, anotas dos carreras. En ese momento, es esencial una mentalidad ejecutiva con un alto grado de confianza en uno mismo.

Entre bateo y bateo, es importante cambiar a una mentalidad deliberativa. «¿Qué sucedió durante la última vez que me tocó batear? ¿Funcionan bien mis mecanismos? ¿Qué hará probablemente el *pitcher*? ¿Qué debería corregir para la siguiente ocasión?» Luego, la próxima vez que estés parado en el plato, la deliberación da paso a la ejecución. Entonces, pensar que puedes tener éxito es esencial: creer que puedes ganar y que ganarás «ahora» a «ese» *pitcher.*

El director técnico, en la «cueva», tiene dudas que son una mezcla de ambas. Para algunas decisiones, tales como si ordenar un toque de sacrificio, qué lanzador de relevo hacer salir del toril o cómo situar la defensa, el análisis estadístico puede ser muy útil. Sin embargo, también puede determinar los resultados, al menos indirectamente, por medio de la pauta que marque y el aliento o la crítica que preste. Cuando la controversia de Moneyball estaba en su apogeo, el director técnico de los St. Louis Cardinals Tony LaRussa observó con inteligencia que no había un único planteamiento que fuera el mejor: «La cosa esa del Moneyball tiene su sitio, pero también lo humano. En realidad, la respuesta está en la combinación».[23]

Enfrentar a los tradicionalistas del béisbol contra los defensores del análisis estadístico da lugar a un debate animado, pero es una falsa disyuntiva y no contribuye a un mejor entendimiento. Ambos enfoques tienen virtudes, aunque por diferentes cosas.

JUICIO POLÍTICO... Y JUICIOS SOBRE POLÍTICA

La necesidad de distinguir entre hacer predicciones e influir en los resultados se observa también en otros campos distintos a los deportes. A lo largo de un lapso de veinte años, desde la década de 1980 a la de 2000, el psicólogo Philip Tetlock pidió a una variada gama de personas, desde expertos y estudiantes universitarios a ciudadanos normales, que hicieran predicciones sobre una diversidad de acontecimientos políticos, entre los que se incluían la posible desintegración de la Unión Soviética, la posibilidad de que Quebec se separase de Canadá, el fin del *apartheid* en Sudáfrica, el estallido de la guerra nuclear y otras cuestiones más. El resultado de su estudio, publicado en su aclamado libro *Expert Political Judgment*, era aleccionador. En líneas generales, los supuestos expertos no lo hicieron mejor que los ciudadanos normales a la hora de predecir los sucesos políticos, y tanto unos como otros fueron menos certeros que los simples modelos lineales que hicieron los pronósticos basándose en un puñado de variables. El estudio de Tetlock fue un gran logro en el campo de la psicología de la predicción, y sus hallazgos proporcionaron más pruebas de la eficacia de los modelos.[24]

Sin embargo, y pese a todos sus valores, este estudio investigaba sólo una clase de juicio político, el de la valoración de los acontecimientos en los que no se podía influir directamente. Al fin y a la postre, ninguno de sus sujetos estaban en situación de influir en los acontecimientos sobre los que se les pidió que hicieran predicciones. Ninguno podía influir en el futuro de la Unión Soviética ni de Quebec, ni acabar con el *apartheid* en Sudáfrica ni desplegar las armas nucleares. En cuanto a esta clase de juicios, en los que el valor está en las evaluaciones objetivas y exactas, Tetlock demostró convincentemente que los modelos de decisión lo hacían mejor que la mayoría de las personas y mucho mejor que los especialistas. La lección habitual de las investigaciones sobre la toma de decisiones —la de que deberíamos ser conscientes de los prejuicios comunes y encontrar la manera de evitarlos— tiene mucho sentido.

Pero predecir los acontecimientos «no» es la única clase de juicio político, y ni siquiera necesariamente el más importante. «El juicio político» no es lo mismo que el «juicio sobre la política». El sello de un político hábil no estriba en su capacidad para predecir los acontecimientos, sino para moldearlos. Esto exige un liderazgo, lo cual significa influir en las personas para provocar los resultados deseados. Los líderes políticos —bien John F. Kennedy durante la crisis de los misiles en Cuba, Lyndon Johnson aprobando las leyes de derechos civiles, y Richard Nixon estableciendo relaciones diplomáticas con China; bien Jimmy Carter pergeñando los Acuerdos de Camp David o Ronald Reagan haciendo frente a los controladores aéreos— no predicen sin más lo que sucederá; ellos tienen que conseguir que se hagan las cosas. La Presidencia recibe el nombre de púlpito magnífico porque es un lugar desde el que se pretende influir. Un buen juicio político implica la utilización del poder, la persuasión y los mecanismos de influencia para determinar el curso de los acontecimientos. Como señaló Nixon en una ocasión: «Un líder deja huella si consigue darle un empujón a la historia».[25]

INFLUENCIA, DIRECTA E INDIRECTA

Los modelos de decisión pueden ser muy precisos a la hora de predecir las cosas en las que no podemos influir, como las sentencias del Tribunal Supremo o las cosechas de vino. Pero para la persona que realmente tiene que conseguir que se hagan las cosas, los modelos andan muy lejos de ser suficientes. Existe también una tercera categoría que se sitúa entre la influencia directa y la no influencia: la influencia indirecta. Si la predicción de un modelo se comunica de tal manera que cambie la conducta de alguien, puede que todavía podamos moldear los resultados. La influencia indirecta puede adoptar dos formas: si aumenta las probabilidades de que se produzca un suceso, entonces es una predicción que acarrea su propio cumplimiento; si reduce las probabilidades de que se produzca el acontecimiento, estamos en presencia de una predicción de autonegación.

Supón que trabajas en un banco que utiliza un modelo para revisar las solicitudes de préstamo. Tú no tienes ninguna influencia directa en la conducta del prestatario; no puedes controlar sus hábitos de consumo ni estar seguro de que ahorre lo suficiente cada mes para pagar el préstamo. Pero imagina que en lugar de rechazar sencillamente la solicitud, te reúnes con el aspirante a prestatario y le explicas las razones de tu preocupación. Tu intervención podría provocar que ella o él modificara su conducta, quizás elaborando un presupuesto mensual o incluso pidiéndole a su patrón que le haga una deducción automáticamente de su salario para evitar la posibilidad de incumplir con el pago. En este caso el modelo, aunque destinado a predecir un acontecimiento sobre el que no se puede influir directamente, habrá ejercido una influencia indirecta: de autonegación. (Haz esto muchas veces, y puede que acabes con la información suficiente sobre las intervenciones para crear un modelo que prediga su efectividad.)

O piensa en el modelo que predice las sentencia del Tribunal Supremo. Si los politólogos guardaran sus predicciones en un sobre sellado hasta que el Tribunal publicara sus fallos, el modelo no influiría en los resultados. Pero supón que los descubrimientos fueran publicados y obtuvieran alguna atención de la prensa «antes» de las deliberaciones del Tribunal. Es posible —aunque uno confiaría en que fuera improbable— que los fallos sufrieran modificación. Si los tribunales de justicia se ofendieran porque un modelo cometiera la temeridad de predecir sus decisiones, y ello provocara que fallaran en sentido contrario, tendríamos una predicción de autonegación. Y, por supuesto, si se supiera que el Tribunal tuviera la tendencia a fallar lo contrario de las predicciones, algunas personas inteligentes podrían anunciar que su modelo hizo una predicción para guiar a los jueces en la «otra» dirección, un poco de psicología inversa.

El Tribunal Supremo podría no prestar demasiada atención al dictamen de un modelo de decisión, pero los intentos de influir en el Tribunal Supremo mediante declaraciones públicas se dan permanentemente. En marzo de 2012, tras las intervenciones a favor y en contra sobre la constitucionalidad de la reforma sanitaria de la Administración Obama, varios destacados demócratas dieron su opinión. En un informativo dominical, el vicepresidente Joe Biden «predijo» que el Tribunal Supremo ratificaría la ley.[26] La líder de la minoría en la Cámara de Representantes Nancy Pelosi fue más allá, al afirmar que esperaba que el Tribunal Supremo fallara por una abrumadora mayoría que la ley era constitucional: «Yo predigo un seis a tres a favor».[27]

Por supuesto, no se trataba de unas predicciones en sentido estricto. Ni eran unos juicios desapasionados que pretendieran valorar el resultado con más o menos exactitud, sino que eran unos intentos mal disimulados de inclinar la balanza e influir en el resultado. La paradoja, claro está, es que cualquier intento de persuasión será tanto más efectivo en la medida que sea capaz de disimular sus verdaderas intenciones, esto es, cuando parezca ser estrictamente objetivo e imparcial.

NO SÓLO LA ESTRELLA DE UN ÚNICO MANDATO

La necesidad de distinguir entre las diferentes clases de influencia —ninguna, directa o indirecta— se hizo manifiestamente patente durante la campaña presidencial de 2012. Cuatro años antes, Nate Silver —a la sazón, un desconocido estadístico de treinta años especializado en béisbol y póquer— sorprendió a los expertos por predecir con exactitud los resultados de la carrera presidencial entre Obama y McCain en 49 de los 50 estados. Sólo falló en Indiana, un feudo tradicionalmente republicano, que ganó Obama por un margen muy pequeño. Fue un logro notable que Silver aprovechó para emprender un blog para el *New York Times* llamado *Quinientos treinta y ocho* (el número de electores del Colegio Electoral), en el que trasladó a la política el poder del análisis de los datos.

En la primavera de 2012, los modelos de Silver mostraban que el presidente Obama disfrutaba de una pequeña ventaja en el voto popular sobre el probable candidato republicano Mitt Romney, pero que ostentaba una clara ventaja en el Colegio Electoral. Diversos escenarios que implicaban a los principales estados decisivos, como Ohio, Colorado, Virginia y Wisconsin, apuntaban al triunfo más que probable de Obama. Había sencillamente más combinaciones de resultados que le favorecían. Para que Romney ganara, tendría que obtener la mayoría de los estados reñidos, lo cual no era probable.

Silver se mostró franco acerca de su metodología, llegando a describir el algoritmo que utilizaba y explicando que sólo intentaba realizar la predicción más exacta que los datos permitieran. Y sí, había votado a Obama en 2008 y tenía intención de volver a hacerlo, aunque Silver afirmó que sus opiniones personales no tenían nada que ver con las previsiones. Estaba haciendo su trabajo lo mejor que sabía como encuestador imparcial, el equivalente político de un árbitro que cantara las pelotas y los *strike* tal como los viera.

Como es natural, los partidarios de Mitt Romney no iban a apoyar semejante cosa. Sabían que un encuestador no tenía una influencia «directa» en el resultado —a Nate Silver, igual que a ti o a mí, se le permite emitir un solo voto para elegir presidente—, pero eso de comunicar los datos de la encuesta, sobre todo alguien que había cimentado su credibilidad tan convincentemente en 2008, sí que podía tener un poderoso efecto «indirecto». Si los votantes indecisos creían que probablemente iba a ganar Obama, podrían subirse al carro presidencial, mientras que los seguidores de Romney podían perder su entusiasmo o desviar su atención a las carreras en las que sus candidatos preferidos tuvieran mayores probabilidades de ganar. Fuera como fuese, sería la clásica profecía que acarrea su cumplimiento. Anunciar que Obama tenía una clara ventaja no paraba de aumentar sus probabilidades de victoria, e irónicamente, cuantas más molestias se tomaba Silver en describir la naturaleza científica de sus métodos, más creíbles se volvían sus encuestas y más vehementes eran los intentos de los seguidores de Romney de impugnar sus motivos.

Efectivamente, el presidente Obama mantuvo la ventaja en las encuestas durante las convenciones nacionales de agosto y hasta bien entrado septiembre. Luego la carrera se endureció notablemente en octubre, cuando Obama no tuvo una buena actuación en el primero de los tres debates televisados. Los apoyos a Romney aumentaron repentinamente. Varias encuestas mostraron que la carrera por la Presidencia estaba muy reñida, y la Gallup, la más antigua y respetada de las encuestas políticas de Estados Unidos, situaba a Romney a la cabeza. Los sitios web de los conservadores empezaron a publicar importantes encuestas que mostraban que era probable una victoria de Romney. Su intención era crear un impulso, animar a los donantes, envalentonar a los seguidores y, consecuentemente, influir en los resultados de la contienda.

Por desgracia para Romney, a finales de octubre su crecimiento se había desvanecido. A medida que se iban acercando las elecciones, *Five ThirtyEight* informó con creciente confianza de que Barack Obama sería el ganador, estableciendo las probabilidades entre el 75 y el 85 por ciento. Mientras, los partidarios de Romney iban subiendo el diapasón en sus denuncias contra Silver. Dylan Byers, de *Politico.com*, especuló con que Nate Silver acabaría siendo la «superestrella de un mandato», y la víspera del día de las elecciones, cuando Silver fijó las probabilidades de una victoria de Obama en un 85 por ciento, *The Drudge Report*, un sitio web conservador, publicó sendos artículos prediciendo una victoria de Romney de tres destacados expertos: Peggy Noonan, Michael Barone y Dick Morris, quien afirmó que se produciría una victoria aplastante de Romney.

Después de contarse los votos, Nate Silver acertó en los cincuenta estados al completo. ¿Y qué hay de aquellos que habían predicho la victoria de Romney? La encuesta Gallup reconoció los defectos de sus métodos de muestreo y prometió mejorarlos en el futuro. Por su parte, algunos expertos republicanos admitieron que sus supuestas predicciones no habían sido más que meros intentos de influir en el voto. Dos días después de haber declarado la victoria aplastante de Romney, Dick Morris admitió que por encima de todo había pretendido evitar que los seguidores de Romney se desanimaran. «Hice todo lo que pude, y también me esforcé mucho por Romney [...]. Creo que hubo un momento en que la campaña de Romney se derrumbó, en que la gente perdió el optimismo y nadie creía que hubiera la más mínima posibilidad de alcanzar la victoria. En ese momento, me pareció que era mi obligación salir a la palestra y decir lo que dije.»[28] De esta manera, Morris confirmó uno de los principios menos apetitosos de la opinión experta: el de que es mejor equivocarse escandalosamente y atraer muchísima atención que acertar, pero perderse entre la multitud. También puso de relieve otra verdad: no todas las predicciones se crean de la misma manera.[29]

UNA UTILIZACIÓN PRUDENTE DE LOS MODELOS BAYESIANOS

Entender los usos y límites de los modelos de decisión nos lleva de nuevo al tema de los ratios base, de los que se trató en el capítulo seis. Ya vimos a partir de los ejemplos de los taxis y las pruebas médicas que de forma natural las personas no piensan teniendo en cuenta las probabilidades condicionales; esto es, no suelen prestar atención a la población en general cuando hacen valoraciones de acontecimientos concretos.

En tales ejemplos, por supuesto, se nos proporcionaba toda la información relevante, de manera que para calcular las probabilidades condicionales simplemente había que aplicar la fórmula y calcular las cantidades. Pero como bien sabemos, las más de las veces los datos no se proporcionan así como así, sino que hay que encontrarlos, y no son fijos, sino que pueden cambiar. En casos así, podemos incorporar nueva información a nuestros modelos mediante un proceso de actualización bayesiana.

Piensa en el pronóstico del tiempo. Haciendo mediciones diarias, podemos actualizar nuestros modelos para que vayan mejorando con el paso del tiempo. La mejora permanente en la predicción de las temperaturas —desde un error medio en la temperatura máxima de 6 grados a principios de la década de 1970 y de 5 grados en la de 1990, hasta los únicamente 4 grados en 2010— es testimonio de la fuerza de la actualización de los modelos.[30] En este caso, los datos no sólo son abundantes, sino que versan sobre algo en lo que no podemos influir directamente (al menos, en el marco temporal de la predicción; como nos vamos enterando, «es posible» cambiar el clima con el paso del tiempo). Otro tanto es de aplicación a los modelos que predicen el rendimiento de un equipo de baloncesto. Nuestro objetivo consiste en predecir algo en lo que no podemos influir directamente (no podemos driblar ni lanzar a canasta) o ni siquiera de manera indirecta (los Knicks y los Lakers no saben lo que está prediciendo nuestro modelo). Con varios partidos jugados a la semana, podemos mejorar permanentemente nuestros modelos para hacerlos cada vez más precisos. Así las cosas, considerar nuestros modelos como trabajos en curso, actualizados continuamente para hacerse más precisos con el paso del tiempo parece algo lógico.

Pero seamos prudentes. Lo que funciona bien para realizar lecturas diarias de la temperatura o predecir el rendimiento de un equipo de baloncesto puede que no resulte especialmente útil para otra clase de asuntos. El marco temporal es otro, y nuestros esfuerzos por actualizar el modelo pueden afectar al asunto objeto de interés.

En *The Signal and the Noise*, Nate Silver utiliza un interesante ejemplo para señalar de qué manera pueden ser útiles las probabilidades condicionales y las actualizaciones bayesianas. Supón que vives con una pareja y que al regresar de un viaje de trabajo te encuentras con ropa interior desconocida en el cajón de la cómoda. Digamos que eres mujer, que tu pareja es un hombre y que la prenda en cuestión es un artículo incuestionablemente femenino. Entonces te preguntas: teniendo en cuenta que has encontrado esta prenda desconocida, ¿cuáles son las probabilidades de que tu pareja esté teniendo un asuntillo?[31]

Silver explica que el teorema de Bayes puede darnos una buena estimación inicial si proporcionamos tres ratios base: la probabilidad a priori en ausencia de pruebas, el ratio de verdadero positivo y el ratio de falso positivo.[32] En primer lugar, tenemos que calcular las probabilidades de que tu pareja esté teniendo una aventura dejando a un lado las pruebas actuales, para lo que —a falta de otra información— muy bien podríamos utilizar el ratio base de infidelidad de la población en general, que Silver establece en 0,04. En segundo lugar, tenemos que calcular la probabilidad de que la aparición de la prenda esté condicionada al engaño, que Silver fija en un 50 por ciento o 0,5.[33] Por último, en tercer lugar está la probabilidad de la aparición de las bragas si tu pareja no te está engañando, que se calcula en un 5 por ciento 0,05. No sabemos con seguridad si estos ratios son verdaderamente correctos, aunque son un punto de partida decente para calcular lo que queremos saber: la probabilidad de que nuestra pareja esté teniendo una aventura, si tenemos en cuenta el descubrimiento de la prenda desconocida. La idea que subyace en la actualización bayesiana es que, si realizamos este cálculo inicial y luego vamos reuniendo más información con el paso del tiempo, de forma muy parecida a lo que sucede en el pronóstico del tiempo, podremos revisar nuestro modelo para realizar una estimación cada vez más precisa.

Hasta el momento, todo perfecto. Si aplicamos el teorema de Bayes, como hicimos en los ejemplos de los taxis y los reconocimientos médicos, obtendremos las cifras de la figura 9.1. Hay dos posibilidades de encontrar la prenda interior: si tu pareja «no»

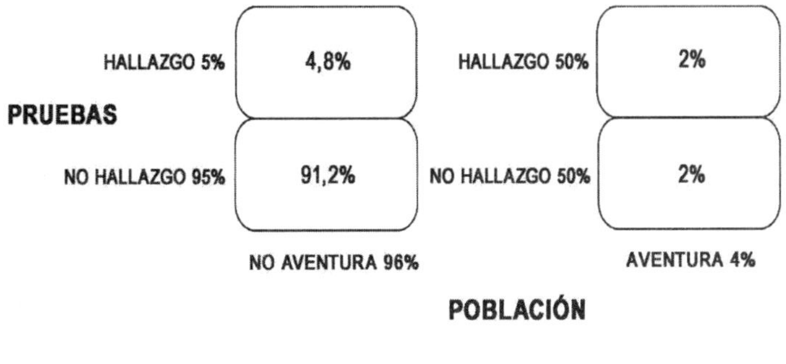

Figura 9.1. *¿Tiene una aventura?*

está teniendo una aventura (5 por ciento del 96 por ciento o 4,8 por ciento) o si tu pareja «está» teniendo una aventura (50 por ciento del 4 por ciento o 2 por ciento). Por consiguiente, las probabilidades de que tu pareja esté teniendo una aventura, «puesto que» descubriste las misteriosas prendas, se calcula de la siguiente manera: 0,02/(0,02 + 0,048) = 0,294 o 29,4 por ciento.

Esto puede parecer menos de lo que supondrías, dada la prueba aparentemente acusatoria, pero es lo que muestran las cifras. ¿Y en cuanto al restante 70,6 por ciento de las veces? Tranquila. No hay ninguna conducta sexual clandestina, sino sólo un error en la lavandería, un olvido de una pariente de visita o algo con una explicación igual de inocente.

Éste es un ejemplo enigmático —introducir al reverendo Bayes en la alcoba, como si dijéramos—, pero por mi parte sostengo que no es un buen sistema de mostrar de qué manera los modelos pueden hacerse cada vez más exactos mediante la actualización continuada. Ni tiene en cuenta la importancia de la actualización rápida, ni reconoce cómo el mero acto de hacer mediciones puede determinar las probabilidades de los acontecimientos futuros.

Para ver a qué me refiero, supón que basándote en tales supuestos calculas que las probabilidades de que tu pareja esté teniendo una aventura son del 29,4 por ciento. Si estuviéramos prediciendo el tiempo de mañana, sabríamos qué hacer a continuación: registraríamos la temperatura correcta al día siguiente, la compararíamos con nuestra predicción y luego ajustaríamos nuestro modelo para hacer una predicción mejor la próxima vez. Y haríamos lo mismo si quisiéramos predecir cuántos puntos anotarían probablemente los Knicks: ver lo que realmente ocurrió y pulir nuestro modelo para hacer una predicción mejor al siguiente partido. El proceso da resultados cuando obtenemos nuevos datos con rapidez y precisión y cuando reuniendo tal información —lo cual es esencial— no modifica las probabilidades de un acontecimiento futuro. Después de todo, el clima no sabe lo que predijiste, ni tampoco los Knicks saben lo que calculó tu modelo. No hay ninguna influencia en los resultados, ni directa, ni indirecta.

Sin embargo, la cosa cambia cuando se trata del hallazgo de la ropa interior desconocida. ¿Cómo constatas exactamente si de verdad tu pareja está teniendo una aventura y luego ajustas el modelo para hacer una predicción más exacta, sin alterar las probabilidades de un suceso futuro?

Si haces una pregunta —no tiene que ser tan directa como «Veamos, ¿estás teniendo una aventura o qué?», pero puede ser una variante más tibia como: «Caramba, me pregunto de quién es esta ropa»—, estarás alterando las probabilidades de un suceso futuro. Si no estuviera sucediendo nada, tu interrogatorio no aumentaría las probabilidades de que hubiera una aventura, pero si tu pareja tuviera realmente un asuntillo, en el futuro él o ella podría esmerarse en ocultar las pruebas, lo que reduciría las probabilidades de que aparecieran otras bragas en tu cómoda. O puede que tu pareja pusiera discretamente fin a la aventura, lo que de nuevo reduciría las probabilidades de que se repitiera el suceso. Fuera como fuese, el mismo empeño por saber la verdad introduce un bucle de reacciones que convierte este ejemplo en algo completamente distinto de la predicción del tiempo o del marcador de un partido de baloncesto.

Cabe la posibilidad de que decidas no decir ni hacer nada, actúes como si no sucediera nada fuera de lo normal y esperes a ver qué pasa a continuación. Esto suscita un problema distinto: esperar a que aparezca más ropa interior podría llevar mucho tiempo, sobre todo si tus viajes de negocios se reducen a uno al mes. Así, no reunirás información con la suficiente rapidez para actualizar el modelo en un grado significativo, y sin duda sin la rapidez suficiente para aclarar una cuestión tan apasionada. La actualización bayesiana puede ser muy eficaz, pero también deberíamos ser conscientes de sus limitaciones prácticas.

REFLEXIONES SOBRE LOS MODELOS DE DECISIÓN

Los modelos de decisión pueden ser muy útiles, permitiéndonos a menudo hacer predicciones muy exactas con una información relativamente escasa, y nos pueden ayudar a esquivar algunos de los prejuicios habituales que socavan nuestros juicios. En el último decenio su utilización se ha extendido considerablemente, gracias al creciente acceso a las grandes bases de datos. Así las cosas, los modelos no paran de adquirir importancia.

Sin embargo, en nuestra aceptación de los modelos de decisión, a veces hemos pasado por alto la necesidad de utilizarlos correctamente. En especial para las cosas en las que no podemos influir de forma directa, el único beneficio es la exactitud en el juicio. Pero cuando sí tenemos una influencia directa, el desafío es otro. Nuestra misión no es ya predecir qué sucederá, sino hacer que suceda. A este respecto, el pensamiento positivo puede suponer la diferencia entre el éxito y el fracaso.

También tenemos que reconocer una tercera categoría: la influencia indirecta. Aunque no tengamos una influencia directa en un resultado dado, podemos comunicar las predicciones de nuestro modelo de tal manera que podamos alterar los comportamientos y finalmente condicionar los acontecimientos. Hacer públicos los resultados de una encuesta de opinión política es sólo un ejemplo. También en béisbol los resultados de los análisis estadísticos pueden ser utilizados para animar o motivar, afectando indirectamente en lo que ocurre en el diamante, pero nunca hasta el punto de sustituir la necesidad de balancear el bate y lanzar la pelota. Las estadísticas no juegan el partido; eso lo hacen los jugadores.

Los modelos de decisión son a menudo una manera de ser listo, pero aún más importante es ser prudente, lo que implica comprender lo que los modelos pueden y no pueden hacer. Por citar a un bloguero, la creciente popularidad de «los enfoques estadísticos informáticamente intensivos y técnicamente sofisticados» tiene un desafortunado efecto secundario: el de pensar menos en lo que significan realmente los números. Impera la filosofía del «calla y haz números», y no la de promover el pensamiento crítico.[34] Cuando utilizamos los modelos sin tener una idea clara de su adecuación, nuestras decisiones no van a ser fantásticas, da igual lo importante que sea el conjunto de datos o lo sofisticado que parezca ser el modelo.

10

¿Cuándo están malditos los ganadores?

«La única manera de avanzar en los negocios es por medio del cambio. Y el cambio, por definición, conlleva una cierta dosis de riesgo. Pero si escoges bien tus oportunidades, utilizas la cabeza y realizas una buena gestión, esas jugadas pueden resultar bastante buenas.»

Ed Whitacre, *American Turnaround: Reinventing AT&T and GM y the Way We Do Business in America*, 2013

Los experimentos ofrecen una manera eficaz de aislar un fenómeno individual mientras otras cosas se mantienen constantes. Muchas decisiones del mundo real, sin embargo, no obligan a que nuestra voluntad trate con los elementos de uno en uno, sino que nos enfrentan a multitud de aspectos interrelacionados e interdependientes. A menudo combinan la capacidad para controlar los resultados con la necesidad de superar a los rivales, y las más de las veces se desarrollan a lo largo de meses y años e implican a los líderes dentro de un contexto institucional.

En los dos siguientes capítulos analizaré dos clases muy diferentes de decisiones de liderazgo: las subastas públicas de alto riesgo y la fundación de una nueva empresa. En ambos casos, comprobaremos que las decisiones acertadas no sólo requieren un análisis y un debate prudentes (cerebro izquierdo), sino también de instantes de riesgo calculado (lo que hay que tener).

UN BUEN LUGAR PARA QUE PIERDAS HASTA LA CAMISA

Las subastas públicas han sido un tema frecuente de estudio en la investigación sobre la toma de decisiones, con especial atención a la maldición del ganador. La maldición del ganador apareció brevemente en el capítulo uno, cuando Skanska USA Building le daba vueltas a la cantidad a ofrecer por el Centro de Datos de Utah. No había ninguna duda de la necesidad de una puja agresiva, pese al peligro inminente: si Skanska hacía una oferta muy baja con la intención de ganar, era muy probable que acabara perdiendo dinero. Como veremos, las lecciones al uso sobre la maldición del ganador tienen su lógica para alguna clase de licitación pública, aunque no son apropiadas para otras.

La historia de la maldición del ganador se remonta a la década de 1960, cuando los directivos de la Atlantic Refining Company repararon en una preocupante tendencia. Algunos años antes, Atlantic (más tarde conocida como Atlantic Richfield y luego como ARCO) había ganado varias subastas para hacer prospecciones petrolíferas en el golfo de México. Más tarde, cuando la empresa revisó el rendimiento de tales concesiones, descubrió que estaba perdiendo dinero a espuertas. Se había encontrado petróleo, en efecto, pero los ingresos no eran suficientes para hacer rentables los arrendamientos. Ganar las subastas se había convertido en la pérdida de inversiones.

Algunos miembros del departamento de I+D decidieron realizar un estudio más detenido. Ed Capen, un geofísico de investigación, descubrió que Atlantic Refining Company no estaba sola; prácticamente todas las empresas que habían adquirido yacimientos petrolíferos en el golfo de México mediante subastas públicas acababan perdiendo dinero. Desde 1950, invertir en los yacimientos petrolíferos del golfo de México había «producido menos beneficios que la cooperativa de ahorros local».[1] Las subastas públicas, concluyó Capen, «son un buen lugar para que pierdas hasta la camisa».[2]

Para llegar a la raíz del problema, Capen analizó el propio proceso de subasta y descubrió una dinámica llena de engaños: cuando un gran número de licitadores presenta pujas secretas, es casi inevitable que la oferta ganadora sea demasiado alta. Capen llamó a esto la maldición del ganador.

A partir de ahí la historia se hace aún más interesante. Una vez que Atlantic comprendió el peligro que entrañaba la sobrepuja, tomó algunas medidas cautelares. Se ordenó a todos los departamentos que se hicieran más conservadores: a los geofísicos se les indicó que fueran más cautelosos a la hora de estimar el tamaño de los depósitos de petróleo, y a los geólogos se les mandó que previeran una tasa más baja de éxitos en las perforaciones. Los contables recibieron instrucciones para aumentar la tasa de descuento, lo cual disminuía el valor neto actual de los futuros flujos de ingresos y hacía que fueran menos los proyectos aparentemente atractivos. Todas y cada una de las medidas parecían razonables, pero en conjunto tuvieron un efecto imprevisto. Como recordaba Ed Capen: «En el momento en que todos habían terminado de restar valor, nuestras ofertas fueron tan bajas que no compraban nada».[3] Ahora Atlantic tenía un problema distinto: había encontrado una manera de evitar las pérdidas derivadas de la sobrepuja, pero también excluía la posibilidad de cualquier victoria.*

En colaboración con dos colegas, Bob Clapp y Bill Campbell, Ed Capen elaboró un modelo de simulación Montecarlo para simular una puja entre muchos licitadores. Al final, concibieron un método encaminado a limitar las pérdidas al tiempo que proporcionara unas probabilidades razonables de éxito a largo plazo. Capen y sus colegas establecieron tres reglas: cuanto mayor sea el número de licitadores, menor debe ser tu puja; cuanta menos información dispongas en relación con la que poseen los licitadores rivales, menor debe ser tu puja, y cuanto menos seguro estés de tu información, menor debe ser tu puja. Cuando se dé más de una de estas condiciones, adquiere aún más importancia que reduzcas tu oferta; y cuando se den las tres, hay que ser sumamente prudente. En estos casos, la regla general de Atlantic sería realizar la mejor estimación del valor del arrendamiento, y luego pujar sólo por el 30 por ciento de esa cantidad. Ciertamente, este planteamiento llevaría a conseguir menos victorias, pero cualquier compra que se hiciera lo sería a un precio que daría a la empresa muchas probabilidades de conseguir un beneficio. Sería una manera práctica de mitigar los peligros inherentes a las subastas públicas.

Capen y sus colegas se mostraron recatados acerca de su método. Las complejidades de la subasta pública seguían siendo de-

* Si las palabras «Atlantic» y «subasta» te resultan familiares, tal vez recuerdes la película de los hermanos Marx *Los cuatro cocos*. En ella, Groucho dice: «Le mostraré cómo puede ganar algún dinero de verdad. Dentro de poco voy a realizar una subasta en Cocoanut Manor. Sabe lo que es una subasta, ¿verdad?» A lo que Chico responde: «¡Pues claro, vine desde Italia cruzando el océano Atlántico! [La gracia estriba en el juego de palabras con la pronunciación de *auction* (subasta) y *ocean* (océano), que es intraducible y no tiene ningún sentido en español. (*N. del T.*)]

salentadoras: «Así que ¿cuál es la mejor estrategia de licitación? No podemos decirlo, y ni siquiera lo intentaremos. Lo único que podemos hacer es mostrarles una aproximación al modelo matemático de las ventas públicas [...]. El modelo de subasta nos proporciona la oferta que podemos hacer con confianza y con la que estar satisfechos cuando ganemos. Sí, tal vez tengamos un valor sobrestimado, pero tenemos una puja por debajo de nuestro valor estimado que nos protege del error previsto. En cierto sentido de la probabilidad, "garantizamos" la obtención de la tasa de rentabilidad que queremos».[4] En 1971, Capen, Clapp y Campbell publicaron sus hallazgos en un artículo fundamental, «Competitive Bidding in High-Risk Situations», en *Journal of Petroleum Technology*, que a día de hoy sigue manteniendo su vigencia.[5]

CONTANDO LAS MONEDAS DE 5 CENTAVOS EN UN FRASCO

En los años siguientes, la maldición del ganador fue objeto de estudio de diversos experimentos. En uno, Max Bazerman y William Samuelson llenaron un gran frasco de cristal de monedas de 5 centavos y luego le pidieron a un grupo de estudiantes que se acercaran y mirasen detenidamente el recipiente, de manera que pudieran inspeccionarlo desde diferentes ángulos. Los estudiantes ignoraban que el frasco contuviera 160 monedas de 5 centavos, con un valor total de 8 dólares. A continuación, cada uno de los alumnos hizo una puja en pliego cerrado, declarando cuánto estaba dispuesto a pagar por el contenido del frasco, siendo la licitación más alta la que se llevaría las monedas.

Algunas de las estimaciones fueron altas, muchas bajas y unas pocas muy certeras. En general, la media de las pujas fue de 5,01 dólares, muy por debajo del verdadero valor de las monedas.

La mayoría de los alumnos se mostraron prudentes y tendieron a pujar por debajo, lo que no tiene nada de sorprendente porque las personas suelen rehuir el riesgo, y en el experimento de marras no se ganaba nada por equivocarse sobrepujando. Pero en todas las subastas siempre hubo personas que pujaron muy por encima de la cifra correcta. En el transcurso de varias, las sobrepujas fueron, por término medio, de 10,01 dólares, lo que significaba que de media el ganador pagaría un 25 por ciento más que el verdadero valor del contenido.

Esta sencilla prueba tenía todas las virtudes de los experimentos de laboratorio. Era fácil de hacer: sólo había que reunir a los estudiantes y mostrarles el frasco, invitarles a presentar sus pujas y calcular el resultado. El proceso completo duraba sólo unos cuantos minutos. Otras versiones utilizaron una diversidad de objetos diferentes, incluso cosas como sujetapapeles, pero los resultados fueron los mismos. Cuanto mayor era el número de licitadores, mayores eran también las probabilidades de que al menos una puja fuera escandalosamente alta, siendo una oferta por el precio justo la que menos probabilidades tenía de ganar. Bazerman y Samuelson publicaron sus hallazgos en un artículo con un título que no dejaba lugar a dudas: «I Won the Auction but I Don't Want the Prize» [«Yo gané la subasta, pero no quiero el premio»].[6]

En la actualidad, «la maldición del ganador» ha entrado a formar parte del vocabulario general, y suele mencionarse cuando se suscitan cuestiones relacionadas con una puja ambiciosa. No se trata de un prejuicio cognitivo, puesto que no surge de un error de conocimiento; más bien se deriva del proceso de licitación en sí. Reúne al número suficiente de gente —incluso a personas que sean bastante conservadoras en sus pujas— y es más que probable que al menos a una se le vaya la mano pujando. Richard Thaler describió la maldición del ganador como «un prototipo de la clase de problema que es divertido investigar utilizando la economía conductual, una combinación de psicología cognitiva y microeconomía».[7] El término reflejaba tan bien la esencia de la economía conductual que Thaler lo utilizó para el título de un libro publicado en 1992, *The Winner's Curse: Paradoxes and Anomalies of Economic Life*.

LAS SUBASTAS, VALOR PÚBLICO Y PRIVADO

Por supuesto, es bueno tener presente la maldición del ganador. Cualquiera que piense en tomar parte en una subasta debería comprender la paradoja esencial de que el ganador aparente a menudo acaba siendo un perdedor. Uno no quiere verse metido en una guerra de pujas por cierto artículo en eBay cuando puedes encontrarlo en cualquier otra parte y tal vez más barato. La maldición del ganador es especialmente importante en la comunidad financiera, donde representa un grave peligro para los inversores en activos negociados públicamente. Dado que los analistas de mercado y los inversores tienen acceso más o menos a la misma información, cualquiera dispuesto a pagar por encima del precio del mercado es muy probable que pague demasiado. La consecuencia es aleccionadora. Imagina que encuentras lo que parece un chollo, unas acciones que piensas que se pueden comprar a un precio tirado, por ejemplo. En lugar de creer que sabes algo que los demás ignoran, lo más prudente es concluir que estás equivocado[8] y que es mucho más probable que tu generosa valoración sea un error. Los seminarios sobre finanzas conductuales enseñan a los inversores a tener cuidado con la maldición del ganador y a evitar sus efectos dañinos.[9]

Pero retrocedamos durante un instante. ¿Qué tienen en común la subasta de unas monedas de 5 centavos y la compra de unos valores? A estas alturas confío en que hayas visto la respuesta: que en ambos casos no hay manera de ejercer control sobre el valor del bien.

Tanto uno como otro son ejemplos de una subasta de valor común, lo que significa que el artículo ofertado tiene el mismo valor para todos los licitadores.[10] El frasco contiene el mismo número de monedas de 5 centavos para todo el mundo; ni siquiera el comprador con más ojo de lince puede encontrar una moneda de más escondida en alguna parte de los contornos del frasco. Además, una moneda de 5 centavos tiene el mismo valor para todo el mundo. Ni la perseverancia ni la habilidad ni el pensamiento positivo te capacitan para entrar en una tienda y comprar con 5 centavos más de lo que pueda comprar yo. Y otro tanto cabe decir para los activos financieros como una acción de Apple o de General Electric, que valen lo mismo para ti que para mí. Puedes decidir comprar un acción o decidir no comprarla y gastarte el dinero en otra parte, pero tu conducta no tendrá ninguna repercusión sobre su valor.

En las subastas de valor común, nuestras ofertas reflejan nuestras estimaciones del valor del bien. Si crees que el frasco contiene más monedas de 5 centavos de lo que yo creo que contiene, harás una oferta mayor que la mía, así de simple. Lo mismo cabe decir de una acción. En la compra de esta clase de activos, sólo puedes ganar si llevas a cabo una valoración prudente y desapasionada.

Aún hay otra razón para que no quieras pagar de más. Si necesitas monedas de 5 centavos siempre puedes ir a un banco y comprar un canuto de 40 monedas por 2 dólares; no hay ningún motivo para pagar más. Uno no se preocuparía por perder una subasta de monedas de 5 centavos, o por cometer un error Tipo II. Antes bien, debería preocuparse por cometer un error del Tipo I, ganando la puja y dándose cuenta de que ha pagado de más. Lo mismo es de aplicación a una acción de Apple o General Electric. Existe un mercado propicio lleno de liquidez, y a menos que estés planeando lanzar una oferta pública de adquisición y quieras acumular un gran montón de acciones, puedes comprar todas las que quieras sin alterar el mercado. Pagar por encima del precio de mercado no tiene sentido.

Pero hay otras subastas muy diferentes. Se las conoce como «subastas de valor privado», y en ellas el valor para ti y para mí no es el mismo. Las diferencias podrían deberse a razones completamente subjetivas, como es el caso de una pieza de coleccionista. ¿Cuánto estarías dispuesto a pagar por la letra de «A Day in the Life» escrita de su puño y letra por John Lennon? El manuscrito fue vendido en el Sotheby's de Nueva York por 1,2 millones de dólares después de una encarnizada puja entre tres licitadores, cada uno de los cuales había depositado un elevado valor personal en el pequeño trozo de papel.[11] En otros casos la diferencia en el valor se debe a razones comerciales, tales como las diferentes aptitudes para generar ingresos o beneficios a partir de un bien. Una vez más, en este caso las diferencias entre lo que los licitadores están dispuestos a pagar pueden ser acusadas. Ofrecer más que los demás no es necesariamente una equivocación, aunque debería reflejar un profundo conocimiento del valor de ese bien hoy y lo que puede valer mañana. Pagar más que los demás licitadores podría ser razonable, siempre que puedas explicar tus argumentos.

PERFORACIONES EN BUSCA DE DÓLARES

Volvamos a las subastas para conseguir concesiones petrolíferas. No se trata de unas subastas de valor común, y no tienen lugar en unos minutos, sino más bien a lo largo de varios años. Decidir la cantidad que se va a ofertar es mucho más complicado que concurrir a una subasta de monedas de 5 centavos.

Si viste la película de 2007 *Pozos de ambición*, podrías pensar que las prospecciones petrolíferas se parecen un poco a beberse un batido: metes una paja y sorbes hasta no dejar nada. Unos cuantos pozos podrían parecerse un poco a eso. Me viene a la memoria el famoso pozo surtidor Spindletop 1901, en las proximidades de Beaumont, Texas; el petróleo estaba tan cerca de la superficie, que incluso antes de que el pozo fuera barrenado los vapores salían flotando del suelo. En la actualidad, claro está, las exploraciones petrolíferas tienen lugar en escenarios mucho más difíciles. Perforar ya era complicado cuando Atlantic lo hacía en el golfo de México allá por la década de 1950, y ahora lo es mucho más. Algunas de las complejidades se pusieron de manifiesto para el gran público de una manera trágica en 2010, con la explosión y vertido de la plataforma Deepwater Horizon de BP.

El coste de explotar nuevos yacimientos petrolíferos sigue aumentando debido a las dificultades de trabajar en lugares cada vez más remotos, pero aunque mantenemos constante el nivel de dificultad, el coste de producción petrolífera por barril ha «disminuido» debido a las importantes mejoras experimentadas en cada uno de los pasos del proceso. Empecemos con la exploración. Las compañías petrolíferas disponen actualmente de una tecnología de imágenes sísmicas mucho mejor y de un software más eficaz para interpretar la información que recopilan. Las imágenes bidimensionales de la década de 1970 eran la vanguardia, pero en la década siguiente se podía localizar más petróleo gracias a las imágenes tridimensionales y a unos algoritmos mejores para analizar los datos. Después llegaron las imágenes 4D, con la cuarta dimensión del tiempo. Comparando las imágenes tomadas a intervalos regulares, las empresas de exploración pueden controlar los movimientos del petróleo restante provocados por cada extracción, lo que les permite situar los siguientes pozos con aún mayor precisión. Las empresas también son más eficientes a la hora de perforar. Las brocas se fabrican con materiales cada vez más duraderos que tienen menos probabilidades de romperse, y los pozos ya no tienen que seguir siendo verticales, sino que pueden ser perforados en cualquier ángulo, incluso pueden perforarse en horizontal. Las empresas petrolíferas también han mejorado los procesos de extracción, y utilizan unas técnicas conocidas como recuperación asistida del crudo. Además de la mejora en el tratamiento de los lodos de perforaciones, algunas empresas inyectan gas natural y dióxido de carbono para impulsar el petróleo hasta la superficie.[12]

El impacto combinado de estas mejoras ha sido enorme.[13] Si la exploración, la perforación y la extracción mejoraran un 1 por ciento anual cada una —una suposición prudente—, y si cada uno de estos procesos tuviera el mismo peso, asistiríamos a una tasa combinada de mejoría anual del 3 por ciento. Esto no es precisamente la ley de Moore, que como todo el mundo sabe afirma que el poder de los semiconductores se duplicaría cada 18-24 meses, pero con todo sigue siendo muy considerable. Mejora el 3 por ciento cada año, y habrás aumentado la productividad un 23 por ciento a los siete años, y un 55 por ciento a los 15. Esto es, lo que se producía por 3 dólares, ahora cuesta menos de 2 dólares. Tales mejoras han hecho posible explotar los yacimientos petrolíferos más plenamente y ampliar sus vidas útiles a muchos más años. El yacimiento de BP en Prudhoe Bay, Alaska, que se abrió a principios de la década de 1970, tenía previsto su cierre después de que se hubiera extraído el 40 por ciento de su petróleo; en la actualidad, dada la mayor eficiencia y el menor coste, puede continuar en funcionamiento hasta que se haya extraído el 60 por ciento, un 50 por ciento más de lo previsto en un principio.[14]

Todos estos factores resultan cruciales a la hora de decidir cuánto pujar por un yacimiento. Puede que el crudo contenido en el interior de la Tierra sea el mismo para todos los licitadores, pero la cantidad que ofertemos dependerá de la tecnología que utilicemos, el equipamiento que empleemos y las aptitudes de nuestros ingenieros y equipos de perforación. Y eso es en un momento dado. La cuestión esencial no es lo buenos que seamos hoy, sino cuánto probablemente vamos a mejorar la exploración, la perforación y la extracción a lo largo de la vida del yacimiento.

Para ver lo que significa esto, he proyectado otra simulación Montecarlo en la que se prevé que el yacimiento tiene una vida útil de 15 años, durante los cuales la exploración, la perforación y la extracción mejoran cada una un 1 por ciento anual por término medio.[15] El resultado muestra una mejoría media a lo largo de 15 años del 49,2 por ciento (véase la figura 10.1). En otras palabras, sacar a la superficie la misma cantidad de crudo debería costar más o menos la mitad. Así pues, la cantidad que una empresa estaría dispuesta a pagar refleja el valor actual del flujo de caja a lo largo de la vida del yacimiento, con un volumen de crudo que cada año sería extraído cada vez con más eficiencia.

¿Es un ejemplo de exceso de confianza hacer una oferta basada en las mejorías previstas? Según algunos, sí, ya que huele a sobrestimación y excede nuestro nivel actual de aptitud. Pero, según otros, apostar por una mejoría anual del 3 por ciento no es nada excesivo y está en consonancia con el índice anual de mejora. El problema es que probablemente tus rivales también mejoren en una tasa similar, lo que significa que apostar por una tasa de mejoría del 3 por ciento tal vez no sea suficiente para ganar, y sólo te lleve al punto medio de las mejoras previstas.

Para tener bastantes probabilidades de éxito, puede que quieras hacer una puja que te sitúe entre el 10 por ciento superior, lo que significa apostar por una mejoría del 51,6 por ciento a lo largo de 15 años. Para tener más probabilidades, tal vez desees ir todavía

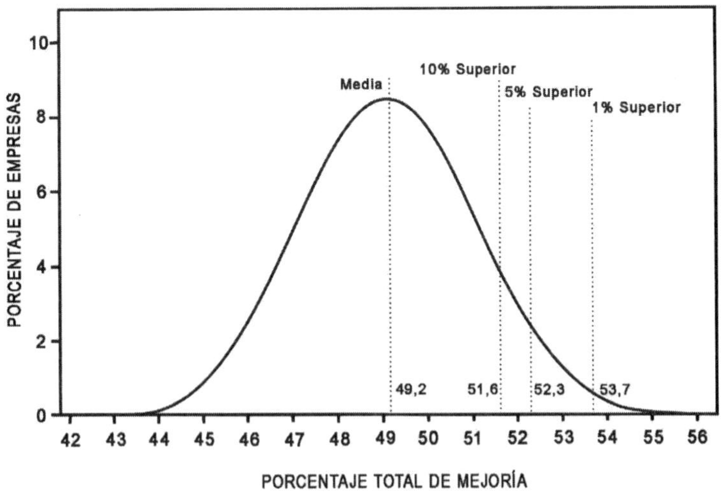

Figura 10.1. *Quince años de mejoría en la exploración, perforación y extracción petrolífera.*

más allá, hacia el extremo superior de lo que podría estar justificado por los índices históricos. Se podría esperar que una mejoría del 52,3 por ciento se produjera una de cada veinte veces. Una apuesta así parecería un ejemplo de sobrestimación, pero ni siquiera entonces ganarías la subasta si un rival estuviera dispuesto a ser todavía más ambicioso. Para tener «muchísimas» probabilidades de ganar la subasta, puede que quisieras estar en el 1 por ciento superior, lo que significa apostar por una mejoría del 53,7 por ciento.

No estamos lejos de lo que ocurrió cuando combinamos la capacidad para mejorar el rendimiento con la necesidad de hacerlo mejor que los rivales, de forma muy parecida al Tour de Francia, pero sin ningún dopaje ilícito. Quien espere ganar una batalla competitiva en la que el ganador se lo lleva todo tendrá que pujar por encima de lo que parece justificado y luego controlar para lograr esas ganancias. Dicho de otra manera: quien «no» esté dispuesto a meterse en un lío no tendrá muchas probabilidades de ganar.

Como es natural, es prudente no perder de vista la maldición del ganador. El análisis llevado a cabo hace ya muchos años por la Atlantic Refining Company ayudó a identificar un problema lleno de asechanzas. Las reglas sugeridas por Ed Capen para moderar las pujas son un paso en la dirección correcta, aunque es un error tomar un único experimento que utiliza una subasta de valor común y aplicar sus hallazgos a las subastas de valor privado, donde las capacidades pueden mejorar a lo largo de muchos años. Cuando podemos influir y mejorar los resultados, y en particular cuando tenemos muchos años para hacerlo, ha de aplicarse una lógica muy diferente. Buscar evitar las pérdidas y los peligros puede parecer prudente, pero no conducirá al éxito. Además de una profunda comprensión de los ratios base y un análisis prudente de las posibles mejoras, también tenemos que asumir unos riesgos calculados.

DE COMPRAR ACCIONES A COMPRAR EMPRESAS

Aparte de las subastas de 5 centavos y de las acciones, la maldición del ganador también se ha utilizado para explicar los altos precios pagados en la adquisición de empresas. Piensa en esta cuestión extraída de un texto de referencia en esta disciplina, *Judgment in Managerial Decisión Making*:

> Tu grupo está pensando en una nueva adquisición. Muchas otras empresas están «pujando» también por esa empresa. La compañía objetivo ha dejado entrever que estará encantada de ser adquirida por el que más ofrezca. Su valor actual es notable-

mente incierto; ni siquiera la propia empresa sabe «lo que vale». Con al menos media docena de compañías persiguiendo el objetivo, tu puja es la más alta, tu oferta es aceptada y consigues la compra. ¿De verdad has ganado?[16]

Según el autor —Max Bazerman, que llevó a cabo la subasta de las monedas de 5 centavos—, es probable que tu empresa «no» haya ganado. Si pagaste más que los demás licitadores, es probable que pagaras demasiado. El motivo, claro está, es la maldición del ganador, sumada a los prejuicios habituales de los que ya hemos hablado, en especial el exceso de confianza. Por consiguiente, se aconseja a los directivos que moderen su optimismo y reconozcan que probablemente la empresa adquirida valga mucho menos de lo que imaginan. Así las cosas, deberían ofertar menos de lo que ofrecerían en caso contrario, o quizá deberían abstenerse de hacer oferta alguna.

Aquí observamos otro silogismo:

- La mayoría de las adquisiciones no generan valor.
- Los licitadores son propensos a padecer la maldición del ganador.
- Por consiguiente, las adquisiciones no generan valor a causa de la maldición del ganador.

De aquí a sugerir que las ofertas exageradas son fruto del exceso de confianza hay un corto trecho,[17] y señalamos con el dedo al optimismo desmedido, quizá debido al ego galopante de los directores generales. Esto, claro está, es una explicación satisfactoria. A todos nos encanta asistir a la caída del poderoso, y nos alegra ver que el rico y arrogante recibe su merecido. Pero como ya sabemos, es demasiado fácil realizar esta clase de juicios después de producirse los hechos. Mientras los ejecutivos tengan éxito, lo más probable es que sean descritos como personas audaces y seguras de sí mismas; sólo cuando las cosas se tuercen es cuando hablamos de exceso de confianza, orgullo desmedido o arrogancia. (La única excepción a esto que conozco es la del presidente del grupo francés Vivendi, Jean-Marie Messier, que era visto como la personificación de la arrogancia, incluso antes de que su empresa se fuera a pique. Su apodo, J4M, acrónimo de Jean-Marie Messier, *Maître du Monde*.)

¿Cuál es la mejor manera de explicar la deficiente trayectoria de las adquisiciones? Es muy probable que confluyan varias fuerzas que se combinan entre sí. Una es la sobrestimación. Aunque no esté tan generalizada como se suele sugerir, sin duda algunos directivos «sí» que sobrestiman su capacidad para impulsar el crecimiento de los ingresos y el ahorro de los costes. Los directores generales que se muestran más optimistas sobre los beneficios que esperan lograr estarán dispuestos a pagar mucho más que los otros. En segundo lugar está la paradoja de que los directivos de éxito quizá sean los peores transgresores, tras haberse acostumbrado a los éxitos del pasado, e imaginando por consiguiente que también acertarán en el futuro, aun cuando intenten algo mucho más difícil. Así, se centran en su porcentaje personal de éxito —la visión interna— y se olvidan del porcentaje de éxito de la población en general —la visión externa—. El tercero es el problema de los incentivos asimétricos. Es posible que los directores generales estén dispuestos a asumir un riesgo cuestionable si saben que se beneficiarán generosamente de la obtención de buenos resultados, pero que sufrirán poco si las cosas salen mal o incluso que se largarán con una sustanciosa indemnización si el negocio es un desastre. *Cara, gano yo; cruz, gano incluso más.*

Dado el historial de adquisiciones generalmente malo, es fácil concluir que siempre que nos sintamos tentados de ofertar más que los otros compradores, estaremos cometiendo un error. Pero ésta es una visión demasiado simplista. Los conceptos cargados de moralidad como el de orgullo tampoco son útiles, porque la mayoría de las personas no creen que conceptos como orgullo y arrogancia les sean aplicables a ellas, al menos hasta que no pasan por la misma experiencia dolorosa, momento en el que admiten con tristeza que padecen de los mismos defectos.

Culpar de los malos resultados de tantas adquisiciones al exceso de confianza y a la maldición del ganador nos desvía de hacer unas importantes distinciones. Las adquisiciones son normalmente un asunto de valor privado, no de valor común. Es posible que esté justificado que una empresa pague más que otra, si puede localizar ganancias potenciales que sean especiales para ella. Además, el valor no se conquista en el momento de la adquisición, sino que se crea con el tiempo, en ocasiones a lo largo de varios años. Y para eso, las empresas pueden influir en los resultados.

Más que concluir que las adquisiciones están condenadas al fracaso, deberíamos hacernos una serie de preguntas secundarias. Si la mayoría de las adquisiciones fracasan, ¿hay alguna clase que tenga más probabilidades de éxito que las demás? ¿Qué se puede hacer para influir en los resultados y aumentar las probabilidades de éxito? ¿Hay circunstancias en las que pudiera ser razonable acometer una adquisición aún más arriesgada?

Abordemos estas preguntas por orden. Importantes investigaciones empíricas han concluido que la mayoría de las adquisiciones fracasan en la creación de valor.[18] Las pruebas van más allá de un puñado de desastres destacados, como la fusión de Time Warner con AOL en el apogeo de la burbuja de Internet. Mark Sirower, de la Universidad de Nueva York, estudió más de 1.000 acuerdos entre 1995 y 2001, todos por valor de más de 500 millones de dólares, y descubrió que casi las dos terceras partes —el 64 por ciento— perdieron dinero. Por término medio, la empresa adquirente pagó cerca de un 10 por ciento de más.[19]

Pero ¿hay alguna clase de adquisiciones que tengan más probabilidades de éxito que las demás? Un número significativo —el otro 36 por ciento— fueron rentables, y resultaron tener algunas cosas en común. En primer lugar, el comprador pudo localizar unas ganancias evidentes e inmediatas, en lugar de perseguir unos beneficios vagos o lejanos. Asimismo, las ganancias que esperaban provenían más del ahorro de costes que del aumento de los ingresos. Ésta es una distinción esencial, porque los costes están en buena medida bajo nuestro control, mientras que los ingresos dependen del comportamiento del cliente, que normalmente se escapa a nuestro control directo.

Como ejemplo de adquisiciones acertadas que buscaban ganancias del ahorro de costes, ten en cuenta la sucesión de transacciones realizadas por Sandy Weill en las décadas de 1980 y 1990, cuando fusionó Commercial Credit con Primerica y más tarde con Travelers. Cada uno de los acuerdos iba encaminado a encontrar sinergias de costes, por lo general fusionando funciones administrativas y consolidando operaciones, resultando un éxito tanto lo uno como lo otro. Más tarde, cuando en 1999 Will pergeñó la fusión de Travelers con Citibank, los resultados fueron otros. En esta ocasión la lógica de la adquisición dependía de los ingresos obtenidos a través de la venta cruzada de operaciones bancarias y productos de seguros; por desgracia para el Citigroup, tales ganancias jamás se materializaron. Lo que había empezado con la intención de que fuera el éxito culminante de la carrera de Sandy Weill acabó siendo un negocio muy remoto.

En cuanto a las circunstancias en las que tendría sentido intentar una adquisición arriesgada, hemos de tener en cuenta el contexto competitivo, debiendo analizar cuestiones que tienen que ver con el rendimiento relativo y la intensidad de la rivalidad. La cifra que una empresa esté dispuesta a pagar debería reflejar no sólo los costes directos y los beneficios previstos, sino unas recompensas más amplias de la posición competitiva. En 1988 el gigante suizo de la alimentación, Nestlé, pagó un alto precio para adquirir la empresa confitera Rowntree, fabricante de Kit-Kat y Smarties, no sólo porque vio en ella potencial para generar valor, sino también para asegurarse que Rowntree «no» fuera adquirida por una empresa chocolatera suiza rival, Jacobs Suchard. La oferta de Nestlé de 4.500 millones de dólares reflejaba una calculada obtención de beneficios —aumento de los ingresos y ahorro de costes—, además de unas recompensas estratégicas, las cuales sólo se podían calcular en los términos más generales. Nestlé prefirió correr el riesgo de cometer un error de Tipo I (intentarlo, pero fracasar), en lugar de uno del Tipo II (no intentarlo siquiera).

Para comprender las dinámicas de la toma de decisiones en una adquisición, hemos de hacer algo más que analizar los antecedentes generales (con frecuencia deficientes) de los éxitos en las adquisiciones, citar luego los resultados de los experimentos de laboratorio como el de la subasta de monedas de 5 centavos, y sugerir que lo uno se debe a lo otro. También tenemos que reflexionar sobre algunos de los elementos de los que hemos hablado en los capítulos previos: el control, el rendimiento relativo, el tiempo y el liderazgo.

UN TIROTEO A LO TEXANO POR AT&T WIRELESS

La historia empieza en el otoño de 2003, cuando el sector inalámbrico estaba pasando de una etapa de rápido crecimiento a otra de consolidación y competencia de precios. Después de unos años de generosos beneficios, los operadores de telefonía móvil se enfrentaban a un descenso en los márgenes comerciales. AT&T Wireless, que se había escindido de AT&T Corporation en 2000, estaba entre las más afectadas, acuciada por problemas técnicos y la pérdida de abonados. El precio de su acción había caído hasta los 7 dólares, apenas la mitad del nivel alcanzado el año anterior. Los rivales le estaban ganando terreno.

El mayor operador de Estados Unidos, Verizon Wireless, tenía 37,5 millones de clientes de costa a costa; el operador número dos, Cingular, era una empresa conjunta participada en un 60 por ciento por SBC, radicada en San Antonio, y en un 40 por ciento por BellSouth, con sede en Atlanta. Cingular tenía 24 millones de clientes y una sólida implantación regional, pero estaba buscando un puesto a nivel nacional.

El director general de SBC era Ed Whitacre, un texano de metro noventa y tres conocido por el «Gran Ed» que había ido ascendiendo en el escalafón de Southwestern Bell, una operadora regional del antiguo sistema de Bell. En 1996, cuando la Telecommunications Act abrió los mercados locales a la competencia, Whitacre estuvo rápido desde el principio y empezó a comprar a un rival tras otro. En 1997, la empresa de Whitacre, ya conocida como SBC, adquirió Pacific Telesis por 16.500 millones de dólares, y al año siguiente añadió Southern New England Telecommunications Corp. por 4.400 millones de dólares. El objetivo de Whitacre era crear la mayor empresa de telecomunicaciones del país, que ofreciera tanto servicios de telefonía fija como inalámbrica.[20] En 1999, SBC pagó 62.000 millones de dólares por Ameritech Corp., el principal operador telefónico de los estados centrales de Estados Unidos.[21] En 2000, se asoció con BellSouth para crear Cingular, que no tardaría en convertirse en el segundo operador inalámbrico por detrás de Verizon Wireless.

A finales de 2003, cuando AT&T Wireless las estaba pasando canutas, Cingular vio una oportunidad. El 17 de enero de 2004 ofreció comprar AT&T Wireless por 11,25 dólares la acción. No era una oferta vinculante, apenas si una jugada inicial, pero cuando se corrió la voz, las acciones de AT&T Wireless experimentaron una brusca subida. Si Cingular estaba dispuesto a pagar 11,25 dólares, una venta final podría decidirse por más, tal vez por mucho más. Tres días después, el consejo de AT&T Wireless decidió formalmente oír ofertas de los compradores. La subasta sería dirigida por su banquero, Merrill Lynch, cuyo bufete de abogados, Wachtell Lipton, era especialista en fusiones y adquisiciones y había inventado la defensa de «la píldora envenenada»: nadie compraba a sus clientes a precio de saldo.[22]

Para Cingular, el atractivo era evidente: sumar los 22 millones de clientes de AT&T Wireless le proporcionaría un lugar a nivel nacional y la haría saltar al primer puesto. Los ahorros de costes serían impresionantes; mediante la fusión de operaciones y funciones administrativas, Cingular podría rebajar costes por valor de 2.000 millones anuales, quizá más.[23] Un ejecutivo de SBC comentó: «Con unas sinergias irresistibles, ésta es la adquisición más estratégica para Cingular, y estamos decididos a llevarla a buen puerto». Más tarde, Whitacre explicaría: «Hay sólo las licencias nacionales que hay, y rara vez están disponibles para comprar. Así que cuando se colgó el letrero de "Se vende", todos en el mundo inalámbrico reaccionaron y tomaron nota [...]. Para que SBC se convirtiera en un actor principal a largo plazo, necesitábamos una implantación nacional, ya que una presencia regional no nos iba a llevar hasta allí. Con las acciones de AT&T Wireless en el bolsillo del pantalón, obtendríamos al instante un reconocimiento y un prestigio a nivel nacional. Sin eso, siempre seríamos un segundo violinista».[24]

Pero Cingular no estaba solo. La mayor operadora de red del mundo, Vodafone, con sede en el Reino Unido, también estaba interesada en comprar AT&T Wireless, y de hecho tenía un historial de adquisiciones aún más audaz. En 1999 dobló su tamaño haciéndose con la californiana AirTouch, ganando en el camino una participación minoritaria del 45 por ciento en Verizon Wireless. Un año después volvió a doblar su tamaño con la absorción de Mannesmann, la primera opa hostil de la historia industrial de Alemania, por la mareante cifra de 112.000 millones de dólares. Sin embargo, Vodafone estaba descontenta con su participación minoritaria en Verizon Wireless y andaba buscando la manera de comprar su propio sitio en Estados Unidos. La adquisición de AT&T Wireless le daría lo que deseaba tan desesperadamente, y su director general, Arun Sarin, manifestó que estaba preparado para la puja. El *Wall Street Journal* describió el inminente combate entre los dos titanes como «un tiroteo a lo texano».[25]

El banquero de AT&T Wireless, Merrill Lynch, aplicó diversos criterios para calcular el valor de su cliente, al que hizo convergir en una horquilla de 9 a 12,50 dólares por acción.[26] Al mismo tiempo, Cingular y Vodafone hicieron sus propios cálculos. En una reunión privada, el consejo de Vodafone aprobó un techo de 14 dólares, aunque con la esperanza de cerrar el acuerdo por mucho menos. Un analista del sector describió el combate de la siguiente manera: «Es la escala (Cingular) contra el alcance (Vodafone). Cingular apuesta por las sinergias de costes, en especial por la oportunidad de seguir trabajando en la sobrecarga de las infraestructuras superfluas, mientras que Vodafone apuesta por las economías de alcance, intentando aplicar en Estados Unidos la misma receta agresiva que ha utilizado en Europa».[27] Pero, como es natural, cuando los ejecutivos se enzarzan en una licitación, puede suceder cualquier cosa. Las ofertas iniciales serían cerradas, pero después de eso se entraría en un tira y afloja, de manera que AT&T Wireless se pudiera asegurar el precio más alto posible.

Las ofertas debían presentarse a las 17 horas del viernes 13 de febrero de 2004, y llegaron apenas se había cumplido la hora. Vodafone ofreció 13 dólares por acción, lo que equivalía a una valoración de AT&T Wireless de 35.450 millones de dólares. Instantes después llegó la oferta de Cingular, que ofrecía sólo un poco menos: 12,50 dólares por acción, o un valor de 33.750 millones de dólares. Ambas partes ofrecían unas ofertas completamente en metálico, nada de canje de acciones, sólo metálico, lo cual era una buena noticia para AT&T Wireless por dos razones: las dos ofertas estaban por encima de la horquilla que había calculado Merrill Lynch, lo que significaba que los accionistas de AT&T Wireless recibirían una bonificación sustancial. Y aún mejor era que las ofertas estuvieran tan cerca la una de la otra; separadas sólo por 50 centavos, el proceso continuaría, como me explicó uno de los banqueros, «hasta que el vendedor esté seguro de que los licitadores han agotado su munición».

El sábado por la mañana el consejo de AT&T Wireless ordenó a sus banqueros que buscaran «mejorar los precios y las condiciones», una manera educada de decir que querían más dinero. Merrill Lynch comunicó a Cingular y Vodafone que a las 11 de la mañana del día siguiente, domingo, debía presentarse una segunda tanda de ofertas.[28] En ese momento empezó a desarrollarse una extensa batalla entre las partes desperdigadas por Manhattan. El equipo de AT&T Wireless, con su presidente Johan Zeglis a la cabeza, se instaló en las oficinas de Wachtell Lipton en la calle Cincuenta y dos. El equipo de Cingular, liderado por Stan Sigman, estableció su centro de operaciones en las oficinas de los abogados de SBC en el sur de Manhattan. El de Vodafone se atrincheró con sus abogados en el 425 de Lexington Avenue, enfrente de Grand

Central Station, donde permanecía en estrecho contacto con la sede central de la empresa en Inglaterra.[29]

Las siguientes ofertas llegaron el domingo por la mañana. Vodafone no sabía cuánto había ofertado Cingular, sólo les habían dicho que su oferta de 13 dólares no era suficiente. Uno de los banqueros de Vodafone me explicó: «La psicología era que teníamos que subir. Si no subíamos, el vendedor tendría la impresión de que habíamos alcanzado el tope. Nos observábamos mutuamente, queriendo mantener la cosa en movimiento». Tras algunas deliberaciones, Vodafone envió una oferta de 13,5 dólares, todavía por debajo del límite de 14 dólares establecido por el consejo. En el ínterin, los ejecutivos de Cingular decidieron que era el momento de hacer una importante ofensiva y subieron su oferta hasta los 14 dólares.[30] En ese momento, Cingular estaba a la cabeza.

El domingo por la mañana, que era fiesta nacional, Merrill Lynch se puso en contacto con Vodafone y les dijo que Cingular había cobrado ventaja. Entonces Vodafone aumentó su oferta una vez más, hasta los 14 dólares.[31] Aunque las ofertas estaban igualadas, el empate favorecía a Vodafone. Una adquisición por parte de Cingular probablemente suscitaría cuestiones relacionadas con la defensa de la competencia, lo que podría retrasar o incluso bloquear por completo el acuerdo. Otra razón era el impacto sobre AT&T Wireless. Fusionarse con Cingular podría conducir a una importante reducción de plantilla, con lo que serían los empleados de AT&T Wireless los que soportarían las consecuencias. Por su parte, Vodafone probablemente expandiría el negocio y crearía puestos de trabajo. Si las ofertas estaban empatadas, AT&T Wireless se iría con Vodafone. Ahora, la única duda era si Cingular aumentaría su oferta una vez más.

El domingo, después de la comida, el miembro del consejo de AT&T Wireless Ralph Larsen llamó a Cingular y Vodafone y les leyó el mismo guión: las ofertas definitivas tenían que presentarse a las 16 horas; Larsen no dijo en ningún momento quién iba a la cabeza. Más tarde, Sigman, de Cingular, lo recordaría así: «Dijeron: "Que hayan estado a la cabeza antes no significa que lo sigan estando"».[32]

Cuando se cumplió el plazo, Vodafone se reafirmó en su oferta de 14 dólares, pero no la subió; había llegado a su límite y no se dejaría arrastrar a una guerra de pujas. Cingular tampoco aumentó su oferta, aunque introdujo una salvedad encaminada a aplacar uno de los problemas de AT&T Wireless: en el supuesto de que el acuerdo fuera retrasado por las autoridades, pagaría una remuneración del 4 por ciento mensual a partir del décimo mes. Buen intento, aunque no lo suficiente para cambiar las cosas. Vodafone seguía teniendo ventaja. La decisión final era inminente.

A las 19 horas el director general de AT&T Wireless, John Zeglis, llamó por teléfono a Arun Sarin, de Vodafone. En Londres era medianoche. La oferta de Vodafone había sido aceptada, dijo Zeglis. Ya sólo se necesitaba la aprobación del consejo de Vodafone, que tenía programada su reunión para la mañana siguiente.

Mientras controlaba los acontecimientos desde San Antonio, Ed Whitacre veía que se le escapaba el negocio. Lo recordaba así: «A mi modo de ver, era inaceptable. La tecnología inalámbrica era el camino del futuro. Cada trimestre salían millones de nuevos clientes de móviles, y no había el menor indicio de que la cosa fuera a detenerse. La red móvil también se mostraba muy prometedora. No nos podíamos permitir relegarnos permanentemente a la condición de segundones, así de simple».[33]

Aunque AT&T Wireless había comunicado la aceptación verbal a la oferta de Vodafone, el acuerdo no estaría cerrado hasta que el consejo de administración de esta última diera su aprobación formal. Whitacre supuso que todavía existía una posibilidad de que

AT&T Wireless pudiera cambiar de idea, siempre y cuando recibiera una oferta más alta. A las 21 horas se puso en contacto con Duane Ackerman, su homólogo en BellSouth. Hasta el momento, todas las cantidades habían sido analizadas y no había ninguna nueva información que analizar. La única pregunta que quedaba era ésta: ¿cuánto riesgo estaban dispuestos a asumir? ¿Valía la pena asumir un riesgo aún mayor? Whitacre recordaba la conversación así de directa y contundente: «Esto es lo que hay —le dije a Duane—. «Ésta es una casa en primera línea de mar, y en cuanto desaparezca, desapareció.»[34] Estuvieron de acuerdo en aumentar su oferta hasta los 15 dólares la acción, todo un dólar más que lo que Vodafone había ofrecido. Más tarde, un ejecutivo de Cingular lo recordaría así: «A las cuatro de la tarde pensamos que teníamos una posibilidad decente de ganar, y cuando no ganamos, quisimos liquidar el asunto. Así que lo liquidamos. Ganar era la única alternativa».

Poco antes de medianoche, Sigman llamó a Zeglis a las oficinas de Wachtell Lipton y le hizo la oferta: ¿aceptaría AT&T Wireless 15 dólares por acción? Aquello resultaba ser 41.000 millones de dólares, la mayor transacción en metálico de la historia del país. Alguien recordaba que la sala pareció quedarse sin aire: «Todos se quedaron estupefactos».[35] Zeglis procuró que no le temblara la voz. Por supuesto que aceptaremos 15 dólares, diría, siempre que la oferta esté firmada y entregada a las tres de la mañana. Eso serían las ocho de la mañana en Londres, cuando el consejo de Vodafone tenía previsto reunirse. Para entonces todo tenía que estar solventado.

Así las cosas, SBC y BellSouth reunieron inmediatamente a sus consejos; algunos directivos fueron localizados mediante el móvil, otros fueron sacados bruscamente de la cama. Escrutados por teléfono, ambos consejos aprobaron la oferta, y al cabo de unos minutos un destacamento de banqueros y abogados, oferta en ristre, se encaminaron a la parte alta de la ciudad, a las oficinas de Wachtell Lipton en la calle Cincuenta y dos. A las dos de la madrugada, recordaba Zeglis, «acabábamos de terminar nuestra tercera pizza cuando Stan y su equipo aparecieron con su hoja de papel».[36] Zeglis comprobó las cantidades y firmó al instante. El negocio estaba cerrado. Al cabo de un momento, cumplió con un último deber, ponerse en contacto con Arun Sarin en la sede central de Vodafone. «Le dije que habíamos tomado el otro camino», recordaba Zeglis. El anuncio festivo de Vodafone se canceló inmediatamente.

¿CUÁNTO ES SUFICIENTE Y CUÁNTO DEMASIADO?

La guerra de ofertas por AT&T Wireless tuvo todos los ingredientes de los grandes dramas: un duelo cara a cara entre dos grandes empresas, una suma récord de dinero y un final sorpresa de madrugada. La prensa encontró la historia irresistible. El titular del *Financial Times* fue típico: «Cingular le birla AT&T a una Vodafone dormida».[37] Cingular, después de llevarse el premio con un audaz movimiento nocturno, se consideró la empresa ganadora. Vodafone era retratada como la perdedora, y su fracaso en cerrar el acuerdo fue descrito como un «importante revés».[38]

Pero otros tenían una opinión distinta. La enorme suma de dinero tenía pinta de ser la maldición del ganador, pues no había ninguna duda de que Cingular había pagado demasiado. El mercado, también escéptico, rebajó el precio de las acciones de SBC y BellSouth, mientras aumentaba el de las de Vodafone.[39] Algo normal. Los inversores se han acostumbrado a que los licitadores ganadores paguen demasiado, y de forma rutinaria castigan las acciones del comprador, mientras ofertan al alza las del comprador aspirante, aliviado por haber esquivado las balas.

Pero tras un análisis más detenido, hay que decir que ambos equipos de ejecutivos hicieron unas apuestas razonables. Vodafone puso un límite de 14 dólares[40] por acción antes de que empezara la guerra de las pujas, calculó el máximo que pagaría y no se dejó llevar por el ego ni los sentimientos. Arun Sarin y su equipo directivo no sucumbieron a la psicología del momento ni intentaron convencer al consejo de Vodafone de que elevara su límite.

En cuanto a Cingular, la decisión de última hora de subir la apuesta provocó el espectro de la amenaza del ganador. Frases como «ganar era la única alternativa» parecen una bravuconería. Como lo expresó Whitacre tiempo después, él y Ackerman hicieron un esfuerzo desesperado para hacer un pase de gol y ganar el partido. Sin duda, cuando un ejecutivo justifica gastar una cantidad récord de dinero con el razonamiento de que la oportunidad es única, deberían sonar los timbres de alarma. Incluso una propiedad en primera línea de playa puede estar sobrevalorada.[41]

Podríamos concluir que Cingular fue víctima de la maldición del ganador si estuviéramos ante una subasta de valor común, pero una adquisición empresarial es otra cosa. Es una subasta de valor privado en la que las ganancias no se reflejan en el momento del acuerdo, sino que se crean a lo largo del tiempo. Además, para Cingular gran parte del valor provendría del ahorro de costes, una fuente de ganancias más predecible que los ingresos. Y había también retribuciones competitivas, como Whitacre recordaba: «Sólo había una AT&T Wireless, y teníamos exactamente un disparo para cobrarla».[42] Eso no quiere decir que hubiera estado justificado «cualquier» precio, fuera lo elevado que fuese, pues a buen seguro que Cingular estaba en el límite máximo de lo que podía pagar. El hecho de que Whitacre y Ackerman trataran de salvar un negocio que casi se les había escabullido sugiere que ya habían alcanzado el límite que se habían impuesto a sí mismos. Pero si la alternativa era gastar un 1 dólar más por acción para cerrar el acuerdo o dejar que AT&T Wireless se esfumara, decidir seguir adelante no era una equivocación tan clara. El coste de un error de Tipo I —una acción a 15 dólares, pagando demasiado— era menos oneroso que el coste de un error de Tipo II —no afrontar los hechos y perder la puja—. Whitacre lo consideró desde este preciso punto de vista: «Las repercusiones financieras para SBC y BellSouth no serían nimias. Pero a la larga los inconvenientes de no obtener AT&T Wireless podrían ser devastadores».[43] Las consideraciones estratégicas a largo plazo pudieron más que los cálculos financieros a corto.

Por último, quedaba la cuestión del liderazgo. Whitacre era famoso por sus movimientos audaces y no se le conocía por arrugarse ante los grandes negocios, sino por espolear a su equipo a alcanzar mayores cotas. Una fuerte ofensiva para lograr este acuerdo fortalecería su reputación como líder. Tal como lo veía él, era esencial seguir adelante: «Eso, en última instancia, es lo que crea el entusiasmo y el ímpetu en una empresa, la sensación de que "por Dios, aquí estamos haciendo algo realmente, esta empresa se mueve; puedo sentirme orgulloso de donde trabajo"».[44]

¿Y cómo resultó la adquisición de AT&T Wireless? En cuanto se cerró el acuerdo, Cingular se apresuró a captar los beneficios combinados. Coordinando los esfuerzos por reducir los costes, se superaron las expectativas de las sinergias previstas. En 2006, tales ahorros habían alcanzado la cifra de 1.800 millones de dólares, un 20 por ciento más de lo que se había estimado en el momento de la transacción. Y también hubo un aumento en los ingresos.[45] En general, la adquisición de AT& Wireless resultó rentable para Cingular. Uno de los banqueros implicados en el acuerdo me dijo tiempo después: «A 15 dólares [la acción] era un buen negocio para Cingular, que era el comprador adecuado, y generó valor».

Y la historia no termina ahí. Al año siguiente, en enero de 2005, Whitacre hizo pública la intención de adquirir el resto de AT&T Corporation, la matriz de AT&T Wireless. El texano seguía decidido a crear un líder mundial con unas sólidas posiciones en las comunicaciones inalámbricas y en línea fija. En un movimiento sorprendente, Whitacre adoptó el nombre de la empresa que había comprado para denominar a la entidad fusionada AT&T Inc. «Aunque SBC era una fantástica marca, AT&T fue la elección adecuada para situarnos como una marca principal a nivel mundial», explicó. La nueva AT&T se convirtió en un líder en el mercado de la comunicación inalámbrica, con sólidas posiciones en las líneas de banda ancha DSL y en las líneas de acceso local y de larga distancia.[46]

Ni siquiera entonces había terminado Whitacre. Su siguiente adquisición fue BellSouth, su socio en Cingular, lo que puso a toda la red bajo su control. En enero de 2007, Cingular fue rebautizada como AT&T Wireless, y sólo tres años después de que AT&T Wireless hubiera salido a la venta, la marca AT&T había renacido, esta vez como el líder del mercado estadounidense. En cuanto a Ed Whitacre, estaba al mando de lo que la revista *Fortune* denominó en 2006 «la empresa de telecomunicaciones más admirada de Estados Unidos». La oferta récord por AT&T Wireless en febrero de 2004 había sido un elemento esencial de una estrategia ganadora.[47] Echando la vista atrás en 2013, Whitacre comentó: «Aquel acuerdo cimentó nuestra posición en el sector inalámbrico de Estados Unidos. También cambió el paisaje del sector para siempre. Sabía que teníamos que entrar, razón por la cual hice una ofensiva tan fuerte. Y, amigo, ¿qué quiere que le diga?, nos esforzamos todo lo que uno se puede esforzar».[48]

Por definición, pagar 15 dólares por cada acción de AT&T Wireless era una oferta excesiva, que sobrepasaba lo que estaba justificado basándose en los cálculos de costes e ingresos del momento. Si la compra no hubiera generado valor, no cabe duda de que Whitacre habría sido castigado por su arrogancia y los críticos habrían culpado a la maldición del ganador. Pero 15 dólares por acción «no» fue excesivo, toda vez que AT&T Wireless aportaba unas ventajas que eran exclusivas en el panorama de las telecomunicaciones y que una vez perdidas puede que desaparecieran para siempre. Ed Whitacre comprendió que en un escenario competitivo, donde los directivos pueden determinar los resultados, la única manera de tener éxito es asumir riesgos calculados; no sólo riesgos que se presten a un análisis preciso, calculados con varios decimales, sino riesgos entendidos a grandes rasgos. Sólo aquellos que estén dispuestos a asumir grandes riesgos, e incluso desmedidos, estarán en posición de ganar.

REFLEXIONES SOBRE LAS SUBASTAS PÚBLICAS

Las subastas públicas conllevan muchas decisiones complejas, ya sea haciendo una oferta modesta para ganar un contrato, ya sea ofertando una gran cantidad para adquirir una propiedad o una empresa. Es esencial que cualquiera que se dedique a las licitaciones públicas esté familiarizado con la maldición del ganador. Uno no debe pagar más de 2 dólares por un canuto de 40 monedas de 5 centavos, sobre todo cuando tiene otras alternativas a mano; uno no quiere pagar unas acciones por encima de su valor de mercado porque piense que sabe algo que los demás ignoran.

Una vez más, sin embargo, a veces generalizamos las lecciones extraídas de una situación sin comprender que hay importantes diferencias. Las demostraciones académicas sobre la maldición del ganador son una buena manera de ilustrar los peligros de las subastas de valor común, pero hemos de tener cuidado cuando las extrapolamos a las subastas de valor privado, por no hablar de las situaciones en las que podemos influir en el valor y el rendimiento es relativo. Así pues, circunstancias muy diferentes exigen planteamientos diferentes.[49]

Así que ¿cuándo son malditos los ganadores? En los experimentos sencillos, el licitador que gana el premio casi siempre está maldito. Los verdaderos ganadores son aquellos que mantienen la cartera cerrada y se niegan a ser arrastrados a una guerra de pujas. Pero en muchas situaciones de la vida real la verdad resulta más compleja. Cuando podemos influir en los resultados y obtener ganancias, especialmente cuando el plazo es largo, podemos y debemos pujar por encima de lo que está realmente justificado. Y donde las dinámicas competitivas son esenciales, puede incluso que resulte esencial hacerlo. Hemos de tener en cuenta no sólo los peligros de pagar demasiado (un error del Tipo I), sino también las consecuencias de no pujar enérgicamente (un error del Tipo II).

La verdadera maldición es aplicar las lecciones a ciegas, sin llegar a comprender lo mucho que se diferencian las decisiones. Cuando podemos controlar, cuando debemos superar a los rivales, cuando hay recompensas estratégicas vitales, el mayor peligro verdadero es no realizar un movimiento audaz. Las adquisiciones siempre conllevan incertidumbre, y los riesgos suelen ser considerables. No existe una fórmula para esquivar la posibilidad de que haya pérdidas. La prudencia exige entonces la combinación de un pensamiento claro e imparcial —propiedades del cerebro izquierdo— con la voluntad de actuar con audacia, el rasgo principal de lo que hay que tener.

11

Arrancar y apretar el paso

«La gente piensa que los fundadores de nuevas empresas tienen una especie de seguridad sobrehumana, pero muchos de ellos empezaron sin tener nada claro el poner en marcha una empresa. De lo que no tenían ninguna duda era de que estaban haciendo algo bueno o intentando arreglar algo estropeado.»

Jessica Livingston, *Founders at Work: Stories of Startups'Early Days*, 2008

La adquisición de AT&T Wireless está en un extremo: comprar una empresa establecida por una cantidad descomunal a punto de vencer un plazo ineludible. El otro extremo está ocupado por una clase muy diferente de decisión: el arrancar un nuevo negocio, a menudo con muy poco dinero y sin ningún plazo concreto. Sin embargo, ambas situaciones reflejan las complejidades de tomar decisiones acertadas en el mundo real.

Desde la perspectiva de la toma de decisiones, la creación de nuevas empresas plantea un rompecabezas. Son muchos los estudios que demuestran que la gran mayoría de las nuevas empresas fracasan. Según la US Small Business Administration, por ejemplo, sólo el 69 por ciento de las empresas fundadas en 2000 sobrevivieron durante al menos dos años; el resto ni eso. Al cabo de cinco años, sólo sobrevivía el 51 por ciento; es decir que casi la mitad habían cerrado.[1] A los siete años, sólo el 20 por ciento seguían en actividad; todo un 80 por ciento había desaparecido. Y no se trataba sólo de un mal momento relacionado con la burbuja de las punto.com; el porcentaje de supervivientes de las empresas fundadas diez años antes, en 1990, era más o menos el mismo.[2]

Todo esto plantea una pregunta inevitable: si la mayoría de las nuevas empresas fracasan, ¿por qué la gente no para de fundarlas? La teoría económica aporta un par de explicaciones. Tal vez haya suficientes empresas nuevas que tengan éxito, y unas cuantas que triunfen de una manera tan espectacular que fundar una siga siendo una buena apuesta. En el idioma de los economistas existe un concepto denominado «valor previsto positivo». Pero, por desgracia, la mayoría de los estudios no afirman que unos pocos grandes éxitos compensen los muchos fracasos. La razón de que las personas sigan fundando nuevas empresas ha de radicar en otra parte.

Una segunda explicación se fija en algo denominado «utilidad prevista subjetiva», una idea según la cual las personas no toman decisiones basándose exclusivamente en los beneficios financieros. Los emprendedores disfrutan con la emoción de fundar una nueva empresa, encuentran satisfactorio dirigir su propio negocio y les encanta ser su propio jefe. Estos beneficios no financieros podrían ser lo suficientemente grandes para compensar las pérdidas financieras. De hecho, según esta lógica, «deberían» serlo, porque de lo contrario los individuos racionales se abstendrían de fundar empresas.[3] Pero este argumento tampoco resulta muy convincente. La emoción de fundar una empresa no durará mucho cuando los números rojos se acumulen; ser tu propio jefe deja de tener gracia cuando empiezas a perder dinero. (Esto también huele a racionalización: todo se puede explicar de una u otra manera maximizando la utilidad subjetiva prevista).[4]

Las investigaciones sobre la toma de decisiones aportan una explicación distinta. ¿Por qué las personas siguen fundando nuevas empresas a pesar de las escasas probabilidades de éxito? A causa de los errores de juicio. Dos prejuicios destacan por encima de los demás, y a estas alturas los conocemos bien: el exceso de confianza y la negación del ratio base. Las personas suelen sobrestimar sus aptitudes, pensando que son mejores de lo que en realidad son, y también se colocan por encima de la media, creyéndose superiores a los demás. También hacen caso omiso de los ratios base y dan por supuesto que la experiencia de los demás no es aplicable a ellos. En consecuencia, hacen hincapié en la optimista visión interna y desdeñan la más realista visión externa. Junta estas dos tendencias, y no es de extrañar que los emprendedores creen nuevos negocios a pesar de las escasas probabilidades de éxito.[5]

En todo esto vemos otro interesante silogismo:

- La mayoría de las nuevas empresas fracasan.
- Las personas son víctimas de los prejuicios cognitivos.
- Por lo tanto, las nuevas empresas fracasan por culpa de los prejuicios cognitivos.

Las pruebas obtenidas en los experimentos de laboratorio respaldan este punto de vista. Colin Camerer y Dan Lovallo concibieron un experimento en el que las personas podían pagar una cuota de ingreso para participar en una competición lúdica en la que los premios estaban claramente indicados. Aunque cada uno de los sujetos podía ver cuántas personas más habían entrado ya al juego y podían calcular en qué momento tenía poco sentido entrar, muchos «siguieron» pagando la cuota de ingreso para participar en el juego. Era como si estuvieran diciendo: «Espero que el participante medio pierda dinero, pero ¡yo no!»[6] Cada uno se comportaba como si pudiera hacerlo mejor que los demás, y éstos también creían que podían superar al resto. Camerer y Lovallo concluyeron que las personas tienden a ser excesivamente optimistas sobre sus posibilidades de éxito, mostrándose indiferentes al grupo de referencia. Esta inclinación, sugieren, explica por qué las personas siguen fundando nuevas empresas que fracasan con tanta frecuencia.[7]

Si hay que culpar a los sesgos de tantos fracasos empresariales, presumiblemente los aspirantes a empresarios deberían ser advertidos para que se protejan contra estos errores y se abstengan de crear tantas empresas nuevas. No hay duda de que algunos aspirantes a empresarios sí que son víctimas de la ilusión de éxito, y deberían desaconsejarse algunos planes alocados con pocas probabilidades de éxito. Pero, curiosamente, y pese a toda la escandalera que se ha montado sobre el fracaso de las nuevas empresas, apenas se sugiere que la economía de Estados Unidos esté aquejada de un exceso de nuevas empresas, ni que la actividad emprendedora esté en cierta manera destruyendo valor económico. De hecho, otros países se esfuerzan en emular nuestro récord de creación de nuevas empresas. De todos los males que aquejan a la sociedad norteamericana —la educación, la asistencia sanitaria, la delincuencia, etcétera—, el elevado ratio de creación de empresas rara vez se menciona. Antes bien, el vibrante clima de creación de nuevas empresas es considerado un activo de la economía norteamericana.

EL ROMANCE DEL EMPRENDEDOR TEMERARIO

¿Cómo deberíamos compaginar la preocupación por la elevada tasa de fracaso empresarial con la sensación de que en general es bueno tener muchas empresas emergentes? Una de las maneras de cuadrar el círculo es sugerir que, aunque la mayoría de los nuevos negocios acaben en la quiebra, a la larga existe un beneficio secundario para la economía. Según este pensamiento, los emprendedores son unos «mártires optimistas» que se sacrifican en aras del bien común.[8] Puede que el exceso de confianza sea dañino a nivel individual, pero sirve como motor del capitalismo y beneficia a la economía en su conjunto.[9]

Esta idea queda reflejada en la extendida opinión de que los empresarios están —de hecho han de estarlo— un poco chiflados. El título de un reciente libro lo resume: *You Need to Be a Little Crazy: The Truth About Starting and Growing Your Business*.[10] Es una variación de la sentencia de George Bernard Shaw de que todo el progreso se debe a los hombres insensatos. Si los empresarios no deliraran, no intentarían las innovaciones que tan importantes son para la economía en su conjunto. Hay muchos defensores de este punto de vista, entre ellos Michael Lewis, el autor de *Moneyball*:

> El trabajo de un empresario no consiste en actuar prudentemente ni en pasarse de cauto. Lo suyo es pasarse de temerario y ambicioso, y asumir el riesgo que el mercado le permita asumir. Lo que distingue una economía de mercado saludable como la nuestra de una menos saludable como, por ejemplo, la francesa es que anima a las personas enérgicas y ambiciosas a asumir un enorme riesgo [...], y que esas personas responden a ese estímulo. Es una economía que estimula el arrojo, y eso es algo hermoso.[11]

Fíjate en las palabras: la iniciativa empresarial no consiste en asumir riesgos con inteligencia, sino en «ambición y temeridad». Además, la energía y la ambición resultantes son «algo hermoso». Lewis sigue sugiriendo que si Jeff Bezos no hubiera estado dispuesto a asumir unos riesgos desmedidos contra todo pronóstico, Amazon.com no existiría. Necesitamos más de esa clase de belleza, no menos.

De igual manera, Martha Lane Fox, cofundadora de la emergente empresa de Internet lastminute.com, recuerda que había creído tan apasionadamente en el éxito de su empresa que utilizaba las palabras de los incrédulos —que señalaron que su éxito era altamente improbable— como fuente de motivación:

> Cuando creas una empresa, tienes que tener una fe ciega en que puedes demostrar que los críticos están equivocados. Si hubiéramos escuchado a las personas que decían que era una tontería y una ruina, no nos habríamos levantado de la cama por la mañana. Así que a ciegas, arrogantemente o como fuera, no dejamos ni un momento de pensar que podríamos hacerlo funcionar [...]. A cualquiera que cree su propia empresa: la gente no va a parar de decirte que no permanentemente, desde el principio. Las primeras personas a las que les mostramos el negocio que planeábamos, nuestros padres, nos dijeron que nadie nos iba a dar el dinero para esa idea, que estábamos locos. Tienes que tener mucha pasión para seguir adelante.[12]

Comentarios como éstos reflejan la opinión generalizada de que para triunfar son necesarios unos niveles desproporcionados de confianza. Más que advertir a los aspirantes a empresarios de los peligros del exceso de confianza, deberíamos festejar a las personas con la audacia para perseguir sus ambiciones enfrentándose a unas dificultades abrumadoras. Sin duda muchos fracasarán, pero ésa es la parte del saludable proceso de la innovación y la creación de valor. Todos estamos mejor gracias a su voluntad de ir más allá de lo que es razonable; la sociedad en general se beneficia de su *temeridad*, *ambición* y *arrogancia*.

Ésta es una visión atractiva, aunque no totalmente exacta. De hecho, contiene varios errores.

Ya hemos cuestionado la opinión corriente de que el exceso de confianza es un sesgo generalizado, y sabemos que no es una sola cosa, sino varias. Algunos emprendedores es probable que «sean» demasiado confiados —quizá sobrevaloren desenfrenadamente sus probabilidades de éxito— y estaría bien advertirles que no fueran tras un sueño imposible. Desanimar al que tiene menos probabilidades de triunfar es algo bueno. Al mismo tiempo, para muchos emprendedores un alto grado de confianza es bueno las más de las veces, sobre todo cuando pueden mejorar los resultados. Culpar de los fracasos al exceso de confianza es demasiado simple.[13]

Entonces, ¿qué es lo que explica el elevado índice de fracaso de las nuevas empresas? Pues resulta que tras un examen más detenido, ni siquiera está claro que la mayoría de las empresas fracasen. De entrada, la misma premisa es cuestionable. Cierto, una mayoría cierran sus puertas antes de cinco años, pero seamos prudentes. Si el éxito significa vender acciones en una oferta pública inicial, entonces menos del 1 por ciento de todas las empresas nuevas deberían considerarse un éxito. No cabe duda de que ése no puede ser el único criterio. Sin embargo, si el éxito significa que una empresa cierre sin ninguna deuda, el porcentaje de éxito al cabo de cinco años es mucho más alto, hasta el punto de que algunos estudios lo calculan en nada menos que ¡el 92 por ciento! Si esto parece sorprendente, ten presente que las pequeñas empresas cesan en su actividad por todo tipo de razones: cambio en las circunstancias familiares, aparición de mejores oportunidades, etcétera. Muchas empresas cierran, pero pueden pagar sus deudas e incluso les sobra algo, tal vez hasta lo suficiente para arrancar otro negocio. Un estudio halló que una de cada cuatro empresas que cierra en realidad obtiene beneficios. El hecho de que muchas empresas no duren mucho no debería tomarse como prueba de que la mayoría de los nuevos negocios fracasen.[14] Además, muchas que acaban con números rojos tienen pérdidas bastante modestas, tanto que los empresarios afirman que lo volverían a intentar, algo que no suele asociarse con el fracaso. Y eso tampoco es sólo una racionalización. Las pérdidas suelen ser modestas y no suponen una barrera para intentarlo de nuevo.

Lo que ocurre es que resulta una historia seductora empezar con la premisa de que la mayoría de las empresas fracasan, observar la presencia de prejuicios cognitivos y a partir de ahí afirmar que lo uno es resultado de lo otro. Pero este silogismo no soporta el menor análisis. Peor aún, al perpetuar el mito de que los sesgos cognitivos son causa principal del fracaso, nos olvidamos de poner nuestra atención en entender cómo los empresarios manejan los riesgos con acierto y encuentran maneras de aprovechar las oportunidades mientras limitan sus pérdidas.

ENTRAR EN LA NUBE

Como un buen ejemplo de creación de una nueva empresa, pensemos en VMware. En la actualidad, es una de las líderes en el floreciente campo de la informática en nube. La empresa ha crecido rápidamente y obtenido unos notables beneficios, aunque no deberíamos deducir de ello que todo lo que ha hecho ha sido brillante. No cometamos el error de seleccionar un ganador y remontarnos en el tiempo. En la medida que nos sea posible, deberíamos tratar de dejar a un lado su éxito final y analizar las decisiones que tomaron en los primeros tiempos.

La historia de VMware empezó en la década de 1970, cuando el panorama informático estaba dominado por los potentes pero caros ordenadores centrales de IBM. Para ofrecer a sus clientes una mayor rentabilidad, IBM lideró la práctica del reparto del tiempo, algo que finalmente fue reemplazado por un software innovador llamado «virtualización». A partir de entonces, un ordenador central se podía repartir entre múltiples entornos, cada uno de los cuales se hacía cargo de un sistema operativo y un software de aplicación diferentes. Múltiples usuarios compartían un único ordenador, y cada uno tenía la sensación de tener el uso de toda la máquina.[15]

Pero los avances de la década de 1990 en la tecnología de los microprocesadores condujo a un cambio desde los ordenadores centrales de IBM a las redes de los ordenadores personales y los servidores, la mayoría de los cuales funcionaban con una familia de microprocesadores de Intel conocidos como x86. Por desgracia, Intel no había desarrollado aquellos microprocesadores para adaptarse a la virtualización, y eso por una sencilla razón: nadie imaginó que acabaría existiendo semejante necesidad. A la sazón, los ordenadores personales eran pequeños y baratos, y si un cliente quería múltiples ordenadores, se los podía permitir sin ninguna dificultad. Sin embargo, a medida que el poder de los PC aumentó y las empresas empezaron a depender de las redes de servidores, los mismos problemas de infrautilización e ineficiencia que habían fastidiado a los ordenadores centrales se extendieron entonces a los x86.

En la Universidad de Stanford, el profesor de informática Mendel Rosenblum y un equipo de licenciados habían estado estudiando la virtualización, analizando la ingeniería de una máquina construida en Stanford llamada MIPS CPU, con la pregunta en la cabeza de si podrían virtualizar también la ingeniería de los x86. No obstante, en un principio su interés era básicamente teórico. «Lo considerábamos un proyecto. Era un reto hacer lo que las personas consideraban un imposible, esto es, virtualizar los x86. Confiábamos en que la virtualización de los x86 pudiera ser útil, aunque sin tener una idea clara de para qué podía serlo. Una de las cosas que nos gustaba era que fuese suficientemente distinto de lo que estaban haciendo las demás personas, como para que tuviéramos todo el espacio para nosotros», recuerda Rosenblum.[16]

La perspectiva de virtualizar los microprocesadores x86 era lo bastante emocionante para que Rosenblum pidiera una excedencia en la universidad y empezara a trabajar con dos de sus alumnos, Ed Bugnion y Scott Devine. La esposa de Rosenblum, Diane Greene, era una experimentada empresaria de Silicon Valley y les ayudó en los aspectos empresariales, recomendando que se contratara a una quinta persona, Ed Wang, un doctorando que conocían de Berkeley y que tenía experiencia en el sector. «Cuando empezamos, era realmente un experimento de investigación —confiesa Rosenblum—. No sabíamos si podríamos hacerlo despegar. Creíamos que podríamos conseguir algo que funcionara, pero nos temíamos que fuera inaceptablemente lento, así que no sería interesante. La cuestión era si seríamos capaces de conseguir que fuera lo bastante rápido para que tuviera algún interés. Y eso fue lo que nos propusimos lograr.»

La incipiente empresa se constituyó en 1998 enfrentándose a muchas incertidumbres. No estaba claro que su idea fuera técnicamente viable, y aunque lo fuera, nadie sabía si algunos nuevos productos lo serían comercialmente. Puesto que no sabían qué aspecto tendría el producto ni cuánto costaría, no podían estar seguros de si su mercado potencial era grande o pequeño. Luego estaba el asunto de la competencia. En el caso de que pudieran crear un producto de éxito, sin duda habría una fuerte reacción por parte de los operadores establecidos, algunos de ellos ricos y poderosos, lo que podría hundir rápidamente su nueva empresa.

Considerados todos los riesgos, muchos fuera de su control, se instalaron con unos recursos mínimos. Empezaron sin ninguna financiación externa, dependiendo sólo de su propio capital y algunas contribuciones de amigos. La frase operativa durante la fase inicial fue «fracasa deprisa»; si su nuevo producto no iba a funcionar, querían saberlo cuanto antes para poder parar y no desperdiciar tiempo y dinero a espuertas. En consecuencia, siguieron siendo un grupo reducido, sólo cinco empleados, y mantuvieron los costes al mínimo. Su primera sede fue una modesta habitación situada encima de una quesería en el extremo de un centro comercial, algo muy alejado de la imagen de un semillero de innovación informática.

Pese a las muchas incertidumbres, los fundadores estaban impacientes por acometer el desafío. Más tarde, uno de ellos, Ed Bugnion, me comentó lo que sigue:

> Nos estábamos metiendo de un salto en una zona jamás imaginada antes. Ni siquiera la gente de Intel pensó que fuera posible; era bien sabido que su ingeniería no era *virtualizable*. Nosotros adoptamos un punto de vista contrario.
>
> Nuestra confianza se basaba en el hecho de que la virtualización había sido una manera dominante de trabajar en los ordenadores centrales. Así que no era una nueva idea alocada; lo único que parecía una locura era aplicarla a los x86.
>
> No tiene ningún sentido hacer algo ligeramente distinto; tienes que ser profundamente perturbador, y has de situarte

> completamente «fuera de lo convencional». Cuando fundamos VMWare, empezamos con una hoja de papel en blanco, mucha confianza y escaso conocimiento de los problemas que nos esperaban, pero sabíamos dónde estaba la montaña y qué picos teníamos que escalar.[17]

Mendel Rosenblum y Diane Greene inculcaron al grupo la idea de que estaban en la antesala de un avance trascendental y de que eran exactamente las personas adecuadas, con las aptitudes necesarias y la energía para llevarlo a cabo. Puede que se hubieran metido de un salto en lo desconocido, pero tenían confianza en poder triunfar. «Incluso en una pequeña organización, tienes que ser capaz de alentar a las personas e infundirles la seguridad de que sabemos lo que estamos haciendo y que tenemos un camino, por más que los detalles sean oscuros», me comentó Bugnion.[18]

En los primeros tiempos el equipo de VMware se topó con un problema técnico tras otro; permanecían delante de la pantalla durante días enteros, buscando posibles soluciones. «Fue muy, muy duro —recordaba Rosenblum, que se apresuró a añadir—: Pero fue una época muy divertida.»[19] El obstáculo más inmediato era la viabilidad técnica; tuvieron que descomponer su tarea en diferentes partes y resolverlas por separado. Un primer objetivo consistió en virtualizar los x86 para Windows 95. Se sucedieron semanas de muchas horas de trabajo en las que apenas hubo algún progreso. Al final, consiguieron iniciar Windows 95 utilizando su nuevo programa, un proceso que tardaba ocho horas. Demasiado lento para ser comercialmente viable, pero era un comienzo. Habían demostrado que técnicamente era posible una solución. Rosenblum recuerda: «Sabíamos cómo hacerlo, así que ya sólo teníamos que retroceder y resolverlo para hacerlo más rápido».[20]

A partir de ahí, los adelantos se midieron por la mejora de la velocidad, consiguiendo que su programa arrancara en 1/100 la velocidad de Windows 95, más tarde en 1/30 y por último en 1/10 de dicha velocidad. Pero sólo sería comercialmente viable cuando arrancara a la misma velocidad, y llegar ahí costaría muchas más semanas y meses.

Con el tiempo, alcanzaron su objetivo gracias a dos avances. En primer lugar idearon la manera de dejar que el monitor de una máquina virtual se ejecutara sobre un sistema operativo *host*. A continuación diseñaron la forma de virtualizar los microprocesadores x86 combinando una metodología ya existente, llamada retener y emular, con otra nueva a la que llamaron traducción binaria dinámica. Esta innovación fue la guinda del pastel, el ingrediente especial que hizo que todo funcionara. Tanto de lo uno como de lo otro, VMware poseía las patentes fundamentales.

En pocos meses crearon su primer producto, llamado VMware Workstation, pensado para que su implantación tuviera pocos obstáculos. Se esperaba que fuera un artículo de promoción que allanara el camino para un producto corporativo mayor y definitivamente rentable. Para evitar que aumentaran los costes, VMware confiaba en un acceso al mercado «sólo en la web», evitando así la necesidad de un equipo de ventas o de canales de distribución. Sólo se añadiría un equipo de ventas cuando los ingresos pudieran justificar el gasto.

VMware Workstation fue presentado en febrero de 1999 en la conferencia Demo 99, donde cosechó unas críticas muy favorables de los especialistas en tecnología. La demanda de los clientes fue muy fuerte, y los ingresos superaron cualquier expectativa. Lejos de ser un primer producto modesto, VMware Workstation resultó ser una vaca lechera que financió las actividades de la empresa durante los dos años siguientes. Durante ese tiempo, VMware siguió creando su línea de productos, y en breve pudo contratar a más personas, atrayendo a ingenieros de otras empresas y recién licenciados de las principales escuelas de ingeniería. En 2003, con una dilatada línea de productos y unos ingresos y beneficios en rápido crecimiento, VMware fue adquirida por EMC por 635 millones de dólares. Desde entonces VMware se ha ido haciendo cada vez más fuerte, y en 2012 podía afirmar que el 97 por ciento de las empresas incluidas en la lista Global 500 de *Fortune* utilizaban sus productos para la virtualización y la infraestructura de la nube.

Es fácil pensar a la vista del crecimiento posterior de VMware que su éxito era inevitable, y resulta tentador pensar también que le fue bien porque sus fundadores eran gente brillante y hasta puede que un poco loca. Esta clase de afirmaciones ofrecen una historia satisfactoria, pero en realidad no reflejan lo que ocurrió en VMware. La verdad es más sencilla, aunque no menos impresionante. Para empezar, los fundadores de VMware fueron rápidos en identificar un problema que era lo bastante difícil para desanimar prácticamente a los mejores científicos informáticos, y que sin embargo no era imposible de resolver. También escogieron uno que tenía potencial para ser un éxito comercial, aunque el tamaño del mercado no estuviera claro. Pero ni mucho menos eran unos imprudentes ni estaban imbuidos de una fe ciega. No perdieron de vista aquello que podían controlar: resolver un problema técnico mientras arriesgaban lo menos posible desde el punto de vista de la inversión. Si no hubieran sido capaces de resolver el problema técnico —una posibilidad muy evidente—, habrían cerrado sus puertas y pasado a engrosar la nutrida lista de las pequeñas empresas que fracasan, aunque en realidad no habría sido un fracaso en absoluto. Habrían arriesgado sólo lo que se podían permitir. La apuesta que hicieron tenía un gran lado positivo, pero se aseguraron de que el lado negativo siguiera siendo pequeño. Fueron listos y afortunados, pero sobre todo fueron prudentes.

GESTIONAR LOS RIESGOS Y BUSCAR LAS RECOMPENSAS

El enfoque adoptado por VMware es bastante habitual entre las nuevas empresas. Fundar un compañía no es una decisión puntual. Los emprendedores no hacen sin más una apuesta y confían en poder desafiar los pronósticos adversos. Su trabajo consiste en gestionar el riesgo, lo que significa controlar lo que puedan y encontrar las maneras de obtener beneficios mientras se guardan de las pérdidas.

Para saber más sobre las decisiones cruciales a las que se enfrentan los empresarios, me reuní con Brad Mattson, un veterano de Silicon Valley con veinticinco años en el sector de los semiconductores, además de experto en capital de riesgo. En la actualidad es director general de Solexant, una fábrica que produce módulos fotovoltaicos de capa fina y que utiliza tecnología de nanopartículas para rebajar el coste de los paneles solares. Aparte de dirigir su empresa, una de las principales aficiones de Mattson es la de ayudar a una nueva generación de emprendedores. Nos reunimos en las oficinas que Solexant tienen en Santa Clara, en uno de los muchos acogedores edificios bajos que se extienden por el corredor de la carretera 101 que discurre desde San José a Redwood City. Los nombres de las puertas aparecen y desaparecen, de la misma manera que surgen las nuevas empresas y muchas fracasan, pero en general el ecosistema permanece vibrante y saludable.

Brad Mattson me explicó que fundar una nueva empresa requiere un análisis nítido y la capacidad de controlar el riesgo. «Lo que le digo a los emprendedores es: "Tu trabajo consiste en gestionar el riesgo. Si eres capaz de reducir o eliminar el riesgo fundamental, puedes tener éxito".» Las empresas nuevas se enfrentan a tres clases de riesgos: el mercado, la tecnología y el económico. «El único que pretendo evitar es el riesgo del mercado. Uno no puede controlar los mercados, no puedes obligar a los clientes a cambiar. Si tu solución depende de que los clientes cambien lo que están haciendo, tan sólo estás añadiendo un riesgo», comentó Mattson.[21] No parece muy lógico perseguir un mercado especulativo donde ya no existe la demanda. Fuera del control del empresario también están los actos de los competidores y la política gubernamental.

Los riesgos técnicos son harina de otro costal. La tecnología no sólo es algo en lo que podemos influir, sino que las mejoras en este campo probablemente sean esenciales para el éxito de la nueva empresa. Sólo con una tecnología superior hay posibilidades de prevalecer, y para eso sería esencial asumir grandes riesgos. En palabras de Mattson: «No puedes esperar que el mercado adopte tu producto si es un 5 por ciento mejor; tiene que serlo un 20 por ciento». En un mercado atestado de nueva tecnología —ya sean semiconductores, ya paneles solares—, sólo aquellos que ponen sus miras en un rendimiento muy alto estarán en posición de triunfar. Esto es en buena medida lo que vimos antes: cuando el rendimiento es relativo y las recompensas son sumamente desiguales, para conseguir un rendimiento relativo alto es necesario disponer de una ventaja absoluta.

La clave del éxito consiste en establecer unos objetivos técnicos agresivos, y luego ir tras ellos con confianza. El mayor peligro no estriba en preocuparse por una ilusión de control excesivo, sino lo contrario, en poner las miras demasiado abajo. Mattson me contó la historia de una empresa que acertó al crear el producto que se disponía a fabricar, pero que fracasó como negocio porque el producto no era lo bastante ambicioso. La empresa había alcanzado su objetivo (absoluto), pero al final se hundió porque se quedó corta en términos relativos. La moraleja: «No mueras de éxito».

Como es natural, no tiene sentido intentar lo que a todas luces es imposible. «No intentes inventar el *imposiblum*», fue el consejo de Brad Matton. «Puede ser desmoralizante averiguar que no se puede hacer algo. —Sin embargo, añadió—: Todavía no me ha decepcionado ningún equipo técnico por ser creativo e inventar cosas asombrosas..

En cuanto al papel del líder en una nueva empresa, con tantas incertidumbres es importante identificar los aspectos esenciales del éxito y proporcionar una hoja de ruta para alcanzarlo, y a partir de ahí transmitirlo con confianza. Los objetivos generales tienen que ser descompuestos en objetivos más pequeños, cada uno de los cuales sea viable. Según Matton, la labor del líder consiste en decir: «Hay de seis a ocho elementos esenciales. Si hacemos estas cosas, ganamos. Si creéis que podemos conseguir esos elementos, entonces podéis creer en el conjunto». De una manera que me recordó mucho a Gene Kranz, Mattson me comentó que los empleados no paran de observar al jefe: «Están interpretando tu confianza en lo que es alcanzable. Tienes que tener credibilidad».

La tercera clase de riesgo es el económico. Reunir el dinero es sólo una parte del problema; gastarlo con prudencia tiene exactamente la misma importancia. En sus nuevas empresas, Mattson siempre intentó asegurarse múltiples fuentes de financiación para evitar depender sólo de una. Buscó fondos de inversores de capital riesgo, de grandes empresas que pudieran desear apostar por la tecnología y en ocasiones de inversores extranjeros. Igual de esencial era gastar el dinero en el momento adecuado. A veces, los empresarios lo gastan en el momento equivocado, o demasiado pronto o demasiado tarde. «No gastes mucho dinero en la primera fase —aconsejó Mattson— porque no te sirve de nada. Tienes que conocer los elementos principales de la tecnología. Ésos no suelen requerir mucho dinero. No necesitas tener a 200 personas ni unas instalaciones grandes. Cuando estamos creando tecnología, lo que necesitamos es un número reducido de personas.» Durante la primera fase es esencial centrarse en los problemas técnicos mientras procuras que no aumenten los costes, de forma muy similar a como lo hicieron en VMware. Sí, algunas empresas no podrán crear la nueva tecnología y acabarán cerrando, pero si han controlado los costes, las pérdidas, de haberlas, serán pequeñas. Los ingenieros se irán a otras empresas en ciernes y con frecuencia la experiencia será mejor.

Si los problemas técnicos se pueden resolver y hay un producto viable, la empresa entra en una nueva fase. Ahora el peligro estriba en «no» gastar dinero. Muchas compañías pasan por alto el punto de transición, me explicó Mattson. O han gastado demasiado deprisa en la fase inicial y se han quedado sin el dinero que necesitarán más tarde, o, por el contrario, son demasiado lentas en empezar a gastar y no consiguen consolidar su presencia en el mercado. Gestionar una empresa nueva no es como decidir participar en un juego donde los costes son fijos y las recompensas están claramente definidas; aquí se trata de influir en los resultados para lograr el éxito.

Incluso después de que una nueva empresa haya despegado sin problemas, el éxito no está asegurado. Los problemas a los que se enfrenta un nuevo negocio —controlar lo que podemos controlar, reaccionar a lo que no podemos controlar y, mientras, no perder de vista a la competencia— suelen continuar durante años. Muchas empresas alteran sus productos y adaptan sus modelos empresariales de una manera que hubiera sido inimaginable al comienzo.

En *Founders at Work*, Jessica Livingston informa de que muchos empresarios, lejos de mostrarse bravucones o de hacer gala de una fe ciega, no estaban nada seguros de que su idea fuera a tener la menor posibilidad de éxito, y desde luego no imaginaban que fuera a ser un bombazo. ¿Es eso una prueba de exceso de confianza? En absoluto. Por el contrario, lo que caracterizaba a las empresas nuevas que acababan triunfando era la disposición a perseverar, improvisar y adaptarse. Como Livingston explica, más que tener una confianza sobrehumana, muchos se limitaban a insistir y a seguir arreglando lo que se hubiera estropeado. Gestionar una nueva empresa suele requerir de la disposición a experimentar, probar y ver lo que funciona. La perseverancia era esencial, dice la escritora, «no sólo porque ésta requiere un cierto nivel de flexibilidad mental para entender lo que quieren los usuarios, sino porque el plan es muy probable que cambie. La gente cree que las empresas nuevas nacen de alguna idea inicial brillante como una planta de una semilla».[22] Esa opinión, que a tantos seduce, es equivocada.

De hecho, algunas de las empresas tecnológicas más famosas empezaron con unos productos totalmente distintos en la cabeza. PayPal comenzó elaborando software de encriptación y sólo más tarde le encontró aplicación para los pagos en la red. Excite empezó como una empresa de búsqueda de bases de datos, y Flickr como un juego en línea.[23] Este mismo ha sido el caso de muchas empresas tradicionales. Así que no es exacto decir que las tentativas iniciales fracasaron; antes bien, lo acertado es decir que aquellas tentativas abrieron las puertas que dieron paso a direcciones inesperadas. Las nuevas empresas con éxito son menos frecuentes que las que perseveran en seguir una visión establecida o ejecutar un plan empresarial preciso. Y la razón de sus buenos resultados es que son capaces de adaptarse y aprender de las respuestas para encontrar nuevas oportunidades.

OTRO VISTAZO A LAS PRUEBAS DE LABORATORIO

Hasta el momento, hemos puesto en tela de juicio la opinión común de que el fracaso de las nuevas empresas se debe a errores habituales de decisión. No sólo deberíamos cuestionarnos la premisa de que la mayoría de las nuevas empresas fracasan, sino que tendríamos que asumir que muchos empresarios son más adaptables, y menos prejuiciosos, de lo que a menudo nos imaginamos.

Entonces, ¿qué hay de las pruebas de laboratorio mencionadas anteriormente que encontraron una relación entre los prejuicios cognitivos y el exceso de participantes?

Aquel estudio fue elaborado cuidadosamente para aislar un puñado de variables, pero en el camino impuso numerosas limitaciones cruciales. En él se informaba a todos los participantes de una distribución de la recompensa que era fija e inamovible. Tampoco había manera de cambiar la recompensa total ni la forma en que sería distribuida. Había un criterio de valoración explícito. El número de competidores era visible para todos y, por último, la cuota de entrada era fija e inalterable.

Gestionar una nueva empresa es, claro está, algo completamente diferente. Para empezar, no hay una cantidad fija de beneficios que distribuir ni un punto límite en el que sean repartidos. De hecho, los beneficios no se distribuyen, sino que se crean, y cuanto mejor lo hagamos, más valor podemos generar. Aquel experimento tampoco permitía a los participantes influir en uno de los factores más esenciales: los costes. Tenían que pagar una cuota de entrada fija, sin que hubiera manera de rebajar o demorar ese coste. El resultado es un experimento elegantemente diseñado con unos hallazgos estadísticos importantes, pero que no proporcionan una explicación válida del fenómeno objeto de interés, a saber, la decisión de un emprendedor de fundar una empresa.

Y todavía hay más. En el experimento citado previamente, el alto rendimiento dependía de hacerlo bien en un concurso de preguntas sobre cultura general o deportes. Esto es importante porque, como vimos en el capítulo cinco, la gente tiende a situarse en un lugar por encima de la media cuando se trata de tareas fáciles (como conducir), pero se coloca por debajo de la media cuando se trata de tareas difíciles (como pintar). Un concurso de preguntas probablemente parezca sencillo y lleve a mucha gente a pensar que superará a los rivales, así que no es de extrañar que tiendan a entrar en un número excesivo.

¿Qué sucedería si el concurso se presumiera muy difícil? ¿Seguiríamos observando un exceso de participantes? Para responder a esta pregunta, un trío de investigadores —Don Moore, John Oesch y Charlene Zietsma— realizaron un experimento similar, aunque con una diferencia esencial: algunos sectores industriales fueron descritos como relativamente fáciles, en los que muchas empresas podrían triunfar, mientras de otros se dijo que eran muy difíciles y con escasas probabilidades de éxito. ¿Los hallazgos del trío? En los sectores «fáciles» hubo pruebas de un exceso de participantes, porque las personas imaginaron que les iría muy bien y entraron en gran cantidad. En los sectores industriales «difíciles» pasó lo contrario: la gente imaginaba que sería «improbable» tener éxito, y fueron pocos los que decidieron jugar. Moore y sus colegas comentaron lo siguiente: «Contrariamente a las conclusiones de algunos investigadores de la actividad empresarial, nuestros hallazgos implican que los empresarios no están aquejados de un exceso de confianza universal [...]. Las decisiones de participación son consecuencia de una búsqueda de investigación que depende profundamente de la información más fácilmente accesible: la información sobre las aptitudes de uno y de su empresa. Esta tendencia puede conducir a un exceso de participación en algunos mercados, y a una insuficiencia en otros.»[24]

Cuando pensamos en el fracaso de las nuevas empresas, los ejemplos de los que nos acordamos están en sectores industriales a los que es fácil acceder, como el de la restauración, las tiendas minoristas y los salones de belleza. Los costes de inversión son bajos y casi no hay necesidad de propiedad intelectual. Muchas personas creen que tienen aptitudes para triunfar y no perciben que las demás tienen las mismas probabilidades que ellas. Deberíamos esperar encontrar un exceso de participación en esos sectores industriales, y eso hacemos.

En otros sectores industriales, el éxito se antoja más difícil. La innovación es impredecible, los costes de inversión altos y las preferencias de los clientes cambian rápidamente. En estos sectores es posible que la gente exagere las dificultades que espera encontrarse y sea reacia a intentar meterse en un nuevo negocio. Lejos de un exceso de participación, el mayor problema puede ser que haya una participación «insuficiente». Una vez más, resulta esencial un plan experimental equilibrado: los experimentos desequilibrados conducen a conclusiones cuestionables.

REFLEXIONES SOBRE LAS EMPRESAS NUEVAS

Fundar una empresa no suele acaparar titulares en la misma medida que lo hará una adquisición de miles de millones de dólares y, sin embargo, si sumamos las cifras de todas las personas involucradas en la creación de nuevas empresas, la actividad económica que acarrea es inmensa. Es fundamental comprender la toma de decisiones de las personas para fundar y expandir las empresas. Por desgracia, tal proceso suele ser mal comprendido. Es fácil ver el «pretendido» elevado porcentaje de fracaso de las nuevas empresas, relacionar esto con las pruebas (a menudo exageradas) de los sesgos y sugerir que lo uno queda explicado por lo otro. Incluso podemos construir simulaciones de laboratorio para aportar pruebas suplementarias.

Dirigir una empresa nueva no es una decisión puntual para participar en un juego donde los costes y las recompensas son conocidos. No tiene nada que ver con comprar un décimo de lotería, actividad en la que todas las probabilidades están en contra de uno, y además no puedes influir en los resultados.

Cuando se trata de lanzar unos dados o de escoger un décimo de lotería, es posible que las personas experimenten un espejismo de control, pero como vimos con VMware, fundar y dirigir un negocio es un asunto completamente distinto. Los directivos pueden influir e influyen en los resultados, y no sólo una vez, sino de forma reiterada. En consecuencia, corrigen y modifican y a veces hasta cambian de dirección por completo, porque buscan el lado positivo al mismo tiempo que limitan sus pérdidas.[25] Como observa Saras Sarasvathy, de la Universidad de Virginia: «Los empresarios pueden moldear, dar forma, transformar y reconstituir las realidades actuales, incluidos sus propios recursos limitados, convirtiéndolas en nuevas oportunidades».[26] Estos términos —moldear, dar forma, transformar y reconstituir— hablan todos de la capacidad de controlar. Lejos de padecer una ilusión de control excesivo, puede que no consigamos darnos cuenta del control que tenemos e infravaloremos nuestra capacidad para dar forma y transformar.

Fundar una nueva empresa conlleva muchos de los mismos elementos que hemos visto en otras decisiones acertadas: la capacidad de distinguir entre lo que podemos controlar y lo que no; el darse cuenta del rendimiento relativo y la necesidad de hacerlo mejor que los rivales; la dimensión temporal, en la que las decisiones no siempre producen una respuesta inmediata; y la conciencia de que las decisiones se toman en un contexto social, en el que a veces los líderes tienen que estimular a los demás para ir más allá de lo que puede parecer posible. Todos juntos, esos elementos ayudan a las nuevas empresas a empezar con acierto.

12

La materia de la que están hechas las decisiones acertadas

«Venera tu capacidad de juicio. Todo radica en esto para que te asegures de que tu mente rectora ya no abriga ningún juicio que no esté de acuerdo con la naturaleza o constitución de un ser racional. Y este estado garantiza el pensamiento consciente, la afinidad con los demás hombres y la obediencia a los dioses.»

Marco Aurelio, *Meditaciones*, Libro 3.9

Este libro empezó con la historia de Bill Flemming y su equipo en Skanska USA Building decidiendo cuánto ofertar por el Centro de Datos de Utah. Si acertaban, las perspectivas eran esplendorosas; pero si se equivocaban, el resultado podría ser muy oneroso.

La noche del 12 de agosto de 2010, después de intensas deliberaciones, Flemming se decidió por una oferta de 1.210.700.000 millones de dólares, sólo 1,3 millones menos que el límite del gobierno de 1.212 millones de dólares. «Nos costó un gran esfuerzo llegar a esa cifra —recordaría Flemming—, pero lo conseguimos. Estábamos satisfechos.»

Seis semanas más tarde, el 25 de septiembre, el Cuerpo de Ingenieros del Ejército anunció su decisión: el contrato del UDC sería concedido a una empresa conjunta de tres socios, DPR Construction, Balfour Beatty y Big D Construction. Su oferta ganadora de 1.199 millones de dólares era unos 12 millones de dólares inferior a la de Skanska; una diferencia de sólo un 1 por ciento, pero suficiente para hacerse con el contrato.[1]

En Skanska USA Building la noticia fue recibida con una profunda decepción. Meses de trabajo para nada. Los ejecutivos de Skanska se preguntaban qué otra cosa podrían haber hecho. ¿Podrían —deberían— haber bajado su oferta aún más? ¿Habían perdido el coraje? ¿O simplemente habían sido derrotados por un rival con unos costes inferiores y un diseño más eficiente? En tal caso, tal vez hubiera sido inteligente no haber bajado más. Era difícil saberlo con exactitud.

Tras meditarlo un poco, Flemming dijo que no se arrepentía de nada: «No creo que se nos pasara algo por alto ni que hubiéramos podido tener más probabilidades. Me pareció que asumíamos todo el riesgo que podíamos asumir. Tal vez hubiéramos podido encontrar otros 5 o 6 millones, pero nunca los suficientes para igualar aquella oferta. Así que les dije a mis chicos: "Si hubiera tenido que encontrar otros 12 millones, no creo que pudiera haber llegado a tanto". Hicimos un esfuerzo para llegar a la cantidad que ofertamos. Hicimos un gran trabajo, pero ellos estaban 12 millones de dólares por debajo». Al menos hubo un aspecto positivo: incluso sin el contrato de Utah, Skanska USA Building publicó unos resultados excelentes para 2010, y 2011 también prometía ser un gran año.

Naturalmente, para comprender bien cualquier concurso deberíamos tener presente más de uno de los lados de la historia. La oferta de Skanska USA Building era lo bastante buena en términos absolutos —cumplía con los objetivos oficiales—, pero se quedó corta en términos relativos. Para saber algo más, me puse en contacto con uno de los ganadores, DPR. ¿Cómo habían enfocado la misma decisión? ¿Habían ganado porque sus costes eran realmente menores que los de Skanska o simplemente habían estado dispuestos a asumir un riesgo mayor?

Algunos meses después, fui a visitar las oficinas de DPR en Redwood City, California. DPR es una empresa constructora de gran prestigio, con multitud de colegios, hospitales y sedes empresariales que la avalan. También es una de las principales constructoras técnicas del país, que ha construido numerosos centros de datos, incluido los inmensos complejos de Facebook en Oregón y Carolina del Norte. Al año siguiente, Facebook escogió a DPR para que construyera su primer centro de datos europeo en Suecia.[2]

A la sazón, hablé con dos ejecutivos que habían estado estrechamente relacionados en la subasta del Centro de Datos de Utah: David Ibarra, responsable de proyectos críticos de la misión, y Gavin Keith, que supervisó la puja. Ibarra y Keith me describieron un proceso en muchos aspectos similar a lo que había oído en Skanska. Cuando la NSA anunció la construcción del UDC en el verano de 2009, se despertó el entusiasmo en DPR. Tenían la experiencia y las aptitudes para hacer una buena oferta. Así pues, fueron una de las doce empresas que se presentaron a la convocatoria de lista corta en febrero, y una de las cinco invitadas a licitar. A partir de ahí, crearon un equipo competente para que preparase una propuesta ganadora. Su primera oferta, realizada en junio de 2010, rondaba los 14.000 millones de dólares.

Cuando DPR recibió el nuevo objetivo de la NSA de 1.212 millones de dólares, el equipo dedicó largas horas a alcanzar ese límite, trabajando con sus subcontratistas para reducir los costes y repasando el diseño hasta la exasperación a fin de buscar las maneras de simplificarlo, siempre que fuera posible y sin dejar por ello de satisfacer los requisitos técnicos. Al igual que Skanska, DPR redujo los riesgos imprevistos y buscó maneras de recortar sus gastos de administración. Fue un proceso muy arduo. A finales de julio, la empresa había realizado un importante avance, aunque todavía tenía que ir más allá. Gavin Keith me dijo: «Habíamos presionado y engatusado a nuestros subcontratistas, y habíamos ajustado nuestros márgenes al máximo. Y seguíamos por encima de aquella cifra».[3]

A primeros de agosto la oferta de DPR ascendía a 1.223 millones de dólares, ya muy cerca, aunque todavía 11 millones por encima del objetivo. En ese momento, DPR también empezó a considerar las probables ofertas de sus rivales. Reducir la suya apenas por debajo del límite no sería suficiente; querían asegurarse de que fuese inferior a la de los demás. «Queríamos estar en 1.198 millones,* lo que no era científico, sino estratégico. Necesitábamos un poco de margen hasta los 1.212», recordaba Keith. El deseo de llegar a los 1.198 millones fue, según él, «una corazonada basada en la experiencia». Era importante anticiparse a los movimientos de la competencia y no perder en la línea de meta.

Reducir la oferta hasta los 1.198 millones exigiría otros 23 millones de dólares de ahorro, 10 millones para cumplir con el objetivo y otros 13 para proporcionarse un colchón. De dónde provendrían tales ahorros no estaba muy claro, aunque las posibilidades eran numerosas. Gavin Keith describió un proceso metódico: «Hicimos una lista de diez o doce cosas que podrían suceder y las escribimos en unas pizarras blancas. E hicimos cálculos: podríamos comprar mejor, o quizá mejorar el diseño, etcétera. Y si

---

* La oferta de DPR fue de 1.198.950.000 dólares. En la página 296 la redondeé a 1.199 millones de dólares, aunque en nuestras entrevistas DPR la cifraba en 1.198 millones.

nos encontráramos con alguno de los problemas listados, recuperaríamos nuestro margen... No es una ciencia exacta. Sabíamos que no conseguiríamos reducir 30 millones. Incluso 23 [millones] nos ponían en una posición incómoda. Pero fuimos hasta el límite, no como unos imprudentes, pero uno tiene que ir más allá del nivel en que se encuentra cómodo».

A lo largo del proyecto, el equipo de la empresa conjunta —DPR, Balfour Beatty y Big D, trabajando estrechamente con sus subcontratistas— invirtió muchísimo tiempo en la realización de cuidadosos análisis objetivos. Las jornadas de veinticuatro horas fueron algo habitual en la recta final. Al final, satisfechos con cierta combinación de elementos que los conduciría a un ahorro de 23 millones más, enviaron una oferta por 1.198.950.000 dólares. Ni siquiera entonces se sintieron mínimamente seguros de que ganarían. «Éramos un manojo de nervios —recuerda Ibarra—. Nos parecía que habíamos cumplido con todo y no nos habíamos olvidado de nada. Aun así, nos invadía el nerviosismo, no sabíamos si se nos habría pasado algo por alto.»

En septiembre, cuando DPR se enteró de que había ganado, la primera reacción fue la euforia, aunque ésta no tardó en dejar paso a la serena conciencia de la inmensa tarea que les aguardaba. DPR pasó rápidamente a la siguiente fase, y en enero de 2011 comenzaron las obras en Camp Williams. A lo largo de los dos años siguientes las obras avanzaron según lo previsto, aunque no sin problemas. En 2013 el proyecto iba bien encaminado y cumplía los plazos para su terminación.

¿Cómo ganó la puja la empresa conjunta de DPR? ¿Qué le permitió rebajar 12 millones más que Skanska USA Building? Una explicación es que la experiencia de DPR con los centros de datos le confería una base de costes ligeramente mejor. Además, la satisfactoria experiencia de Balfour Beatty con los proyectos del Cuerpo de Ingenieros del Ejército resultó esencial a la hora de abordar las exigencias oficiales, y Big D, la constructora de Salt Lake City, aportó unos valiosos conocimientos sobre el mercado laboral local. Juntas, estas ventajas confirieron una superioridad fundamental y les permitió entrar en agosto con la necesidad de ahorrar sólo 10 millones de dólares más para cumplir con el objetivo, en comparación con los 48 millones de Skanska. Esa diferencia de 38 millones finalmente determinaría el resultado.

Ésta es una opinión, pero que no es compartida por todos. Otra posibilidad es que DPR y sus socios pusieran algo más de carne en el asador para ganar, mostrándose dispuestos a asumir más riesgos que la gente de Skanska. Si acabarán obteniendo beneficios del UDC o se quedarán cortos sigue siendo una incógnita y acentúa las incertidumbres inherentes a una gran licitación pública, en la que las capacidades pueden mejorar, y los proyectos tardar años en desarrollarse. Las explicaciones definitivas no son esquivas; siempre permanece un elemento de incertidumbre.

Para nuestro objetivo, sin embargo, más importante que las diferencias serían las similitudes en la manera en que los directivos de Skanska USA Building y DPR enfocaron una decisión de tan alto riesgo. Al describir el proceso, Bill Flemming había comentado: «En esto no hay ninguna ciencia. Es todo intuición». Gavin Keith utilizó un término casi idéntico, al observar que la licitación no fue una «ciencia exacta», sino «una corazonada basada en la experiencia». Estaban en lo cierto, siempre que por ciencia nos refiramos a una manera precisa de calcular las cantidades correcta. Ninguna fórmula, por más cuidadosamente elaborada que estuviera, podría dar una respuesta que condujera al éxito en todas las ocasiones. Ésa no es la naturaleza de este tipo de decisiones.

Sin embargo, tampoco hicieron ninguna suposición brillante, en la que tanto hubiera dado una cifra como otra. En Skanska buena parte del tiempo y el esfuerzo se dedicó a realizar un cuidadoso análisis objetivo. Hay muchos motivos para admirar la manera en que Flemming y su equipo enfocaron su labor, tratando de separar lo que podían controlar de lo que no, y no dejándose llevar por la visión interior optimista, sino considerando explícitamente la visión exterior. Flemming había aprendido que para un gran proyecto un 3 por ciento más de reducción en los costes era una postura realista, pero que confiar en conseguir más abría la puerta a la incerteza. Al mismo tiempo, sabía que el éxito es para aquellos que están dispuestos a correr un riesgo, y se preparó para hacer una oferta que sobrepasaba lo que en ese momento estaba justificado. La oferta definitiva estaba en el límite exterior de lo que razonablemente se podía esperar, pero no más allá. Flemming también era profundamente consciente de su papel como líder; sabía cómo repercutiría su decisión en él y su empresa, y deseaba que se le viese como una persona agresiva, pero no insensata, que exhibía un optimismo saludable y no un optimismo estúpido. Por último, reflexionó sobre las consecuencias relativas de los errores de Tipo I y de Tipo II. Teniendo en cuenta los resultados de Skanska USA Building en ese momento, ganar el contrato era deseable, aunque no esencial. Era mejor realizar un gran esfuerzo y quedarse corto, que asumir un riesgo descomunal y perder dinero. Ésa fue la razón de que, aunque Skanska USA Building no se impusiera, no hubiera motivos para lamentarse. Flemming había llegado hasta donde era razonable, pero él conocía sus límites.

En DPR, David Ibarra y Gavin Keith también dirigieron un análisis exhaustivo que duró meses. Se esforzaron sobremanera en reducir los costes al tiempo que se satisfacían todas las exigencias técnicas; se fijaron en experiencias pasadas para proyectar reducciones de costes en el futuro. Tuvieron en cuenta de forma explícita las probables ofertas de los rivales y calcularon (correctamente, como se pudo comprobar) lo que sería necesario para ganar. Hicieron lo posible para realizar un análisis desapasionado, pero también se dieron cuenta de que necesitaban ir más allá de lo que sería cómodo. DPR mostró asimismo una combinación de análisis y acción, de cálculo y valentía, de cerebro izquierdo y lo que hay que tener.

MÁS ALLÁ DE LO RACIONAL Y LO IRRACIONAL

En cierto aspecto, la historia del Centro de Datos de Utah es un relato de suspense en el que varias empresas compiten hasta el último momento en una calurosa noche de agosto. Por otra parte, aporta ideas clarificadoras sobre la manera de los directivos de abordar las decisiones complejas.

Desde la época de Adam Smith, la teoría económica ha descansado en la piedra angular de la fe en el comportamiento racional. Se daba por sentado que los seres humanos tomaban decisiones coherentes teniendo en cuenta sus intereses. En el lenguaje económico, los consumidores optimizaban su utilidad, los productores maximizaban sus beneficios y la mano invisible del libre mercado trabajaba sin esfuerzo para asignar los recursos de la mejor manera.

En las décadas de 1970 y 1980, una serie de experimentos innovadores, muchos ingeniosos por su sencillez, revelaron que las personas suelen hacer juicios y elecciones que refutan los postulados de la racionalidad. Fueron unos hallazgos trascendentales que sacudieron los cimientos de la teoría económica. Sin embargo, pasarse al otro extremo y concluir que las personas son en cierta manera irracionales tampoco es del todo cierto. Como observó Daniel Kahneman: «“Irracional” es una palabra muy fuerte que connota impulsividad, emotividad y una resistencia obstinada al argumento sensato. A menudo escondo la cabeza cuando a mi trabajo con Amos (Tvresky) se le atribuye la demostración de que las elecciones humanas son irracionales, cuando de hecho nuestras investigaciones sólo demuestran que los humanos no están bien descritos por el modelo del agente racional».[4]

Hace algunos años, asistí a una conferencia de otro premio Nobel de Economía, George Stigler. Fue en 1987, en la época de la *perestroika* y el *glasnost*, cuando Mijaíl Gorbachov estaba conduciendo a la Unión Soviética en una nueva dirección. Durante los turnos de preguntas y respuestas, uno de los asistentes le preguntó a Stigler si creía que los soviéticos eran racionales. Stigler se limitó a hacer un gesto de desdén. «Por supuesto —dijo—. Si quieren ir al norte, ¿sacan una brújula y se van al sur?» Para Stigler no era un asunto que tuviera un gran interés. Puedes no estar de acuerdo con sus motivos y desaprobar sus métodos, estaba insinuando, pero rechazar a los soviéticos por irracionales no tenía ninguna utilidad. Estoy de acuerdo. En lugar de utilizar términos binarios —racional o irracional—, deberíamos emplear la frase de Herbert Simon y reconocer que las personas tienen una «racionalidad limitada». Quizás intenten ser racionales, y gran parte del tiempo cumplirán con las exigencias de la racionalidad, pero sus aptitudes están limitadas. Es más exacto llegar a la conclusión de que la gente suele mostrar errores sistemáticos de juicio, o prejuicios, una palabra con menos connotaciones negativas.[5]

Ya hay una amplia y creciente lista de libros dedicados a describir muchos de los sesgos que afectan a nuestras decisiones. En ellos se nos dice que nuestras intuiciones nos engañan, que padecemos puntos ciegos, que somos predeciblemente irracionales, que no somos tan inteligentes, que deberíamos aprender el arte de pensar con claridad, etcétera. Es comprensible el atractivo de tales libros. Resulta fascinante leer sobre los errores comunes, y aleccionador reconocer que nosotros también mostramos esas mismas tendencias. Es útil que nos demos cuenta de cuándo estamos entrando en un campo de minas cognitivo, y es lógico buscar las maneras de reducir las probabilidades de error.

La contribución de las investigaciones sobre la toma de decisiones ha sido trascendental en muchos campos, pero como se ha indicado, en otros campos las personas no parecen prestar atención a dichas investigaciones. En concreto, los ejecutivos de las empresas no parecen haber aceptado la opinión de que ellos también adolecen de los prejuicios comunes. En un reciente artículo para *McKinsey Quarterly*, «The Case for Behavioral Strategy», el profesor de administración de empresas Dan Lovallo y el director de McKinsey Olivier Sibony hicieron hincapié en este mismo aspecto:

> Lo que una vez fue una economía del comportamiento herética es ahora la predominante. Los administradores monetarios emplean sus percepciones sobre los límites de la racionalidad para comprender la conducta inversora. Los legisladores utilizan los principios conductuales para impulsar la participación en los planes de jubilación. Ahora los comerciantes entienden la razón de que algunas promociones seduzcan a los consumidores y otras no [...]. Sin embargo, muy pocos estrategas empresariales toman decisiones importantes teniendo en cuenta conscientemente los sesgos cognitivos —tendencias sistemáticas a desviarse de los cálculos racionales— puestos de relevancia por la economía del comportamiento.[6]

Lovallo y Sibony instan, por tanto, a los directivos a realizar un esfuerzo coordinado para aplicar las lecciones de las investigaciones sobre la conducta, y sugieren que antes de tomar grandes decisiones, los estrategas empresariales deberían tener en cuenta una diversidad de sesgos y procurar evitarlos.

Sin embargo, y dado que las reiteradas advertencias no han tenido ningún efecto, tal vez podríamos preguntarnos si un intento más cambiará las cosas. Sospecho que la respuesta es negativa.[7]

Lo que falta es reconocer que las decisiones estratégicas son esencialmente distintas de la mayoría de las decisiones que toman muchos directivos, legisladores o comerciantes. Las decisiones estratégicas no implican la elección entre una serie fija de opciones que no se puede alterar, pero que nos permiten influir en los resultados. Primordialmente, no versan sobre el rendimiento absoluto, pero en general llevan aparejada una dimensión competitiva que exige que lo hagamos mejor que los rivales. Las decisiones estratégicas no se toman por individuos que actúan solos, sino por ejecutivos que actúan dentro de un contexto organizativo y que deben movilizar a los demás para alcanzar los objetivos. Junta estos aspectos, y no deberíamos sorprendernos de que los estrategas empresariales parezcan no hacer caso de las lecciones de las investigaciones sobre la toma de decisiones; tales lecciones no han sido adaptadas para aplicarse a las realidades a las que se enfrentan los que toman decisiones estratégicas.

A modo de ejemplo, piensa en uno de los libros más recientes sobre la toma de decisiones, *Decisive: How to Make Better Choices in Life and Work*, de Chip Heath y Dan Heath. Basándose en investigaciones que ya son famosas, los autores recomiendan un proceso de cuatro pasos para tomar mejores decisiones: investigar en busca de más alternativas; evitar la trampa de la confirmación cuando se evalúen las alternativas; eliminar los sentimientos y evitar el exceso de confianza.[8] Este planteamiento es fantástico para muchos tipos de decisiones, pero se queda corto a la hora de reflejar las cualidades esenciales de muchas decisiones complejas. De hecho, si destaca por algo es por todo lo que pasa por alto. Tiene poco sentido que los líderes de las organizaciones se enfrenten a una serie diferente de dinámicas que los individuos que actúan solos. No se habla mucho de la competencia y no se percibe la necesidad de asumir riesgos para superar a los rivales cuando las recompensas son muy desiguales. Puede que lo más grave sea la escasa atención que prestan a nuestra capacidad para influir en los resultados, en cuyo caso la confianza es necesaria para alcanzar el éxito. Pese a toda la atención que se ha prestado a la evitación de los sesgos comunes, se ha puesto mucho menos empeño en identificar las diferencias entre las decisiones y en cómo la lecciones que tienen sentido para algunas clases de decisiones son menos relevantes para otras o ni siquiera tienen que ver con ellas.

MEJORES PREGUNTAS PARA ACERTAR EN LAS DECISIONES

En el capítulo inicial, describía un episodio académico en el que el profesor pedía a unos ejecutivos que proporcionaran unos rangos de los que estuvieran seguros, a un 90 por ciento, contuvieran las cantidades correctas. Cuando las respuestas se hicieron públicas y se demostró (una vez más) que los rangos eran excesivamente estrechos, el profesor declaró: «¿Lo ven? ¡Tienen un exceso de confianza!» Y por extensión: «Deberían evitar el exceso de confianza para tomar mejores decisiones empresariales».

Ahora sabemos que esta conclusión es errónea, y lo es en más de un aspecto. En el mejor de los casos, el experimento aporta pruebas de un exceso de precisión, pero no demuestra nada sobre la sobrestimación ni el efecto mejor que la media, y apenas sirve de justificación para la afirmación de que las personas adolecen de un exceso de confianza. A mayor abundamiento, los juicios sobre las cosas en las que no podemos influir, hechos por individuos a los que no les preocupa el rendimiento relativo, están muy lejos de aquello a lo que suelen enfrentarse los ejecutivos: juicios sobre cosas en las que pueden influir y donde tienen que superar a los rivales, realizados en un marco claramente organizativo.

Implorar a un grupo de ejecutivos con una única demostración académica puede ser un buen teatro, pero nos aporta poco sobre la toma de decisiones en escenarios de la vida real. Si acaso, nos distrae de que alcancemos una comprensión más profunda de lo que es realmente necesario para acertar en las decisiones.

En el primer capítulo citaba a Richard Feynman en relación con la importancia de hacer preguntas. Su ejemplo sobre el milagro de Lourdes era una manera humorística de plantear una cuestión muy seria: que cualquier proposición, incluso la basada en la existencia de los poderes divinos, puede y debe ser investigada. La misma lógica es de aplicación a lo que nos ocupa.

Para tomar grandes decisiones, necesitamos sobre todo perfeccionar la capacidad de preguntar, de ir más allá de las observaciones principales y plantear incisivas preguntas secundarias. La toma de conciencia de los errores comunes y los prejuicios cognitivos es sólo el principio, y además de esto, deberíamos preguntar:

¿Estamos tomando una decisión sobre algo que no podemos controlar, o podemos influir en los resultados? Con frecuencia hemos estudiado la manera en que las personas hacen elecciones a partir de alternativas que no pueden alterar, y realizan juicios sobre cosas que no pueden cambiar. Ésta es una buena manera de aislar un único momento en el tiempo, como si fuera atrapado en una luz estroboscópica. Pero muchas decisiones —incluidas algunas de las más importantes— no son elecciones que se tomen en un único momento en el tiempo. Además, lejos de padecer una ilusión de control excesivo, a menudo pecamos de lo contrario: infravaloramos la cantidad de control que realmente tenemos. En

general, solemos estar mejor actuando como si pudiéramos efectuar un cambio que aceptando que no podemos.

¿Estamos buscando un rendimiento absoluto, o se trata de un rendimiento relativo? ¿Tenemos que hacerlo mejor que los rivales, que a su vez tratan de hacerlo mejor que nosotros? De ser esto último, ¿podemos determinar la manera en que se distribuyan las recompensas? ¿Son éstas muy desiguales o incluso se lo lleva todo el ganador? El nivel de riesgo que asumamos variará dependiendo de las respuestas a estas preguntas. Además, ¿tiene la competición un final claro o se trata de un final abierto? Considerando todo esto, ¿es mejor apuntar alto y buscar el punto de aspiración? ¿O es mejor jugar a lo seguro y apuntar al punto de supervivencia, de manera que podamos permanecer en el juego y procurar hacerlo mejor en el futuro?

¿Estamos tomando una decisión que se presta a una respuesta rápida, de manera que podamos realizar ajustes y mejorar en un siguiente intento? Si es así, la técnica de la práctica deliberada puede ser una manera útil de adquirir pericia. ¿O estamos tomando una decisión única, o una cuyos resultados tardarán más tiempo en ser conocidos? En tal caso, no se dispone de las ventajas que reporta la práctica deliberada, y puede que sea imprescindible asegurarse de que esta decisión sea buena, porque hay pocas oportunidades para hacer ajustes y mejorar en la siguiente ocasión.

¿Estamos tomando una decisión como individuos o como líderes en un marco social? Gran parte de lo que se ha estudiado analiza a los individuos, ya sean consumidores o inversores, ya votantes. Las decisiones de los líderes, por el contrario, imponen muchas complejidades adicionales, y las cuestiones relativas a la coherencia, la reputación y la equidad son importantes. Además, dado que a veces los líderes tienen que ayudar a los demás a conseguir más de lo que está objetivamente justificado, surgen una

serie de preguntas: ¿cómo deberíamos reconciliar el deseo de transparencia con la necesidad de estimular a los demás? ¿Cómo podemos equilibrar la autenticidad con la sinceridad? Por todo lo que sabemos sobre las decisiones tomadas por los individuos, cuando se trata de las decisiones tomadas por los líderes nos enfrentamos a complicaciones añadidas.

¿Somos claros con lo que queremos decir con exceso de confianza? Éste es un concepto que se suele utilizar sin la debida claridad. ¿Nos referimos a un nivel de confianza que parezca haber sido excesivo, teniendo en cuenta cómo resultaron las cosas? Éste es el uso más habitual, y las más de las veces se encuentra en nuestras conversaciones cotidianas y en la prensa, pero es problemático. Deducir el exceso de confianza basándose en los resultados es poco menos que una racionalización *ex post.* ¿O estamos hablando de un nivel de confianza que sea excesivo basándonos en algún criterio objetivo, medido aquí y ahora? Éste es un paso en la dirección correcta, y es la manera en que gran parte de las investigaciones sobre la toma de decisiones han utilizado el término, pero ¿nos referimos al exceso de precisión, a la sobrestimación o al efecto mejor que la media? Éstas son cosas muy diferentes, y las pruebas de la existencia de una no pueden tomarse como pruebas de la existencia de otra. Y como tercera alternativa, ¿nos estamos refiriendo al exceso de confianza en unas circunstancias competitivas dadas? Cuando el rendimiento es relativo y tenemos que hacerlo mejor que los rivales, puede que para triunfar sea necesario un alto grado de confianza. En la actualidad, se utiliza una única palabra para referirse a varias cosas completamente diferentes, y la mayoría de las personas ni siquiera lo sabe. Cualquiera que utilice la locución «exceso de confianza» tendría que indicar el término de comparación: ¿excesivo en relación con qué? De lo contrario, y en

palabras de George Orwell, corremos el riesgo de que el desaliño en el lenguaje nos conduzca a pensar estupideces.

¿Hemos pensado detenidamente en los ratios base, ya sea de la población en general en un momento determinado, ya sea en los ratios históricos de acontecimientos pretéritos? Sabemos que la gente suele pasar por alto la información relativa a la población en general y que no capta intuitivamente las probabilidades condicionales, así que es útil tener conciencia del error de la negación del ratio base. Sin embargo, igual de importante es la capacidad para hacer preguntas secundarias útiles. ¿De dónde provienen los ratios base? ¿Están realmente disponibles?, y de ser así, ¿lo están de una fuente fiable o tenemos que encontrarlos? Y a continuación: ¿son constantes a lo largo del tiempo o están sujetos a cambios? Y en este último caso, ¿qué es lo que ocasiona que cambien? ¿Podemos cambiarlos por medio de nuestro esfuerzo? Además, si buscamos ir más allá de lo que se ha hecho hasta entonces, ¿podemos descomponer un ratio base aparentemente desalentador en diversos elementos, cada uno de los cuales pueda ser manejable? Si es así, lo que puede parecer imposible a veces se puede romper en partes manejables. Adquirir conciencia de la tendencia a pasar por alto los ratios base es sólo un primer paso; reflexionar sobre ellos sin ambages y reconocer cómo podemos cambiarlos o derrotarlos también es fundamental.

En cuanto a los modelos de decisión, ¿somos conscientes de sus límites tanto como de sus puntos fuertes? Los modelos pueden ser muy útiles para superar los prejuicios comunes y analizar grandes cantidades de información, y cada vez son más eficaces y más ampliamente utilizados. Todo esto es para bien. Sin embargo, en nuestro deseo de aceptar los modelos, a veces hemos pasado por alto preguntas fundamentales: ¿estamos tratando de predecir las cosas que se escapan a nuestro control, o podemos forzar el curso de los acontecimientos? ¿Reconocemos la tercera categoría de influencia indirecta, en la que los hallazgos de nuestro modelo pueden cambiar indirectamente la conducta? Los modelos de decisión son una manera de ser inteligente, pero aún es más importante utilizarlos con prudencia.

Cuando el mejor modo de actuar sigue siendo incierto, ¿sentimos de qué lado deberíamos equivocarnos? ¿Es mejor cometer un error Tipo I y actuar, incluso si es posible que estemos equivocados? ¿O es mejor que no actuemos y corramos el riesgo de cometer un error de Tipo II? Hacia el final de *Risk Taking: A Managerial Perspective*, Zur Shapira aconseja: «Tal vez sea preferible tener directivos que imaginen (a veces erróneamente) que pueden controlar sus destinos, antes que padecer las consecuencias de que imaginen (a veces erróneamente) que no pueden».[9] Cuando reconocemos que normalmente la gestión combina la capacidad para influir en los resultados con la necesidad de superar a los rivales, comprendemos por qué esta afirmación es exacta. No sólo «podría» ser preferible equivocarse por actuar; como norma general, lo es. Como suele suceder en la vida, en la gestión, pero también en muchos otros escenarios, el mayor peligro estriba no en que padezcamos la ilusión de tener un control excesivo, sino en que no actuemos. El deseo de reducir los errores de una clase nos lleva a cometer otros que son potencialmente más graves.

En su semblanza del tantos años director técnico de los Saint Louis Cardinals, Tony LaRussa, Buzz Bissinger escribió que el director técnico de un equipo de béisbol requiere «la combinación de unas capacidades esenciales para desempeñar el oficio: en parte estratega, en parte psicólogo y en parte tahúr del Misisipí».[10] Es una buena descripción para muchas clases de responsables estratégicos. Como participante en un deporte competitivo, es misión del estratega prever la manera en que un movimiento dado lleva a un contraataque y planear la mejor respuesta. El psicólogo sabe cómo determinar los resultados estimulando a los demás, quizás estableciendo metas o dando ánimos o quizá criticando directamente. El tahúr del Misisipí sabe que los resultados no son sólo cuestión de fríos números y probabilidades, sino que es importante entender al adversario para así saber cuándo aumentar la apuesta, cuándo marcarse un farol y cuándo abandonar.

Las decisiones acertadas exigen una combinación de habilidades, además de la capacidad para cambiar de una a otra. Puede que primero necesitemos actuar como psicólogos, luego como estrategas y más tarde como tahúres de barco fluvial, y tal vez una vez más como psicólogos. En el mundo real, donde tenemos que reaccionar a las dificultades a medida que surgen, sólo una habilidad u otra es insuficiente; la versatilidad es fundamental.

Incluso así, el éxito nunca está asegurado, al menos no en los escenarios competitivos de los negocios, los deportes o la política. El rendimiento suele ser relativo, y las consecuencias del fracaso duras. Sin embargo, una mejor comprensión de la toma de decisiones y el reconocimiento del papel del análisis, además del de la acción, pueden aumentar las probabilidades de éxito. Y eso nos puede ayudar a ganar.

Agradecimientos

Les estoy muy agradecido a varios colegas que leyeron este manuscrito en sus diferentes etapas de desarrollo, y que me aportaron generosamente sus percepciones y comentarios. Mi más efusivo agradecimiento a Stuart Read, colega y amigo, por su incombustible aliento y sus muchas y agudas contribuciones. Mi agradecimiento también a Joe Distefano, Enid Thompson, Michael Mauboussin, Zur Shapira, Paul Strebel y Sunil Prabhune por sus lecturas y observaciones. Pam Friedman y Michael Raynor leyeron las primeras versiones del manuscrito y me hicieron valiosos comentarios.

Este libro ha pretendido llevar los hallazgos de los psicólogos cognitivos al mundo de la dirección de empresas y el liderazgo. Como tantos otros, tengo una gran deuda con Daniel Kahneman y Amos Tversky por su innovador trabajo en el campo del juicio y la elección. La primera vez que me encontré con el trabajo de ambos fue como doctorando de la Universidad de Pensilvania en 1986, y ha sido una fuente de inspiración desde entonces. Más recientemente, me he beneficiado enormemente de mis conversaciones con Don Moore, primero sobre el tema del exceso de confianza, y más tarde sobre otras cuestiones que van desde la ilusión del control a la participación en los nuevos mercados.

Varias personas compartieron sus experiencias personales conmigo. Agradezco especialmente a Bill Flemming, Richard Kennedy, Bob Luckey y Mike McNally, de Skanska USA Building, y a David Ibarra y Gavin Keith, de DPR, sus recuerdos sobre el proceso de subasta del Centro de Datos de Utah. Vaya también mi agradecimiento a Edouard Bugnion y Mendel Rosenblum por sus relatos de los inicios de VMware, y a Brad Mattson por sus perspicaces ideas sobre la gestión en el arranque de las nuevas empresas. Tuve la suerte de entrevistar a uno de los banqueros involucrados en la puja de Cingular y Vodafone por AT&T Wireless; él desea mantener el anonimato, pero quiero hacer constar aquí mi agradecimiento. Y gracias a Doug Glanville por sus opiniones sobre el rendimiento en el béisbol, y mi agradecimiento especial a Gene Kranz por responder a mis preguntas sobre el Apolo 13.

Mi hermana Suzanne Washburn contribuyó con sus comentarios al primer borrador, y en los meses siguientes no dejó de preguntarme por la marcha del libro. Mis sobrinos contribuyeron con sus conocimientos en campos en los que son expertos: David Washburn sobre ciclismo, el juego y las matemáticas de probabilidades, y Greg Washburn sobre la interpretación, las ventas y la psicología del alto rendimiento.

Durante los últimos seis años he tenido el privilegio de dirigir el Programa MBA para ejecutivos de IMD. Varios de mis alumnos se revelaron expertos en diversas materias técnicas: Frederik Smidth y Alexandre Grêt en perforación y extracción petrolífera; Mads Dalsgaard en los ratios base médicos, Stig Fjærli y Ragnvald Nærø sobre el rendimiento deportivo máximo y John-Erik Horn sobre la informática de la nube. Kalev Riljan y Greg Stark se tomaron un interés especial en este proyecto, y también recibí el apoyo de muchos otros. Son demasiado numerosos para mencionarlos individualmente, pero cada curso se merece mi reconocimiento. Mis más cordiales gracias a los cursos de 2009, 2010, 2011, 2012 y 2013 de IMD y mis mejores deseos de que todos y cada uno alcancen el éxito.

Numerosos colegas de IMD me prestaron una importante ayuda en diversos aspectos. Gracias a Michael Sorell y Paul Bassett por ejecutar las simulaciones Montecarlo descritas en los capítulos cuatro y diez; a William Milner por dirigir las investigaciones sobre el uso del exceso de confianza; a Sophie Pedgrift por reunir y tabular la información de las encuestas sobre la toma de decisiones; a Matt Simmons por sugerirme artículos relevantes, y a Patrick Saudan por imprimir copias de esta obra mientras se elaboraba. Mi agradecimiento también al personal del programa EMBA: Sophie Coughlan, Catherine Egli y Rahel Mesple.

Tengo una gran deuda de gratitud con mis colegas de claustro de IMD con intereses afines, en especial con Stuart Read, Arturo Bris, Didier Cossin, Albrecht Enders y Stefan Michel. Que este grupo incluya a personas de cinco nacionalidades —Estados Unidos, España, Francia, Alemania y Suiza, respectivamente— refleja lo que hace que IMD sea un sitio tan fantástico.

Mi agente, Max Brockman, fue de una gran ayuda en este proyecto e hizo lo indecible en su beneficio. En PublicAffairs hago extensivo mi agradecimiento más caluroso a John Mahaney por sus muchas ideas y comentarios valiosos, y a Melissa Raymond, Rachel King, Pauline Brown y Sharon Langworthy por la corrección y la producción. Daniel Crewe, de Profile Books, fue de una gran ayuda y también contribuyó con muchos comentarios de gran utilidad.

Y lo más importante, quiero darle las gracias a mi esposa, Laura, y a nuestros hijos, Tom y Caroline, cuyo apoyo y paciencia tanto he agradecido.

Otras lecturas

El mejor libro en un solo volumen sobre la teoría conductual de las decisiones es *Pensar rápido, pensar despacio*, de Daniel Kahneman, donde el autor no sólo proporciona un resumen completo de los hallazgos más importantes, incluido un repaso de los errores comunes y sesgos cognitivos, sino que también hace un relato de la evolución del campo, arrojando luz sobre la génesis de muchos de los más famosos experimentos dirigidos por él y Amos Tversky. Para unas lecturas breves y sucintas, recomiendo *Rational Choice in an Uncertain World*, de Reid Hastie y Robyn M. Dawes, y la obra de Keith Stanovich *Decision Making and Rationality in the Modern World.*

Las investigaciones sobre la toma de decisiones han hecho importantes contribuciones a varios campos y generado numerosos libros de éxito. Sobre la conducta del consumidor, véase *Predictably Irrational: The Hidden Force That Shape Our Decisions*, de Dan Ariely; sobre la gestión financiera, recomiendo las obras de Jason Zweig *Your Money & Your Brain*, y de Gary Belsky y Thomas Gilovich *Why Smart People Make Big Money Mistakes and How to Correct Them*. En relación con las políticas públicas, véase *Un pequeño empujón (nudge): el impulso que necesitas para tomar las mejores decisiones en salud, dinero y felicidad*, de Richard Thaler y Cass Sunstein. Todos ellos son excelentes, aunque es importante tener presente lo que trata y deja de tratar cada uno. Ariely presenta muchos minuciosos experimentos en los que los individuos realizan elecciones específicas de alternativas en las que no pueden influir, y normalmente en situaciones que eliminan cualquier consideración de competencia. Zweig y Belsky y Gilovich aplican las enseñanzas de las investigaciones sobre las decisiones a la gestión de las inversiones personales, lo que, una vez más, conlleva decisiones individuales sobre cosas en las que no se puede influir directamente —«Las acciones ignoran que las posees»— en situaciones de rendimiento absoluto. Tales planteamientos son válidos para muchas clases de decisiones, pero se ha de ser prudente a la hora de hacerlas extensivas a otras situaciones, especialmente a las decisiones empresariales.

Un enfoque opuesto es el adoptado por Gary Klein, que estudió las decisiones que se toman en la vida real por bomberos, soldados, pilotos, etcétera. A mí, particularmente, me gustan dos obras de Klein: *Sources of Power: How People Make Decisions* y *Streetlights and Shadows: Searching for the Keys to Adaptive Decision Making*. Klein empieza con las decisiones en las que la gente puede y debe condicionar los resultados, a menudo bajo presión y corriendo grandes riesgos, y por consiguiente aporta una visión opuesta de la toma de decisiones a aquella obtenida en experimentos de laboratorio perfectamente controlados. Por otro lado, rara vez está presente la dimensión competitiva; por citar sólo un ejemplo, los bomberos tratan de apagar las llamas y salvar vidas, no de competir con otros parques de bomberos. Además, el estudio de las decisiones en sus escenarios naturales no genera una gran cantidad de datos fiables, en el sentido de que las investigaciones de Gary Klein no están dirigidas a su publicación en revistas académicas en la misma medida que las investigaciones experimentales. Aun así, me parece que sus investigaciones sobre la toma de decisiones son sumamente valiosas y un importante complemento de los experimentos de laboratorio.

En cuanto a los modelos de decisión y la ciencia predictiva, el clásico moderno es *Expert Political Judgment: How Good Is It? How Can We Know?*, de Philip Tetlock. También sumamente recomendable es *The Signal and The Noise: Why So Many Predictions Fail, But Some Don't*, de Nate Silver, donde toca diversos campos, desde los deportes a la climatología, pasando por la política. Tanto una obra como la otra muestran cómo los modelos suelen superar a los humanos y, sin embargo, como explico en el capítulo nueve, generalmente se centran en las predicciones de cosas que no podemos controlar directamente. En cuanto podemos influir en los resultados, bien sea directamente, bien indirectamente, se presenta una serie distinta de problemas. Los modelos de decisión son sumamente valiosos para algunos tipos de decisiones, pero menos para otros.

En el extremo opuesto —no el de las predicciones, sino en el de hacer las cosas—, hay varios libros muy buenos. A este respecto, recomiendo *Aprenda optimismo*, de Martin Seligman, además de *Mindset: The New Psychology of Success*, de Carol Dweck, y *Willpower: Rediscovering the Greatest Human Strength*, de Roy F. Baumeister y John Tierney. Por último, un clásico que todo el mundo debería leer es *Influence: The Psychology of Persuasion*, de Robert Cialdini.

En cuanto al debate sobre probabilidad y riesgo, además de una historia del pensamiento sobre tales temas, véase *Against the Gods: The Remarkable Story of Risk*, de Peter Bernstein. También es muy recomendable *¿Existe la suerte? Engañados por el azar: el papel oculto de la suerte en la vida y en los negocios* y *El cisne negro: el impacto de lo altamente improbable*, de Nicholas Taleb. Tanto a Berstein como a Taleb, que vienen ambos del mundo de los mercados financieros, les preocupa sobre todo los acontecimientos que queremos predecir, pero en los que no podemos influir directamente.

Son muy pocos los libros que combinan el interés en la toma de decisiones con el reconocimiento de las realidades de la conducta empresarial. Ésta es la laguna que he intentado tratar en este libro. Dos que me gustan especialmente y cuyos puntos de vista puede que sean los más próximos al mío están escritos por sendos docentes universitarios: *Risk Taking: A Managerial Perspective*, de Zur Shapira, y *Good Strategy, Bad Strategy: The Difference and Why It Matters*, de Richard Rumelt. Por último, pero no por ello menos importante, está la obra individual que mejor refleja posiblemente la necesidad de determinar los resultados, la intensidad de la competencia y lo que todo eso significa para los líderes: *Sólo los paranoides sobreviven*, de Andy Grove. La tecnología ha seguido avanzando desde que Grove escribiera este libro de referencia, aunque los desafíos fundamentales a los que se enfrentan los directivos siguen siendo en buena medida los mismos.

LA LISTA COMPLETA POR EL ORDEN QUE HAN SIDO CITADOS

Kahneman, Daniel, *Pensar rápido, pensar despacio*, Debate, Madrid, 2012.

Hastie, Reid, y Robyn M. Dawes, *Rational Choice in an Uncertain World: The Psychology of Judgment and Decision Making*, 2.ª ed., Sage Publications, Thousand Oaks (California), 2010.

Stanovich, Keith E., *Decision Making and Rationality in the Modern World*, Oxford University Press, Nueva York, 2009.

Ariely, Dan, *Predictably Irrational: The Hidden Forces That Shape Our Decisions*, HarperCollins, Nueva York, 2008, versión corregida y aumentada, 2010.
Zweig, Jason, *Your Money and Your Brain: How the New Science of Neuroeconomics Can Help Make Your Rich*, Simon & Schuser, Nueva York, 2007.
Belsky, Gary, y Thomas Gilovich, *Why Smart People Make Big Money Mistakes and How to Correct Them: Lessons from the Life-Changing Science of Behavioral Economics*, Simon & Schuster, Nueva York, 2010.
Thaler, Richard H., y Cass Sunstein, *Un pequeño empujón (nudge): el impulso que necesitas para tomar las mejores decisiones en salud, dinero y felicidad*, Taurus, Madrid, 2009.
Klein, Gary, *Sources of Power: How People Make Decisions*, MIT Press, Cambridge (Massachusetts), 1998.
— *Streetlights and Shadows: Searching for the Keys to Adaptive Decision Making*, MIT Press, Cambridge (Massachusetts), 2009.
Tetlock, Philip E., *Expert Political Judgment: How Good Is It? How Can We Know?*, Princeton University Press, Princeton (Nueva Jersey), 2005.
Silver, Nate, *The Signal and the Noise: Why So Many Predictions Fail, But Some Don't*, Penguin, Nueva York, 2012.
Seligman, Martin E. P., *Aprenda optimismo*, DeBolsillo, Barcelona, 2007.
Dweck, Carol, *Mindset: The New Psychology of Success*, Random House, Nueva York, 2007.
Baumeister, Roy F., y John Tierney, *Willpower: Rediscovering the Greatest Human Strength*, Penguin, Nueva York, 2011.
Cialdini, Robert B., *Influence: The Psychology of Persuasion*, Harper-Collins, Nueva York, 2007.

Bernstein, Peter L., *Against the Gods: The Remarkable Story of Risk*, John Wiley & Sons, Nueva York, 1996.

Taleb, Nassim Nicholas, *¿Existe la suerte? Engañados por el azar: el papel oculto de la suerte en la vida y en los negocios*, Paraninfo, Madrid, 2006.

— *El cisne negro: el impacto de lo altamente improbable*, Paidós, Barcelona, 2008.

Shapira, Zur, *Risk Taking: A Managerial Perspective*, Russell Sage Foundation, Nueva York, 1995.

Rumelt, Richard, *Good Strategy, Bad Strategy: The Difference and Why It Matters*, Crown Business, Nueva York, 2011.

Grove, Andrew S., *Sólo los paranoides sobreviven*, Granica, Barcelona, 1997.

Notas

Capítulo 1: Momento decisivo en una calurosa noche de agosto

1. Todas las citas de Bill Flemming proceden de las entrevistas con el autor mantenidas en septiembre y octubre de 2010, enero de 2011 y enero de 2013.

2. Patrick McGeehan, «It's Official, This Is New York's Hottest Summer», *New York Times*, 1 septiembre 2010, A16.

3. Al final, los costes de Skanska superaron los 998 millones de dólares porque el propietario introdujo algunos cambios, pero en comparación con el proyecto básico, Skanska era rentable en los 998 millones de dólares.

4. Simonson, Itamar y Amos Tversky, «Choice in Context: Tradeoff Contrast and Extremeness Aversion», *Journal of Marketing Research*, 29, núm. 3 (agosto 1992), 281-295.

5. Realicé este experimento en cuatro ocasiones con un total de 126 directivos. Las cifras de la primera pregunta fueron 42 prefirieron la S1, y 27 la S2; de la segunda, 14 se decantaron por la S1, 40 por la S2 y 3 por la S3.

6. Ariely, Dan, *The Upside of Irrationality: Defying Logic at Home and at Work*, HarperCollins, Nueva York, 2010, p. 10.

7. Cuando Daniel Kahneman ganó el Premio Nobel de Economía en 2002, el comité del Nobel destacó que Kahneman y su compañero de investigaciones durante tanto tiempo, el difunto Amos Tversky, habían «inspirado a toda una nueva generación de investigadores de la economía y las finanzas, para que enriquecieran la teoría económica utilizando ideas de la psicología cognitiva sobre la motivación intrínseca del hombre».

8. Dan Ariely aporta muchos de tales ejemplos en *Predictably Irrational: The Hidden Forces that Shape Our Decisions*, HarperCollins, Nueva York, 2008.

9. Se tratan ejemplos de políticas públicas en el libro de Richard H. Thaler y Cass Sunstein *Un pequeño empujón (nudge): el impulso que necesitas para tomar las mejores decisiones en salud, dinero y felicidad* (Taurus Ediciones, Madrid, 2009). Thaler ha sido un enérgico defensor de cuestiones políticas tales como las pensiones de jubilación: Thaler, Richard H., «Shifting Our Retirement Savings into Automatic», *New York Times*, 6 de abril de 2013.

10. Jason Zweig proporciona muchos ejemplos excelentes en *Your Money and Your Brain: How the New Science of Neuroeconomics Can Help Make You Rich* (Simon & Schuster, Nueva York, 2007), y también Michael J. Mauboussin en *More Than Your Know: Finding Financial Wisdom in Unconventional Places* (Harvard Business School Pess, Boston, 2007).

11. Smith, Adam, *The Money Game*, Vintage Books, Nueva York, 1976, p. 72.

12. Algunos tipos de inversiones permiten el control directo. Las inversiones en capital privado conllevan la compra de suficiente parte de una empresa para determinar su rendimiento, y los inversores activistas como William Ackman buscan cambiar la dirección de las empresas en las que invierten. Pero para la mayoría de las personas invertir significa comprar y vender acciones en cuyo valor no se puede influir directamente. Vamos a la caza de gangas, buscando valores infravalorados que creemos pueden aumentar de valor más deprisa que el mercado, o quizá valores sobrevalorados que venderemos a corto. Incluso los inversores con mucho dinero rara vez influyen directamente en el rendimiento de sus propiedades. Warren Buffett es la ocasional excepción, capaz de comprar suficientes acciones para agitar el mercado, como hizo con la compra de 10.000 millones en acciones de IBM a finales de 2011, pero incluso Buffett es principalmente un inversor en acciones infravaloradas.

13. Tetlock, Philip E., *Expert Political Judgment*, Princeton University Press, Princeton (NJ), 2005, p. 41.

14. Kahneman, Daniel, *Pensar rápido, pensar despacio*, Debate, Madrid, 2012, p. 417.

15. Wolfe, Tom, *Elegidos para la gloria*, Anagrama, Barcelona, 1981, p. 186.

16. Feynman, Richard P., «What Is and What Should Be the Role of Scientific Culture en Modern Society» (conferencia para Simposium sobre Galileo, Italia, 1964), *The Pleasure of Findings Things Out: The Best Short Works of Richard P. Feynman* (Penguin, Londres, 1999, pp. 106-107).

Capítulo 2: La cuestión del control

1. Poulter, Ian, «Opinion», *Golf World*, enero de 2011, 25.

2. Feinstein, Jon, *The Majors: In Pursuit of Golf's Holy Grail*, Little, Brown, Nueva York, 1999, p. 119.

3. Díaz, Jaime, «Perils of Putting: Duffers, Take Heart. A New Study by the PGA Tour Reveals That When It Comes to Putting, the Pros Aren't So Hot Either», *Sports Illustrated*, 3 de abril de 1989, http://sportsillustrated.cnn.com/vault/article/magazine/MAG1068219/3/index.htm.

4. Díaz, Jaime, «Perils of Putting». De los *putts* estudiados, 272 se hicieron desde 1,80 metros, de los que el 54,8 se realizaron con éxito. En los *putts* desde 1,52 metros, el porcentaje de éxito fue del 58,9 por ciento de 353 golpes, y en cuanto a los lanzamientos desde los 2,13 metros, el porcentaje de éxito fue del 53,1 por ciento de 256 golpes.

5. Witt, Jessica K., Sally A. Linkenauger y Dennis R. Proffitt, «Get Me Out of This Slump! Visual illusions Improve Sports Performance», *Psychological Science*, 23 (2012), 398-399. Mientras que los experimentos anteriores habían demostrado que el rendimiento adecuado conduce a cambios en la percepción, éste aportó pruebas de lo inverso: que el cambio en las percepciones puede conducir a mejorar el rendimiento.

6. Stone, Mark Robert, y otros, «Effects of Deception on Exercise Performance: Implications for Determinants of Fatigue in Humans», *Medicine & Science in Sports & Exercise*, 44 (2012), 534-541.

7. Rice, Xan, «Finish Line: An Olympic Marathon Champion's Tragic Weakness», *New Yorker*, 21 de mayo de 2012, 54.

8. Kuehl, Karl, John Kuehl y Casey Tefertiller, *Mental Toughness: Baseball's Winning Edge*, Ivan R. Dee, Chicago, 2005, p. 90.

9. Kroichick, Ron, «Giants' Wilson Hopes Hitters Fear the Beard», *San Francisco Chronicle*, 7 de octubre de 2010, http://www.sfgate.com/sports/kroichick/article/Giants-Wilson-hopes-hitters-fear-the-beard-3171420.php.

10. Lasorda, Tommy y David Fischer, *The Artful Dodger*, Arbor House, Nueva York, 1985, p. 165.

11. Ibíd., p. 166.

12. Taylor, Shelley E., y Jonathan D.Brown, «Illusion and Well-Being: A Social Psychological Perspective on Mental Health», *Psychological Bulletin*, 103, núm. 2 (marzo de 1988), 193-210.

13. Ibíd., p. 204.

14. Véase también Humphrey, Elizabeth King, «Be Sad and Succeed», Scientific American, 3 de marzo de 2010, http://www.scientificamerican.com/article.cfm?id=be-sad-and-succeed.

15. Tras ser cuestionada durante muchos años, la autoría de Niebuhr parece haber sido ratificada. Véase Goodstein, Laurie, «Serenity Prayer Skeptic Now Credits Niebuhr», *New York Times*, 28 de noviembre de 2009, A11.

16. Un libro publicado en 2009 utiliza esta frase exacta como título; véase Flanagan, Eileen, *The Wisdom to Know the Difference: When to Make a Change and When to Let Go*, Tarcher, Nueva York, 2009.

17. Si pensamos que a la gente no debería importarle, es porque imaginamos que el objetivo es ganar el premio. Pero si fuera otra cosa lo que impulsara a las personas, a saber, la alegría de participar, entonces tiene lógica. Que juegues porque en realidad crees que puedes controlar el dado o porque busques la emoción de la participación son cosas diferentes. Si todo tiene que ver con la experiencia, y no con el resultado, entonces por supuesto que es lógico que las personas prefieran tirar los dados a vérselos tirar a otro.

18. Langer definió la ilusión del control como «la esperanza de una probabilidad de éxito personal inadecuadamente más elevada que lo que la probabilidad objetiva garantizaría». Langer, Ellen J., «The Illusion of Control», *Journal of Personality and Social Psychology*, 32 (1975), 311-328.

19. Gino, Francesca, Zachariah Sharek y Don A. Moore, «Keeping the Ilusion of Control Under Control: Ceilings, Floors, and Imperfect

Calibration», *Organizational Behavior and Human Decision Processes*, 114, núm. 2 (marzo de 2011), 104-114.

20. Gawande, Atul, *Mejor: notas de un cirujano sobre cómo rendir mejor*, Antoni Bosch Editor, Barcelona, 2009.

21. Groopman, Jerome, *How Doctors Think*, Houghton Mifflin, Nueva York, 2007. Véase también Cain, Daylian M., y Allan S. Detsky, «Everyone's a Little Bit Biased (Even Physicians)», *JAMA*, 299, núm. 24 (25 de junio de 2008), 2893-2895.

22. Rasmussen, Heather N., Michael F. Scheier y Joel B. Greenhouse, «Optimism and Physical Health: A Meta-analytic Review», *Annals of Behavioral Medicine*, 37(3), (junio de 2008), 239-256.

23. Groopman, Jerome, *The Anatomy of Hope: How People Prevail in the Face of Illness*, Random House, Nueva York, 2003.

24. Ehrenreich, Barbara, *Bright-Sided: How Positive Thinking Is Undermining America*, Holt, Nueva York, 2009.

25. «La asunción de riesgos en la gestión es una misión donde un directivo puede utilizar su discernimiento, ejercer el control y utilizar habilidades.» Shapira, Zur, *Risk Taking: A Managerial Perspective*, Russell Sage Foundation, Nueva York, 1995, p. 48.

26. Ibíd., p. 80.

27. Se han sugerido unos cuantos tipos más de errores, a veces en tono de broma: el Tipo III consiste en tomar la decisión correcta, pero por las razones equivocadas, y el Tipo IV en tomar la decisión correcta, pero en el momento equivocado.

Capítulo 3: Rendimiento, absoluto y relativo

1. Un consejo de esta naturaleza se remonta al mismísimo primer libro que leí sobre el tema, *Un paseo aleatorio por Wall Street: la estrategia para invertir con éxito*, de Burton Malkiel, en 1976. Un ejemplo más reciente en la misma línea se encuentra en *The Investment Answer: Learn to Manage Your Money and Protect Your Financial Future*, de Daniel C. Goldie y Gordon S. Murray (Business Plus, Nueva York, 2011).

2. McMaster, Geoff, «School of Business Wins National Stock Market Contest», *ExpressNews*, 19 de diciembre de 2001, http://www.expressnews.ualberta.ca/article.cfm?id=1615.

3. Ibíd.

4. El hecho de que los estudiantes estuvieran jugando con dinero ficticio, también provocó que estuvieran dispuestos a realizar apuestas excesivas, porque no tendrían que soportar ninguna pérdida.

5. Dixit, Avinash K., y Barry J. Nalebuff, *El arte de la estrategia: la teoría de juegos, guía del éxito en sus negocios y su vida diaria*, Antoni Bosch Editor, Barcelona, 2010.

6. Ibíd., p. 271.

7. Por unas apuestas tan pequeñas, no cabía duda de que algunos estábamos dispuestos a apostar por nuestros equipos favoritos, aunque no creyéramos que ganarían. Habríamos estado dispuestos a perder unos pocos dólares, antes que pasar por la experiencia de la disonancia cognitiva de apostar en contra de un equipo preferido. Visto así, un fondo común tiene tanto una recompensa económica como emocional.

8. El partido en cuestión fue el primero de la ronda previa a los *playoff* de la AFC, y se celebró el 22 de diciembre de 1984.

9. En un concurso como éste, donde no se invierte ningún dinero y los beneficios para la universidad son relativamente pequeños, también existe la posibilidad de que algunos equipos opten por una huida hacia delante y lo arriesguen todo, al considerar el concurso más como un ejercicio de diversión que como uno en el que el objetivo sea ganar algo. Además de los beneficios monetarios, están los psíquicos, y los intereses del equipo pueden no coincidir del todo con los de su universidad; de hecho, los diferentes miembros del equipo pueden tener diferentes opiniones sobre sus objetivos y metas.

10. Véase *The Red Queen in Organizations: How Competitiveness Evolves* (Princeton University Press, Princeton, NJ, 2008), de William P. Barnett, profesor de la Graduate School of Business de la Universidad de Stanford.

11. Wiggins, Robert R., y Timothy W. Ruefli, «Schumpeter's Ghost: Is Hypercompetition Making the Best of Times Shorter?», *Strategic Management Journal*, 26, núm. 10 (2005), 887-911.

12. March, James G., y Zur Shapira, «Variable Risk Preference and the Focus of Attention», *Psychological Science*, 99, núm. 1 (1992), 172-183; Boyle, Elizabeth y Zur Shapira, «The Liability of Leading: Battling Aspiration and Survival Goals in Jeopardy's Tournament of Champions», *Organization Science*, 23, núm. 4 (2012), 1110-1113.

13. Haidt, Jonathan, *La hipótesis de la felicidad: la búsqueda de verdades modernas en la sabiduría antigua*, Gedisa, Barcelona, 2006.

14. A pesar de los efectos de demostración, hay ejemplos en los que la recuperación de un paciente ayuda a otros.

15. Newman, Thomas B., y Michael A Kohn, *Evidence-Based Diagnosis*, Cambridge University Press, Nueva York, 2009.

16. Bornstein, David, «The Dawn of Evidence-Based Budget», *New York Times*, 30 de mayo de 2012, http://opinionator.blogs.nytimes.com/2012/05/30/worthy-of-government-funding-prove-it.

17. Pfeffer, Jeffrey y Robert I Sutton, «Evidence-Based Management», *Harvard Business Review*, (enero de 2006), 63-74.

18. Gapper, John, «McKinsey's Model Springs a Leak», *Financial Times*, 10 de marzo de 2011, 9.

19. La teoría de juegos del comportamiento se ocupa precisamente de los juegos competitivos, y suele basarse en estudios de laboratorio. Véase, por ejemplo, Camerer, Colin, *Behavioral Game Theory: Experiments in Strategic Interaction*, Princeton University Press, Princeton (NJ), 2003, o las investigaciones de académicos tales como Amnon Rapoport. Los estudios sobre el juicio y la elección, sin embargo, normalmente no afectan a la competición ni al rendimiento relativo.

Capítulo 4: Lo que se necesita para ganar

1. Hamilton, Tyler, y Daniel Coyle, *Ganar a cualquier precio: la historia oculta del dopaje en el ciclismo*, Planeta, Barcelona, 2013; Austen, Ian, «Bicycle Thieves: World-Class Cycling's Drug Trade», *New York Times*, 12 de septiembre de 2012, C7.

2. Murphy, Austin, «Guide to a Broken Tour: Tyler Hamilton Shines a Revealing Light on Cycling's Drug Era», *Sports Illustrated*, 24 de septiembre de 2012, 18.

3. Lovett, Ian, «Tattooed Guy' Pivotal in Armstrong Case», *New York Times*, 18 de octubre de 2012, B11.

4. Armstrong fue categórico la víspera del Tour de Francia. *Le Monde* le preguntó: «Cuando corría, ¿era posible hacerlo sin doparse?» Armstrong contestó: «Eso depende de las carreras que quiera ganar. ¿El Tour de Francia? No. Imposible ganarlo sin doparse. Porque el Tour es una prueba de resistencia en la que el oxígeno es decisivo». «Lance Armstrong: "Impossible to Win Without Doping'», *USA Today*, 28 de junio de 2013, http://www.usatoday.com/story/sports/cycling/2013//06/28/lance-armstrong-impossible-win-tour-de-France-doping/2471413/. (*Le Monde*: «Était-il possible de réaliser des performance sans se doper?» Armstrong: «Cela dépend des courses que tu voulais gagner. Le Tour de France? Non. Impossible de gagner sans doper. Car le Tour est une épreuve d'endurance où l'oxygène est déterminent. Pour ne prendre qu'un exemple, l'EPO ne va pas aider un sprinteur à remporter un 100 métres, mais elle sera déterminante pour un coureur de 10.000 m. C'est évident. [Por poner sólo un ejemplo, la EPO no va a ayudar a un velocista a ganar una carrera de 100 metros, pero será determinante para un corredor de los 10.000 metros. Eso está claro.]» Stéphane Mandard, «Lance Armstrong: Le Tour de France? Impossible de gagner sans dopage», *Le Monde*, 29 de junio de 2013, Sport & Forme, 5.)

5. Una buena descripción de los orígenes de las simulaciones Montecarlo en física la proporcionó el profesor David Spiegelhalter en *Tails You Win: The Science of Chance* (BBC4, 20 de diciembre de 2012). Véase también Eckhardt, Roger, «Stan Ulam, John von Neumann, and the Monte Carlo Method», *Los Alamos Science*, número especial 15 (1987), 131-137.

6. Raynor, Michael E., *The Strategy Paradox: Why Committing to Success Leads to Failure (and What to Do About It)*, Currency Doubleday, Nueva York, 2007, p. 1.

7. Peters, Thomas J., y Robert H. Waterman Jr., *En busca de la excelencia*, Folio, Barcelona, 1986.

8. Sutton, Robert I., *111/2 ideas que funcionan*, Ediciones B, Barcelona, 2002.

9. Bruch, Heike, y Sumantra Ghoshal, *La tendencia a actuar: cómo los directivos efectivos utilizan su fuerza de voluntad, consiguen resultados y no pierden tiempo*, Ediciones Gestión 2000, Barcelona, 2004, p. 9.

10. Wiggins, Robert R., y Timothy W. Ruefli, «Schumpeter's Ghost: Is Hypercompetition Making the Bet of Times Shorter?», *Strategic Management Journal*, 26, núm. 10 (2005), 998-911.

11. Hardy, Quentin, «Intel Tries to Secure Its Footing Beyond PCs», *New York Times*, 15 de abril de 2013, B1.

12. Lovallo, Dan, Carmina Clarke, y Colin Camerer, «Robust Analogizing and the Outside View: Two Empirical Test of Case-based Decision Making», *Strategic Management Journal*, 33, núm. 5 (mayo de 2012), 496-512.

Capítulo 5: La confianza... y el exceso de confianza

1. DeBondt, Walter F., y Richard Thaler, «Financial Decision-making in Markets and Firms: A Behavioral Perspective», *Handbooks in OR & MS*, 9 (1995), 385-410.

2. Plous, Scott, *The Psychology of Judgment and Decision Making*, McGraw-Hill, Nueva York, 1993, p. 217.

3. Hallinan, Joseph T., *Las trampas de la mente: por qué miramos sin ver, olvidamos las cosas y creemos estar por encima de los demás*, Editorial Kairós, Barcelona, 2011.

4. Brooks, David, *El animal social*, Ediciones B, Barcelona, 2012.

5. Fisher, Kenneth, «The Eight Biggest Mistakes Investors Make», *UT Today*, núm. 1 (2007), 50-53, http://www.fimm.com.y/pdef/investment%20 strategies/3_June2007_8Biggestmistakesinv.pdf.

6. Silver, Nate, *The Signal and the Noise: The Art and Science of prediction*, Allen Lane, Londres, 2012, p. 359.

7. Orwell, George, «Politics and the English Language», *A Collection of Essays*, Harvest, San Diego (CA), 1981, pp. 156-157.

8. Moran, Callie, «Overconfident Romney Was So Sure of Victory That He Spent 25 Grand on Victory Fireworks», *Capitol Hill Blue*, 2 de noviembre de 2012, http://www.capitol.hillblue.com/node/45630.

9. Baker, Peter, y Jim Rutemberg, «The Long Road to a Clinton Exit», *New York Times*, 8 de junio de 2008.

10. Heilemann, John, y Mark Halperin, *El juego del cambio*, Planeta, Barcelona, 2010.

11. «Former FEMA chief Says Bush Was Engaged but Overconfident», *Associated Press*, 2 de marzo de 2006, http://www.foxnews.com/story/0,2933,186546,00.html.

12. Bishop, Greg, «Pacquiao Stunned in Sixth Round», *New York Times*, 9 de diciembre de 2012, http://www.nytimes.com/2012/12/09/sports/juan-manuel-marquez-knocks-out-manny-pacquiao-in-sixth-round-html.

13. «Manny Pacquiao Will Not Give up Boxing, Despite Pleas from Family», BBC, 10 de diciembre de 2012, http://www.bbc.co.uk/sport/0/boxing/20666106.

14. Wingfield, Nick y Brian Stelter, «A Juggernaut Stumbles», *New York Times*, 25 de octubre de 2011, B1.

15. Kopecki, Dawn, Clea Benson y Phil Mattingly, «Dimon Says Overconfidence Fueled Loss He Can't Defend», *Bloomberg News*, 14 de junio de 2012, http://www.bloomberg.com/news/2012-06-14/dimon-says-overcondifence-fueled-loss-he-can-t-defend-html.

16. Wonacott, Peter, «Path to India's Market Dotted wit Potholes-Savvy Cola Giants Stumble over local agendas; KFC climbs back from the abyss», *The Wall Streeet Journal*, 12 de septiembre de 2006.

17. Terhune, Chad, «Home Depot, Seeking Growth, Knocks on Contractors' Doors-CEO looks to stave off critics and gain new customers with Building supply unit», *The Wall Street Journal*, 7 de agosto de 2006.

18. Lunsford, J. Lynn y Daniel Michaels, «Bet on Huge Plane Trips up Airbus», *Wall Street Journal*, 15 de junio de 2006, http://online.wsj.com/article/SB115027552490479926.html.

19. Heath, Chip, y Dan Heath, *Decisive: How to Make Better Choices in Life and Work*, Crown Business, Nueva York, 2013.

20. Svenson, Ola, «Are We all Less Risky and More Skillful Than Our Fellow Drivers?, *Acta Psychologica*, 14 (1981), 143-148. Es posible (aunque muy improbable) que más del 50 por ciento de los conductores puedan estar por encima de la media, aunque no por encima de la mediana.

21. College Board, *Student Descriptive Questionnaire*, Princeton (NJ), Educational Testing Service, 1976-1977.

22. Zenger, Todd R., «Why Do Employers Only Reward Extreme Performance? Examining the Relationship Among Pay, Performance, and Turnover», *Administrative Science Quarterly*, 37, núm. 2 (1992), 198-219.

23. Weinstein, Neil D., «Unrealistic Optimism about Futur Life Events» *Journal of Personality and Social Psychology*, 39, núm. 5 (1980), 806-820; Taylor, Shelley E., y Jonathan D. Brown, «Illusion and Well-Being: A Social Psychological Perspective on Mental Health», *Psychological Bulletin*, 103, núm. 2, marzo de 1988, 193-210.

24. Alpert, Marc y Howard Raiffa, «A Progress Report on the Training of Probability Assessors», (manuscrito sin publicar, 1969), *Judgment Under Uncertainty: Heuristics and Biases*, Daniel Kahneman, Paul Slovic y Amos Tversky, eds., Cambridge University Press, Cambridge (RU), 1982.

25. Moore, Don, y Paul J. Healy, «The Trouble with Overconfidence», *Psychological Review*, 115, núm. 2, abril de 2008, 502-517.

26. Silver, *Signal and the Noise*, p. 183.

27. Sharot, Tali, *The Optimism Bias: A Tour of the Irrationally Positive Brain*, Pantheon Book, Nueva York, 2011, p. 15.

28. «NTSB Suggests Alcohol Detection Systems on All New Cars, CBS Local, 17 de diciembre de 2012, http://dfw.cbslocal.com/2012/12/17/ntsb-suggests-alcohol-detection-systems-on-all-new-cars/.

29. En un ensayo escrito para el *New Yorker*, en el que describía sus intentos de aprender a dibujar de adulto, Adam Gopnik empezó reconociendo una cosa: «Nunca me había puesto a aprender a dibujar porque jamás se me había dado bien». Pero a continuación brindaba un intrigante punto de vista sobre por qué las personas tendían a sobrevalorarse y a colocarse por encima del lugar que les correspondía, observando que, a medida que nos hacemos mayores y escogemos nuestros caminos en la vida, gravitamos hacia aquellas cosas que se nos dan bien, y ya no tenemos que hacer aquellas otras en las que somos menos competentes. Podemos evitar así nuestras pequeñas humillaciones de la época escolar, cuando a los menos dotados se nos pedía que hiciéramos las divisiones largas, actuáramos en una obra de teatro escolar y realizáramos ejercicios de gimnasia o alguna otra tarea que hubiéramos llegado a temer.

De mayores, muchos afrontamos nuestras vidas sin la preocupación de que se nos pida hacer algo que se nos da fatal. El resultado ilusorio es la sensación de ser competente. Gopnik lo veía así: «Cualquier sentimiento de triunfo que tengamos en la edad adulta es menos la suma de triunfos que la ausencia de la imposibilidad: sobre todo, es realmente el alivio que sentimos de no tener que hacer ya las cosas que nunca se nos dieron bien, el alivio de no tener que volver a diseccionar una rana ni a memorizar una tabla periódica. Ni de tener que hacer un dibujo que se parezca a lo que estemos dibujando». Gopnik, Adam, «Life Studies: What I Learned When I Learned to Draw», *New Yorker*, 27 de junio de 2011, 58.

30. Kruger, J., «Lake Wobegone Be Gone! The "Below-Average' Effect and the Egocentric Nature of Comparative Ability Judgments», *Journal of Personality and Social Psychology*, 77 (1999), 221-232.

31. Windschitl, P. D., J. Kruger, y E. Simms, «The Influence of Egocentrism adn Focalismon People's Optimism in Competitions: When What Affects Us Equally Affects Me More», *Journal of Personality and Social Psychology*, 85 (2003), 389-408.

32. Estos hallazgos están relacionados con el efecto de Dunning-Kruger, según el cual las personas no cualificadas no son conscientes de sus deficiencias y creen que son mejor de lo que realmente son, lo que conduce a una superioridad ilusoria, mientras que las personas muy cualificadas son conscientes de sus deficiencias e infravaloran sus aptitudes (relativas). Kruger y Dunning observan que «la mala calibración del incompetente se debe a un error sobre los demás». Los asuntos de la conducción y el dibujo no dicen nada sobre la exactitud de las valoraciones de las capacidades absolutas (sobrestimación o subestimación), sino sobre las capacidades relativas (efecto mejor que la media o peor que la media). Tanto en uno como en otro sentido, las personas imaginan que los demás están menos en los extremos que lo que piensan de sí mismos que están. Kruger, Justin y David Dunning, «Unskilled and Unanaware of It: How Difficulties in Recognizing One's Won Incompetence Lead to Inflated Self-Assessments», *Journal of Personality and Social Psychology*, 77, núm. 6 (1999), 1121-1134.

33. De vez en cuando, un encuestado parece ser inmune a la miopía. En uno de mis cursos tenía a uno que se valoraba como un conductor excelente, aunque se colocaba en el tercer quintil, esto es, ni mejor ni peor que la media, y también se valoraba como un mal dibujante, y sin embargo se volvía a colocar en mitad de la manada, ni mejor ni peor que la media. Esta respuesta sugería que entendía que un nivel extremo de capacidad absoluta era sumamente normal desde un punto de vista relativo. Por supuesto, en una muestra grande es probable que podamos encontrar a un encuestado que diga cualquier cosa, así que jamás deberíamos sacar demasiadas conclusiones de una sola respuesta. Sin embargo, la capacidad para ver que una clasificación absoluta muy alta o muy baja no significa gran cosa sobre la colocación relativa parece ser muy intuitiva, además de insólita.

34. Brooks, David, «The Fatal Conceit», *New York Times*, 27 de octubre de 2009, A31.

35. Es posible que Samuel Clemens estuviera pensando en su propia vida, en su infancia y juventud en Misuri, en sus múltiples empleos con los que nunca llegó a ganar mucho dinero, en el reencuentro con su hermano en Nevada, donde se inventó como escritor y cronistas del Oeste americano. Allí se convirtió en un verdadero norteamericano, en un escritor, un narrador, en un humorista, un observador mordaz de la experiencia humana. Demostró la voluntad de intentar lo que no había hecho nunca, e hizo gala de tanta confianza en sus aptitudes como de la suficiente ignorancia para creer que podía tener éxito. Eliminar estos límites y creer que podemos ir más allá de ellos puede parecer un disparate, pero si eso es lo que se necesita para triunfar, después de todo tal vez no sea ignorancia.

36. McGee, Paul, *Self-Confidence: The Remarkable Truth of Why a Small Change Can Make a Big Difference*, 2.ª ed. (Capstone, Chichester, RU, 2012); McClement, Mike, *Brilliant Confidence: What Confident People Know, Say and Do* (Prentice Hall, Harlow, RU, 2010); Yeung, Rob, *Confidence: The Power to Take Control and Live the Life You Want,* Pearson Life, Harlow, RU, 2011), y McKenna, Paul, *Instant Confidence: The Power to Go for Anything You Want* (Transworld Publishers, Londres, 2006). Este último, del que se dice que fue un éxito de ventas, es del mismo autor de títulos como: *I Can Make You, Happy, I Can Make Your Smarter, I Can Make Your Rich* y *I Can Make You Thin.*

37. Eichler, Jeremy, «String Theorist: Christian Tetzlaff Rethinks How a Violin Should Sound», *New Yorker*, 27 de agosto de 2012, 34-39.

Capítulo 6: Los ratios base y rompiendo barreras

1. Tversky, Amos, y Daniel Kahneman, «Judgment under Uncertainty: Heuristics and Biases», *Science*, 185, núm. 4157 (1974), 1124-1131. Véase también Kahneman, Daniel, y Amos Tversky, «On the Psychology of Prediction», *Psychological Review*, 80, (1973), 237-257.

2. «An Essay Toward Solving a Problem in the Doctrine of Chances», la primera vez que se expuso la idea fue en *Philosophical Transactions of the Royal Society of London*, 53 (1763), 370-418, http://www.socsci.uci.edu/-bskyrms/bio/readings/bayes_essay.pdf.; Fienberg, Stephen E., «When Did Bayesian Inference Become Bayesian?», *Bayesian Analysis*, 1, núm. 1 (2006), 1-40.

3. En el caso extremo de que se dijera que la población estaba compuesta exclusivamente por juristas, debería ser evidente que cualquiera que fuera tomado como muestra tenía que ser un abogado, con independencia de cuáles fueran sus aficiones o inclinaciones personales. Pero cuando los ratios son 0,3/0,7 o 0,7/0,3, las probabilidades apenas sufren variación.

4. Tversky, Amos, y Daniel Kahneman, «Evidential Impact of Base Rates», *Judgment Under Uncertainty: Heuristics and Biases*, Daniel Kahneman, Paul Slovic, Amos Tversky, eds., Cambridge University Press, Cambridge, RU, 1982.

5. Casscells, Ward, Arno Schoenberger, y Thomas Graboys, «Interpretation by physicians of clinical laboratory results», *New England Journal of Medicine*, 299, núm. 18 (1978), 999-1001. De las 999 personas sanas, una exactitud del 95 por ciento significa que tendremos 49,95 resultados de falso positivo. De un aquejado, una exactitud del 95 por ciento significa que tendremos un resultado de positivo de 0,95. De los 50,90 resultados de positivo (49,95 + 0,95), sólo un 0,95/50,90, o un 1,9 por ciento, tiene la enfermedad. Los restantes 49,95 de los 50,90, o el 98,1 por ciento, son falsos positivos.

6. Aun así, siguen apareciendo artículos que describen el error de la negación del ratio base como si fuera algo nuevo. Aunque fue identificado hace muchos años, gran parte del público en general sigue ignorando su existencia, y en todo caso señalar los errores siempre es una base para una buena historia. Véase, por ejemplo, Harford, Tim, «Screening: It's All in the Numbers», *Financial Times, FT.com Magazine*, 10/11 de diciembre de 2011.

7. Taleb, Nassim Nicholas, *El cisne negro: el impacto de lo altamente improbable*, Paidós Ibérica, Barcelona, 2009.

8. Si todos los taxis azules pero sólo los tres quintos de los taxis verdes estaban en la calle, tendríamos 15 Taxis Azules y (0,6 x 85) = 51 taxis verdes. Los verdaderos positivos seguirían siendo 12, aunque el falso positivo sólo de 10,2, y las probabilidades de que un coche identificado como taxi azul fuera realmente azul serían del [12/(12 + 10,2)] = 54,1 por ciento, en comparación con el 41,4 por ciento.

9. Zhang, Zhen-Xin, y otros, «Parkinson's Disease in China: Prevalence in Beijing, Xian, and Shanghai», *Lancet*, 365 (12 de febrero de 2005), 595-597. Mi agradecimiento a Mads Dalsgaard por este ejemplo y la referencia.

10. National Center for Health Statistics, http://www.cdc.gov/nchs/pressroom/05facts/moreboys.htm. Hay algunas variaciones por año, por edad de la madre y por grupo étnico: «El ratio más alto de nacimientos por sexo se produjo en 1946 (1.059 nacimientos de niños por 1.000 de niñas), mientras que el más bajo acaeció en 1991 y de nuevo en 2001 (1.046 niños por 1.000 niñas). Combinando todos los años estudiados, las madres de más edad (de 40 a 44 años y de 45 años para arriba) arrojaron los ratios de nacimiento por sexo más bajos (1.038 y 1.039, respectivamente), y las madres de 15 a 19 años, el más alto (1.054). Por lo que respecta a todos los años disponibles combinados, las madres chinas (1.074) y las madres filipinas (1.072) tuvieron las mayores diferencias entre el número de niños y niñas nacidos, mientras que las madres negras no hispanas (1.031) y las madres indias norteamericanas (1.031) tuvieron las más bajas». «Trend Analysis of the Sex Ratio at Birth in the United States», *National Vital Statistics Reports*, 53, núm. 20 (14 de junio de 2005).

11. McGrayne, Sharon B., *The Theory That Would Not Die: How Bayes'Rule Cracked the Enigma Code , Hunted Down Russian Submarines, and Emerged Triumphant from Two Centuries of Controversy*, Yale University Press, New Haven, CT, 2011, 26-28.

12. Gawande, Atul, «The Bell Curve: What Happens When Patients Find Out How Good Their Doctors Really Are?», *New Yorker*, 5 de diciembre de 2004, 82-91.

13. Kahneman, Daniel, *Pensar rápido, pensar despacio*, Debate, Madrid, 2012, pp. 241-247.

14. El experto en planificación de proyectos Bent Flyvbjerg ha dirigido una extensa investigación sobre la planificación de proyectos, y propone una estrategia de tres etapas para prevenirse de la falacia de la planificación: identificar la clase de referencia relevante, establecer un punto de partida para esa clase y realizar los ajustes de ese punto de partida en la medida que estén justificados. Flyvbjerg, Bent, Mette K. Skamris Holm, y Søren L. Buhl, «How (In)Accurate Are Demand Forecasts in Public Works Projects?», *Journal of the American Planning Association*, 71 (2005), 131-146.

15. Lovallo, Dan, y Daniel Kahneman, «Delussions of Success: How Optimism Undermines Executives' Decisions», *Harvard Business Review*, (julio 2003), 63.

16. Friedman, Thomas L., «Obama's Best-Kept Secrets», *New York Times*, 21 de octubre de 2012, SR1.

17. Shaw, George Bernard, Máxima 124, «Máximas para revolucionarios», *Hombre y Superhombre. Comedia y filosofía en cuatro actos*, Aguilar, Madrid, 1950.

18. Stever, H. Guyford y James J. Haggerty, *Flight*, Time Inc., Nueva York, 1965, p. 23.

19. Yeager, Chuck y Leo Janos, *Yeager: An Autobiography*, Bantam Books, Nueva York, 1985, p. 103.

20. Ibíd., pp. 117-118.

21. Ibíd., p. 118.

22. Ibíd., p. 137.

23. Ibíd., p. 121.

24. Ibíd., p. 132.

25. Ibíd., p. 150.

26. Yeager, Chuck, y otros, *The Quest for Mach One: A First-Person Account of Breaking the Sound Barrier*, Penguin, Nueva York, 1997, p. 99.

27. Walsh, Michael, «Solar-Paneled Plane Completes First Leg of Historic Cross-Country Flight from San Francisco to New York», *New York Daily News*, 4 de mayor de 2013, http://www.nydailynews.com/news/national/all-solar-airplane-making-jfk-article-1.1335172.

28. «No Sun, No Problem for Plane», Associated Press, *Shanghai Daily*, 4 de mayo de 2013, A3.

29. Lion, Valérie, «L'Entretien: Bertrand Piccard "Explorer, c'est aller au-delà des évidences», *L'Express*, 3187 (1 de agosto de 2012), 8-11 (traducción del autor). «Mon but n'est pas de dépasser les limites extérieurs, physiques. C'est de dépasser les limites qu'on s'inflige à soi-même. L'être humain s'empêche de sortir de ce qu'il conaît, de se mettre dans des situations où il risquerait de perdre le contrôle. Ce sont justement ces situations-lè qui m'intéressent, quand on entre dans l'inconnu.»

Capítulo 7: Mejores decisiones con el paso del tiempo

1. http://www.basketball-refrence.com/leagues/NBA_2012_leaders.html.

2. Austin, Michael, «Building the Perfect Arc: Research shows Players Need to Keep Shot Arc around 45 Degrees», *Winning Hoops*, mayo-junio de 2010, 20-27. Véase también www.noahbasketball.com.

3. Bloom, Benjamin S., *Developing Talent in Young People*, Ballantine Books, Nueva York, 1985.

4. Dubner, Stephen J., y Steven D. Levitt, «A Star Is Made», *New York Times*, 7 de mayo de 2006, http://www.nytimes.com/2006/05/07magazine/07wwwln_freak.html?pagewanted=all.

5. Véase Ericsson, K. Anders, Ralf Th. Krampe, y Clemens Tesch-Römer, «The Role of Deliberate Practice in the Acquisition of Expert Performance», *Psychological Review*, 100, núm. 3 (1993), 363-406.

6. Ericsson, K. Anders, Michael J. Prietula, y Edward T. Cokely, «The Making of an Expert», *Harvard Business Review*, julio-agosto de 2007, pp. 114-121.

7. «Observamos que las mentalidades deliberativas conducen a un análisis preciso e imparcial de la información que es prueba de la viabilidad y atractivo de los objetivos posibles, mientras que la mentalidad ejecutiva favorece un análisis optimista y parcial de tal información. Además, la mentalidad deliberativa va asociada a la ausencia de prejuicios, mientras que la mentalidad ejecutiva se caracteriza por la parcialidad.» Cita obtenida del sitio web del profesor Gollwitzer, http://www.psych.nyu.edu/gollwitzer/.

8. Gollwitzer, Peter M., y Ronald F. Kinney, «Effects of Deliberative and Implemental Mind-sets on Illusion of Control», *Journal of Personality and Social Psychology*, 56, núm. 4 (1989), 531-542.

9. Uno de los muchos ejemplos se debe a Carl Richard aparecido en un blog del *New York Times*: «Viewing the Glass as Half Full, but Not Too Full», 8 de marzo de 2013. Richard planteaba los pros y los contras del pensamiento positivo, pero como la mayoría de las personas no introducía la dimensión temporal y preguntaba cuándo es mejor adoptar una visión optimista, y cuándo lo es insistir en otra imparcial y realista. http://bucks.blogs.nytimes.com/2013/03/18/viewing-the-glass-as-half-full-but-not-too-full/?src=recg.

10. Este espectacular acontecimiento ya se ha convertido en leyenda. Ha sido citado por Gary Klein como ejemplo de modelo de «toma de decisiones preparado por el reconocimiento». Como Klein lo cuenta, el capitán Chesley Sullenberger siguió con la primera opción que podía funcionar, en lugar de seguir un enfoque clásico de modelo de decisión de evaluar todas las opciones de golpe. También ha sido mencionado por el doctor Atul Gawande como ejemplo de la eficacia de las listas de control, en donde Sullenberger siguió una secuencia lógica para determinar la causa del problema e identificar la mejor manera de actuar.

11. Si te estás preguntando por qué los golfistas sobrestiman su capacidad para meter un *putt* desde un 1,80 metros, como se describe en el capítulo dos, tal vez sea porque un *putt* corto entraña poca deliberación. Al contrario que los lanzamientos que exigen una evaluación y andar eligiendo un palo, un *putt* desde 1,80 metros suele ser un golpe recto.

12. Rotella, Bob, *El golf es el juego de la confianza*, Ediciones Tutor, Madrid, 2006.

13. «Harrington using electrodes in battle with the left side of his brain», *The Independent*, 6 de marzo de 2013, http://www.independent.ie/sport/golf/harrington-using-electrodes-in-battle-with-the-left-side-of-his-brain-19113728.html.

14. Keogh, Brian, «Harrington and the Man with Two Brains», Irish Golf News, 6 de marzo de 2013, http://www.irishgolfdesk.com/news-files/2013/3/6/harrington-and-the-man-with-two-brains.html.

15. http://sports.espn.go.com/golf/masters10/news/story?id=5075606. La Associated Press informó: «El momento inolvidable llegó en el decimotercero, un hoyo que Mickelson ha dominado como nadie en Augusta. Con una ventaja de dos golpes, estaba atascado entre dos pinos y había más de 180 metros hasta el agujero. En ningún momento consideró otra posibilidad que hacer un lanzamiento hasta el *green*. "Iba a tener que pasar por aquel hueco tanto si hacía un golpe más corto como si iba a por el *green* —declaró Mickelson—. Iba a tener que hacer un golpe decente. El hueco [...] no era enorme, pero era lo bastante grande para que pasara una pelota, ya sabes. En aquel momento sólo pensé en que tenía que confiar en mi *swing* y golpear la bola —dijo—. Y salió perfecto"».

16. El histórico golpe de Mickelson se puede ver en YouTube en http://www.youtube.com/watch?v=Gh1ZVLuZdvE.

17. http://sports.espn.go.com/golf/masters10/new/story?id=5075606.

18. http://www.golf.com/tour-and-news/mickelsons-guts-talent-came-together-shot-defined-masters#ixzz2LSUceD00.

19. Ericsson, Prietula, y Cokely, «The Making of an Expert», p. 115.

20. Coyle, Daniel, *Las claves del talento*, Planeta, Barcelona, 2009; Shenk, David, *The Genius in All of Us: Why Everything You've Been Told About Genetics, Talent and IQ Is Wrong*, Anchor, Nueva York, 2011; Syed, Matthew, *Bounce: the Myth of Talent and The Power of Practice: Beckham, Serena, Mozar, and the Science of Success*, Harper, Nueva York, 2011.

21. Foer, Joshua, *Los desafíos de la memoria*, Planeta, Barcelona, 2012.

22. De hecho, Anders Ericsson ni siquiera realiza la afirmación de que 10.000 horas de práctica conduzcan previsiblemente al éxito. Un sujeto de veintinueve años llamado Dan McLaughlin, que no había jugado nunca antes al golf, en 2010 decidió dedicarse al golf durante 10.000 horas, básicamente a jornada completa durante seis años y medio, con el objetivo de clasificarse para el circuito de la PGA, lo que le situaría entre los 250 mejores jugadores del mundo, más o menos. ¿Puede hacerlo? Ericsson no está seguro: «Nadie lo ha hecho, lo que significa que nadie sabe cómo va a acabar la cosa. Es como Colón». *Businessweek* comenta que tal vez McLaughlin no llegue nunca a ser un excelente golfista, aunque tiene un gran talento para hacerse publicidad a sí mismo. Stein, Joel, «From Doofus to Genius?», *Bloomberg Businessweek*, 29 de noviembre - 4 de diciembre de 2011, 101.

23. Los investigadores de la Vanderbilt University David Lubinski y Camilla Benbow hicieron un seguimiento a más de 2.000 personas que se habían clasificado entre el 1 por ciento superior en una prueba de inteligencia a los trece años. Descubrieron que aquellos que coparon los primeros puestos —el percentil 99,9 o los «sumamente dotados»— tenían entre tres y cinco veces más de probabilidades de acabar siendo doctores, registrar una patente o publicar un artículo científico que aquellos que sólo estaban en el percentil 99,1 superior. Entre los mejores estudiantes, un talento sobresaliente a una edad temprana demostró ser un importante indicador de los niveles más elevados de éxito. Las capacidades intelectuales muy altas confieren una tremenda ventaja en el mundo real para la mayoría de los logros difíciles. En una investigación posterior, esta vez con pianistas, Lubinski y Benbow confirmaron una estrecha correlación positiva entre los hábitos de práctica y la repentización, pero asimismo determinaron que un talento mental innato, conocido como capacidad de memoria de trabajo, también era importante. Hambrick David Z., y Elizabet J. Meinz, «Sorry, Strivers: Talent Mattes», *New York Times*, 20 de noviembre de2011, SR12.

24. Pinker, Steven, «Malcolm Gladwell, Eclectic Detective», *New York Times*, 15 de noviembre de 2009, BR1.

25. Colvin, Geoff, *El talento está sobrevalorado: las auténticas claves del éxito personal*, Gestión 2000, Barcelona, 2009.

26. Ericsson, Prietula, y Cokely, «Making of an Expert», 118.

27. Ibíd., 119.

Capítulo 8: Las decisiones de un líder

1. Nye Jr., Joseph S., *Las cualidades del líder*, Paidós Ibérica, Barcelona, 2011.

2. Jack Welch, y Suzy Welch, «How Not to Succeed in Business», *Business Week*, 2 de marzo de 2009, 74.

3. En *Una fuerza para el cambio* (Díaz de Santos, Barcelona, 1992), John Kotter sostiene que el liderazgo es una fuerza para el cambio, pero que la gestión enfatiza el estado de cosas. A mi modo de ver, la distinción entre líderes y directores no es sólo una dicotomía falsa, sino que les hace un flaco favor a los directivos; dado que el liderazgo suele ser un término ambicioso, la gestión sale mal parada con la comparación. Henry Mintzberg adopta un prudente punto de vista opuesto a éste en «We're Overled and Undermanaged», *Business Week*, 17 de agosto de 2008, 68.

4. Nye, op. cit., p. 70. «Si la inteligencia emocional no es auténtica, es probable que los demás terminen averiguándolo a la larga, aunque la gestión acertada de las impresiones personales requiere de algunas de las disciplinas y aptitudes emocionales que poseen los buenos actores.» Warren Bennis hace un comentario similar acerca de la interpretación: «Al igual que los grandes actores, los grandes líderes crean y venden una visión alternativa del mundo, una visión mejor de la que somos parte esencial». «Acting the Part of a Leader», *Business Week*, 14 de septiembre de 2009, 80.

5. Discurso pronunciado en la Rice University el 12 de septiembre de 1962. La cita exacta fue: «Escogimos ir a la Luna en esta década y hacer las demás cosas no porque sean fáciles, sino porque son difíciles».

6. Kraft, Chris, *Flight: My Life in Mission Control*, Dutton, Nueva York, 2001, p. 82.

7. Ibíd., p. 229.

8. Johnson, Stephen B., *The Secret of Apollo: Systems Management in American and European Space Programs*, John Hopkins University Press, Baltimore, Maryland, 2002, p. 146.

9. Liebergot, Sy, *Apollo EECOM: Journey of a Lifetime*, Apogee Books, Burlington, Ontario, 2003, p. 138.

10. Según Liebergot, fue Swigert quien transmitió por radio: «Vale, Houston, tenemos un problema».

11. Ibíd., p. 140.

12. Kranz, Gene, *Failure Is Not an Option: Mission Control from Mercury To Apollo 13 and Beyond*, Berkley Books, Nueva York, 2000, p. 314.

13. O'Brien, Miles, entrevista del presentador CNN, «Veteran NASA Flight Director Discusses Book About Race to the Moon», *CNN Sunday Morning News*, 8 de mayo de 2000.

14. Kranz, op. cit., p. 321.

15. No está claro si Kranz dijo la memorable frase: «El fracaso no es una opción». Algunos afirman que fue cosa de los guionistas. Pero resume bien la actitud de Kranz, que utilizó esa frase para el título de su autobiografía en el año 2000.

16. Gary Klein ha utilizado la crisis a bordo del Apolo 13 como ejemplo de resolución de problemas organizativos, con casos de seis propósitos distintos: generación de nuevas acciones, suministro de predicciones, formulación de planes, derivación de diagnósticos, toma de decisiones y revisión de objetivos. Por mi parte, he estudiado la misma historia desde la perspectiva de la confianza y el liderazgo. Klein, Gary, *Sources of Power: How People Make Decisions*, MIT Press, Cambridge, MA, 1998.

17. Kranz, op. cit., p. 12. Cuando acabó la misión, la mentalidad deliberativa de la NASA volvió a ocupar el frente. Las expresiones de seguridad —«El fracaso no es una opción» y «Esta tripulación va a volver a casa»— se dejaron a un lado cuando la NASA volvió al análisis racional. Un comité especial, la Comisión Cortright, examinó todos los elementos principales, desde los depósitos criogénicos a los ordenadores, en todas las etapas de su historia, desde el diseño a la fabricación y desde las pruebas de seguridad a su utilización. La Comisión Cortright descubrió que la causa de la explosión se debió a la confluencia de dos errores previos. Los interruptores de los termostatos instalados en los depósitos de combustible del Apolo habían sido diseñados originalmente para la red eléctrica de 28 voltios de la nave, pero no fueron modificados cuando se instalaron los nuevos calefactores de 65 voltios, dejando unos interruptores de 28 voltios en un depósito de 65 voltios. Eso en sí era grave, aunque no tanto como para causar la explosión, hasta que se combinó con un segundo error. Después de su utilización en el *Apolo 7* en octubre de 1968, se había descartado un depósito de combustible que luego había sido instalado ligeramente averiado en el *Apolo 13*. La avería, aunque pequeña y no detectada, supuso que el termostato se fundiera cuando los 65 voltios produjeron una sobretensión en los depósitos, provocando la acumulación de una tremenda presión y la explosión subsiguiente. El informe concluía: «Aunque el punto exacto de inicio de la combustión y el camino específico de propagación involucrado tal vez nunca lleguen a conocerse con exactitud, la naturaleza del suceso está suficientemente bien comprendida para permitir adoptar las medidas correctoras que eviten que se repita». El tono del informe, coherente con la cultura de la NASA, estaba fundamentado en los hechos y era objetivo. La NASA estaba de nuevo en un modo extremadamente analítico, sin ahorrar costes para identificar la causa originaria del fallo y eliminar los problemas en las misiones futuras. Sin embargo, durante los tres días en los que más había importado —desde los primeros instantes de desesperación cuando quedó claro el alcance de la explosión hasta el chapuzón final—, había prevalecido una mentalidad ejecutiva.

18. Kranz, Gene, correspondencia con el autor, marzo de 2010.

19. Kraft, Chris, *Flight: My Life in Mission Control*, Dutton, Nueva York, 2001, 337.

20. Kranz, correspondencia.

21. Contamos la historia del *Apolo 13* porque todo acabó bien, lo cual es un ejemplo del sesgo de supervivencia. Jamás sabremos si el Control de Misión habría actuado de forma tan brillante en la misión de la lanzadera espacial *Challenger* en enero de 1986, porque la explosión a los 60 segundos del lanzamiento destruyó la nave. Pero en la celebración por el *Apolo 13* pasa desapercibido un hecho incómodo: si la explosión hubiera ocurrido en un momento ligeramente distinto, ni siquiera el mejor y más tenaz líder con el mejor y más tenaz equipo habrían conseguido hacer volver a casa sanos y salvos a Lovell, Haise y Swigert. La explosión en el módulo de servicio del *Apolo 13* tuvo lugar a las 55 horas de haberse iniciado la misión. Si hubiera sucedido unas pocas horas «antes», no habría quedado suficiente oxígeno para mantener a los tres hombres el tiempo necesario para regresar a la Tierra. Si la explosión hubiera tenido lugar un día «después», una vez que el módulo lunar hubiera descendido hasta la superficie de la Luna y el módulo de mando estuviera orbitando la Luna, todo habría estado perdido. Y si la explosión hubiera sido ligeramente más potente y hubiera arrancado los sistemas de mantenimiento vital suplementarios, no habría habido la menor posibilidad de un regreso seguro. En unas condiciones sólo ligeramente distintas, jamás habría habido la menor posibilidad de maravillarse por la brillante entrega y delicadeza bajo presión del Control de Misión y la tripulación. *Apollo 13: The NASA Mission Reports*, Apogee Books, Burlington, Ontario, 2000, p. 4.

22. Jack y Suzy Welch, «How Not to Succeed in Business», 74.

23. Isaacson, Walter, *Steve Jobs, la biografía*, Debate, Barcelona, 2013; Ahmed, «Jobs: The Special One», *The Times, Saturday Review*, 29 de octubre de 2011, 16.

24. Típico de los recientes tratamientos de la autenticidad es la mención de Rob Goffee y Gareth Jones en «Managing Authenticity: The Great Paradox of Leadership», *HarwardBusines Review*, (diciembre de 2005), 87-94: «Tanto los líderes como sus seguidores asocian autenticidad con sinceridad, franqueza e integridad. Eso es lo que importa, el único atributo que define a los grandes líderes». Sin embargo, uno debe preguntar si la autenticidad, definida objetivamente, lleva a un gran liderazgo, o si aquellos que son considerados grandes líderes son vistos como auténticos. Lo segundo, ateniéndonos al uso vulgar del término, parece más probable que lo primero.

25. El *Apolo 13* exigía un nivel muy elevado de rendimiento, pero un nivel absoluto, no uno con un rendimiento relativo como en una competición.

26. «La sinceridad —dijo— exige que actuemos y en realidad seamos de la manera que nos presentamos a los demás. La autenticidad entraña encontrar y expresar el verdadero yo interior y juzgar todas las relaciones desde su prisma.» Patterson, Orlando, «Our Overrated Inner Self», *New York Times*, 26 de diciembre de 2006, A35. Patterson alude a Trilling, Lionel, *Sincerity and Authenticity*, Harvard University Press, Cambridge (MA), 1971.

27. «"Deber, honor, patria", estas tres sagradas palabras dictan reverencialmente lo que debéis ser, lo que podéis ser y lo que seréis. Las tres conforman vuestro punto de convergencia para que hagáis acopio de valor cuando parezca que os falta valor, para que recuperéis la fe cuando parezca haber pocos motivos para tenerla, para albergar esperanza cuando ésta se vuelva vana.» Discurso del General Douglas MacArthur al Cuerpo de Cadetes de la Academia Militar de West Point, Nueva York, 12 de mayo de 1962.

28. Patterson, art. cit.

29. Otros han sido todavía más mordaces al hablar de la actual importancia de la autenticidad. Simon Critchley, profesor de filosofía, y Jamieson Webster, psicoanalista, escriben: «En el evangelio de la autenticidad, el bienestar se ha convertido en el objetivo primordial de la vida humana. En lugar de ser el subproducto de algún proyecto colectivo, de algunas ampliaciones de la Nueva Jerusalén, el bienestar es un fin en sí mismo [...]. La autenticidad, al no necesitar ninguna referencia a nada fuera de sí, es una evacuación de la historia. La fuerza del ahora. En lo más profundo de la ética de la autenticidad anida un profundo egoísmo y una despiadada indiferencia hacia los demás. Esta ideología funciona destacadamente en el lugar de trabajo, donde la clásica distinción entre trabajar y no trabajar se ha desintegrado». Critchley, Simon, y Jamieson Webster, «The Gospel Accoriding to "Me"», *New York Times*, 30 de junio de 2013, SR8.

30. Patterson, art. cit.

31. «Esté seguro, señor, que cuando un hombre sabe que va a ser colgado antes de dos semanas, concentra su mente maravillosamente.» Boswell, Thomas, *Life of Johnson*, Oxford University Press, Oxford, 2008, p. 849.

32. Loomis, Carol J., «Why Carly's Bet Is Failing», *Fortune*, 7 de febrero de 2005, pp. 50-64.

33. Khurana, Rakesh, *Searching for a Corporate Savior: The Irrational Quest for Charismatic CEOs*, Princeton University Press, Princeton (NJ), 2002.

34. March, James G., y Zur Shapira, «Managerial Perceptions on Risk and Risk-Taking», *Management Science*, 33 (1987), 1404-1418.

35. Staw, Barry M., «Leadership and Persistence», *Leadership and Organizational Culture: New Perspectives on Aministrative Theory and Practice*, Thomas J. Sergiovanni y John E. Corablly, eds., University of Illinois Press, Champaign, 1986, pp. 72-84.

36. Ibíd., p. 82.

37. Para una crítica, véase Staw, M., «The Escalation of Commitment To a Course of Action», *Academy of Management Review*, 6, núm. 4 (1981), pp. 577-587.

38. Staw, op. cit., p. 80.

39. Nye, *The Powers to Lead*, p. 124.

Capítulo 9: Donde los modelos temen pisar

1. Vance, Ashlee, «Algorithms on the Prairie», *Bloomberg Businessweek*, 26 de marzo de 2012, 37-39.

2. Tierney, John, «From Tinseltown to Splitsville: Just Do the Mat», *New York Times*, 19 de septiembre de 2006, A25.

3. Incluyeron el juzgado de origen, el área temática, el tipo de demandante y la dirección ideológica del fallo del tribunal inferior.

4. Ayres, Ian, *Super Crunchers: Why Thinking-By-Numberse Is the New Way to Be Smart* (Bantam Dell Books, Nueva York, 2004). La cita original es: Martin, Andrew D., y otros, «Competing approaches to Predicting Supreme Court Decision Making», *Perspectives on Policy*, 2 (2004), 763; Ruger, Theodore W., y otros, «The Supreme Court Forecasting Project: Legal and Political Science Approaches to Predicting Supreme Court Decisionmaking», *Columbia Law Review*, 104 (2004), 1150.

5. Ashenfelter, Orley, «Predicting the Quality and Prices of Bordeaux Wine», *Economic Journal*, 118, núm. 529 (junio de 2008), F174-F184; Ayres, ibíd., pp. 1-6.

6. Del modelo de Orley Ashenfelter para predecir la calidad del vino se ha informado ya varias veces, no sólo por Ian Ayres, sino también por Michael Mauboussin en *Think Twice* (Harvard Business Press, Boston, 2009) y Daniel Kahneman en *Pensar rápido, pensar despacio*.

7. Ayres, op. cit., p. 114.

8. James, Bill, *Solid Fool's Gold: Detours on the Way to Conventional Wisdom*, ACTA Sports, Chicago, 2011, p. 185.

9. Adaptado de Adler, Joseph, *Baseball Hacks: Tips & Tools for Analyzing and Winning with Statistics*, O'Reilly, Sebastapol (CA), 206, p. 313. He dejado este ejemplo en un plano bastante amplio, considerando sólo si las carreras son anotadas en las entradas. El análisis podría ser más sofisticado y examinar a los lanzadores y bateadores concretos, las entradas, el número de carreras por delante o por detrás, si se es local o visitante, etcétera. Ni he considerado los toques intentados que llevaron al bateador a alcanzar una base segura —por llegar quieto por un golpeo o por un error de los defensores— ni los toques que pusieron fuera al corredor sin tocarlo en la segunda. Pero como un primer filtro, como una manera de mostrar cómo los análisis de una gran serie de datos muestran una efectividad general, las percepciones son convincentes.

10. James, op. cit., p. 186.

11. Adams, Tim, «How a Book about Baseball Statistis Changed the Way We Think about Football... Forever» *Esquire*, septiembre de 2011, 201.

12. Keri, Jonah, *The Extra 2%: How Wall Street Strategies Took a Major League Team from Worst to First*, Ballantine Books, Nueva York, 2011, p. 188.

13. Ibíd., p. 192.

14. Swartz, Jon, «San Francisco Giants Ride Techball to the Top», *USAToday*, 31 de marzo de 2013, http://www.usatoday.com/story/tech/2013/03/31/giants-social-media-world-series-technologh/2013497/.

15. Slusser, Susan, «Cant't Keep Beane Down: No More Talk of Moneyball, Please», *San Francisco Chronicle*, 12 de julio de 2009, B1-B7.

16. Lewis, Michael, «Out of Their Tree», *Sports Illustrated*, 1 de marzo de 2004, http://sportsillustrated.cnn.com/vault/article/magazine/MAG1031308/index.htm.

17. White Paul, «Moneyball' Principles Have Become Old Hat», *USA Today*, 21 de septiembre de 2011, 6C.

18. Bill James consideró a Morgan el mejor segundo base de todos los tiempos, por delante de Eddie Collins y Rogers Hornsby. *Bill James Historical Baseball Abstracts*, *The Free Press*, Nueva York, 2001, p. 471.

19. Craggs, Tommy, «Say-It-Ain't-So Joe», *SF Weekly*, 6 de julio de 2005, http://www.sfweekly.com/2005/-07-06/news-it-ain-t-so-joe.

20. La frase es de un discurso de Theodore Roosevelt pronunciado el 23 de abril de 1910, «La ciudadanía en una república». «No es el crítico el que importa, ni el hombre que señala cómo tropieza el hombre fuerte o indica el lugar donde aquél podría haber hecho las cosas mejor. El reconocimiento es para el hombre que está de verdad en el ruedo, cuya cara está ennegrecida por la tierra, el sudor y la sangre; que lucha con valentía; que se equivoca y que una y otra vez no está a la altura, porque no hay esfuerzo sin equivocación ni defecto.» http://www.theodore-roosevelt.com/trsorbonnespeech.html.

21. Morgan Joe, y David Falkner, *Joe Morgan: A Life in Baseball*, W. W. Norton & Co., Nueva York, 1993, p. 39.

22. Pete Rose podría servir de ejemplo igual de bien, ya que consiguió unos resultados asombrosos gracias a un gran esfuerzo y una actitud mental fuerte, aunque Rose no está en el Salón de la Fama ni es miembro del «club» del béisbol. Un compañero de equipo, Merv Rettenmund, observó:

«La confianza de Peter era de tal nivel que si tenía una mala semana le parecía que a la siguiente haría más batazos buenos. Lo convertía en algo positivo. Los buenos bateadores aprenden de sus fallos, pero no andan rumiándolos. Pete era el máximo ejemplo de eso.» Citado en Sokolove, Michael, *Hustle: The Myth, Life, and Lies de Pete Rose*, Simon & Schuster, Nueva York, 1990, p. 90.

23. Leonhardt, David, «Science and Art at Odds on the Field of Dreams», *New York Times*, 28 de agosto de 2008, http://ww.nytimes.com/2005/08/28/sports/28iht-THEORIES.html.

24. Tetlock, Philip E., *Expert Political Judgment: How Good Is It? How Can We Know?*, Princeton University Press, Princeton (NJ), 2005. Daniel Kahneman comentó: «Tetlock ha establecido los términos de cualquier futuro debate sobre este tema», *Pensar rápido, pensar despacio.*

25. Hoff, Joan, *Nixon Reconsidered, Basic Books*, Nueva York, 1995, p. 6, citado en MacMillan, Margaret, *Nixon and Mao: The Week that Changed the World*, Random House, Nueva York, 2007.

26. Sonmez, Felicia, «VicePresident Biden Predicts Supreme Court Won't Rule Health Care Law Unconstitutional», *Washington Post*, 2 de abril de 2012, http://washingtonpost.com/blogs/post-politics/pot/vice-president-biden-predicts-supreme-court-wont-rule-health-care-law-unconstitutional/2012/04/01/gIQADBE8oS_blog.html.

27. Bendery, Jennifer, «Nancy Pelosi Predicts 6-3 Supreme Court Vote in Favor of Health Care Law», *Huffington Post*, 4 de abril de 2012, http://huffingtonpost.com/2012/04/04/nancy-pelosi-health-care-law_n_1402908.html.

28. Byers, Dylan, «Dick Morris Fesses UP», *Politico.com*, 13 de noviembre de 2012, http://www.politico.com/blogs/media/2012/11/dick-morris-fesses-up149453.html.

29. En julio de 2013 Nate Silver anunció que iba a dejar el *New York Times* para desempeñar una nueva función en *ESPN* que le permitiría combinar los deportes con la información política para *ABC News*. *ESPN* y *ABC* pertenecían ambas a Disney, lo que llevó a *Drudge Report* a decir unas palabras de despedida: «Nate Silver se une al imperio mediático de Michey Mouse». Stelter, Brian, «Blogger for Times Is to Join ESPN Staff», *New York Times*, 20 de julio de 2013, B6.

30. Silver, Nate, *The Signal and the Noise: Why So Many Predictions Fail, but Some Don't*, Penguin, Nueva York, 2012, p. 126.

31. Ibíd., pp. 243-245. En *Thinking Statistically*, Uri Bram utiliza un ejemplo parecido, en esta ocasión preguntando si tu novia te está engañando porque te dijo que se iba a casa porque no se encontraba bien, pero se escabulló para ir a cenar con un antiguo novio. ¿Son quizás éstas unas formas de hacer estadísticas destinadas a atraer al gran público o es posible que se trate de unas preguntas en las que estadísticamente se tienda a pensar?

32. Los ejemplos de los taxis y las pruebas médicas serían ligeramente más sencillas, en tanto que los índices de falso positivo y falso negativo eran los mismos. Se nos dijo simplemente que la testigo acertaba el 80 por ciento de las veces, sin que hubiera diferencia entre falsos negativos y falsos positivos, esto es, que era igualmente probable que dijera que un taxi verde era azul que declarara que un taxi azul era verde. Lo mismo es de aplicación a las pruebas médicas, de las que se dijo que tenían un falso positivo del 5 por ciento, aunque no se mencionó nada acerca de los falsos negativos.

33. Nate Silver explicó esta probabilidad del 0,5 de la siguiente manera: «Si te está engañado, sin duda es bastante fácil imaginar cómo llegaron hasta allí las bragas. Pero, por otro lado, incluso si te está engañando (y quizás especialmente por ello), podrías esperar que fuera más cuidadoso». Silver parece estar diciendo: puede que él te esté engañando y puede que no, así que digamos que la cosa está 50/50. Pero eso no es lo que significa el 50 por ciento en este caso. Este ratio base significa que si él tiene una aventura, el 50 por ciento de las veces las misteriosas bragas acabarán en la cómoda, y el 50 por ciento no. Esta cifra se antoja demasiado elevada (aunque no estoy diciendo que sea un experto). Sospecho que lo que Silver quería decir realmente era que el 50 por ciento eran las probabilidades de que hubiera una aventura, dado que encontraste las bragas, lo cual es la cuestión que tratamos de resolver.

34. Jeremy Fox: «Un desafortunado efecto colateral de la reciente popularidad de los enfoques estadísticos tecnológicamente sofisticados e informáticamente intensivos en la ecología ha sido provocar que los ecologistas sean aún más reacios a ocuparse de cuestiones filosóficas, a saber, menos dominio, o en su defecto menos probabilidades de preocuparse por la soltura. Parece que se estuviera desarrollando una moral del "calla y haz números", como si la pericia técnica en la programación pudiera sustituir el pensar sobre lo que significan los números». http://oikosjournal.wordpress.com/2011/10/11/frequentist-vs-bsyesina-statistics-resources-to-help-you-choose/.

Capítulo 10: ¿Cuándo están malditos los ganadores?

1. Capen, Edward C., Robert V. Clapp y William M. Campbell, «Competitive Bidding in High-Risk Situations», *Journal of Petroleum Technology*, 23 (1971), 641.

2. Ibíd., 644.

3. «The Tale of the "Winner's Curse', Bidding Science Saved $$», http://www.aapg.org/explorer/2004/12dec/capen.cfm.

4. Capen, Clapp y Campbell, op. cit., 647.

5. Ibíd., 641-653.

6. Bazerman, Max H, y William F. Samuelson, «I Won the Auction but I Don't Want the Prize», *Journal of Conflict Resolution*, 27 (1983), 618-634.

7. Thaler, Richard H., «The Winner's Curse», *Journal of Economic Perspectives*, 2, núm. 1 (1998), 191-202.

8. Silver, Nate, *The Signal and the Noise: Why So Many Predictions Fail, but Some Don't*, Penguin, Nueva York, 2012, p. 359.

9. En *Think Twice: Harnessing the Power of Counterintuition*, Harvard Business Press, Boston, 2009), Michael Mauboussin explica que dirigió unos experimentos parecidos en su curso de inversiones financieras y mercados financieros para enseñar los peligros de las subastas públicas.

10. Es también un ejemplo de subasta de primer precio cerrado, porque cada parte hace su oferta sin saber las de los demás, y el ganador paga íntegra la cantidad de la puja. Las subastas de primer precio cerrado suelen acabar con unas ofertas ganadoras muy altas, porque los licitadores no pueden ver lo que están dispuestos a pagar los demás. Otros formatos de subastas alivian la tendencia al sobreprecio. En las subastas de segundo precio cerrado, también conocidas como subastas Vickrey en honor del ganador del Premio Nobel de Economía William Vickrey, el principal licitador paga el monto de la oferta del licitador que acaba en segundo lugar o segundo precio. De esa manera, el ganador está protegido de sus excesos, aunque no de los del licitador que acaba segundo. En las subastas de precio ascendente abiertas, también llamadas subastas inglesas, los participantes pujan abiertamente con pleno conocimiento de las pujas de los demás. Por último, las subastas de precio descendente abiertas, asimismo conocidas como subastas holandesas, el subastador empieza pidiendo un precio alto y luego lo va bajando hasta que un licitador esté dispuesto a pagarlo. Cada clase de subasta tiene una dinámica ligeramente diferente que se presta a tácticas distintas, aunque la maldición del ganador puede darse en todas ellas.

11. Kreps, Daniel, «Lennon's "A Day in the Life' Lyrics Sell for $1,2 Million», *Rolling Stone*, 18 de junio de 2010, http://www.rollingstone.com/music/news/lennons-a-day-in-the-life-lyrics-sell-for-1-2-million-20100628.

12. Taber, J. J., F. D. Martin, y R. S. Seright, «EOR Screening Criteria Revisited-Part 1: Introduction to Screening Criteria and Enhance Recovery Field Projects», *SPE Reservoir Engineering*, 12, núm. 3 (agosto de 1997), 189-198.

13. Schaefer, Keith, «Natural Gas: Cost Go Down as Learning Curve Goes Up», www.oilandga-investments.com, 6 de junio de 2009. «Esa curva de aprendizaje está ocurriendo todavía. La producción de esos largos pozos horizontales está mejorando en todas las extensiones productivas no convencionales de gas (y petróleo) de Norteamérica [...]. Y como escribí en un artículo anterior, los productores de energía están aprendiendo a fracturar estas extensiones productivas mucho mejor, utilizando mezclas especiales de productos químicos y agua para conseguir la máxima cantidad de petróleo o gas de esas nuevas reservas tan poco permeables, necesitándose a veces varios onerosos ensayos antes de dar con la fórmula correcta de fracturación. Tristone estima que el nivel de equilibrio medio de estas nuevas extensiones productivas de esquisto bituminoso está rondando ya los 5 dólares por millón de pies cúbicos, con la mejor extensión productiva ya a 4 dólares, y mientras la curva de aprendizaje vaya para arriba, la curva de coste seguirá bajando, arrastrando con ella el precio de equilibro de la producción de gas natural.»

14. «Greater Prudhoe Bay», BP Fact Sheet, http://www.bp.com/liveassets/bp_internet/globalbp/STAGING/global_assets/downloads/A/abp_wwd-alaska_prudhoe_bay_fact_sheet.pdf.

15. Asumí que las empresas mejoran en exploración, perforación y extracción entre el 0 y el 2 por ciento cada año, con una media del 1 por ciento. Esto significa que una empresa mejoraría su productividad entre un 0 por ciento y un 6 por ciento anualmente, con un 3 por ciento de media. Para no complicar las cosas, asumí que las mejoras en la exploración, la perforación y la extracción son independientes no sólo entre sí en un año dado, sino también en el transcurso de los años, de tal manera que de un año a otro no hay remanente.

16. Bazerman, Max. H., *Judgment in Managerial Decision Making*, Wiley, Nueva York, 2.ª ed., 1990, p. 143. Pese al título del libro, muchos de los ejemplos tienen poco que ver con las decisiones a las que se enfrentan los directivos en la realidad; de hecho, no hay ninguna reflexión acerca de las diferencias entre una decisión empresarial y las de otros tipos.

17. Una de las primeras explicaciones desde el punto de vista de la arrogancia de los directores generales se debe a Richard Roll, «The Hubris Theory of Corporte Takeovers», *Journal of Business*, 59, núm. 2 (1986), 197-216.

18. Las pruebas se basan en las respuestas inmediatas de los mercados financieros al anuncio de una adquisición. Si los mercados financieros son eficientes, o al menos eficientes la mayor parte del tiempo, entonces todo lo que sea del dominio público es tenido en cuenta en el momento de la adquisición. Cuando se anuncia que la Empresa A pagará una cantidad determinada para adquirir la Empresa B, el cambio en los precios de sus respectivas acciones refleja la expectativa que tiene el mercado de que haya cambios en el rendimiento financiero. Esperamos que el precio de la acción de la empresa comprada suba, porque de lo contrario no habría venta, pero ¿qué pasa con el precio de la acción de la empresa compradora? Si se confía en que la transacción sea un buen movimiento para la empresa compradora, esperaríamos que el precio de su acción suba también. Pero esto no es lo que suele suceder. Por lo general, el mercado envía para abajo las acciones de la empresa compradora, reflejando la sensación de que los beneficios no serán tan grandes como la cantidad pagada.

19. Sirower, Mark L., y Sumit Sahni, «Avoiding the "Sinergy Trap": Practical Guidance on M&A Decisions for CEOs and Boards», *Journal of Applied Corporate Finance*, 18, núm. 3 (verano 2006), 83-95. Recientemente ha habido pruebas de un cambio. JP Morgan informó en 2012 de que las respuestas de los inversores a la adquisición ha pasado de ser ligeramente negativa de media a serlo en cierto modo positiva. Sin embargo, una explicación es que cuando los mercados aprendieron a mostrarse escépticos ante la mayoría de las transacciones, fueron menos las que se intentaron, quedando sólo los más creíbles y con más probabilidades de terminar con éxito. Por consiguiente, la media mejora debido a que la mezcla de transacciones cambia. Véase Corporate Finance Advisory and Mergers & Acquisitions, *Uncorking M&A: The 2013 Vintage*, J. P. Morgan, diciembre de 2012, https://www.jpmorgan.com/cm/BlobServer/JPMorgan_CorporateFinanceAdvisory_MA.pdf.

20. Whitacre Jr., y Edward E., *Corporate Acquisitions Can Create Winners: A Case in Point*, The CEO Series, Business Leaders, Thought and Action, Washington University, Center for the Study of American Business, San Luis, Misuri, 1998.

21. Latour, Almar, y Shawn Young, «Two Who May Pop the Question to AT&T Wireless, Intent on Wireless Expansion, SBC Communications' Whitacre Takes Risks Seeking Acquisitions», *Wall Street Journal*, 10 de febrero de 2004, B1.

22. Wachtell Lipton volvía a aparecer en las noticias el 12 de septiembre de 2008, cuando en sus oficinas se estaba forjando la venta de Merrill Lynch al Bank of America. Stewart, James B., «Eight Days: The Battle to Save the American Financial System», *New Yorker*, 21 de septiembre de 2009, 69.

23. Richtel, Matt, «List of Suitors Said to Narrow for Mobile Giant», *New York Times*, 11 de febrero de 2004, http://www.nytimes.com/2004/02/11/business/list-of-suitors-said-to-narrow-for-mobile-giant.html.

24. Whitacre, Ed, *American Turnaround: Reinventing AT&T and GM and the Way We Do Business in the USA*, Business Plus, Nueva York, 2013, p. 129.

25. Latour y Young, art. cit.

26. AT&T Wireless Services, Inc., Declaración de Poder de conformidad con la Sección 14(a) de la Ley de la Bolsa de Valores de 1934, 22 de marzo de 2004.

27. «Vodafone Bids for AT&T Wireless: Vodafone and Cinguar Square off in Bids for No. 3 U. S. Wireless Firm at about $35 Billion», Nueva York (*CNN/Money*), 15 de febrero de 2004, http://money.cnn.com/2004/02/15/technology/att_bids/.

28. Sabbagh, Dan, «Vodafone in $35bn Fight for AT&T Wireless», *The Times*, 16 de febrero de 2004, http://www.thetimes.co.uk/tto/business/article2103013.ece.

29. Vodafone se enfrentaba a dos conjuntos de cálculos, determinar por un lado cuánto ofrecer por AT&T Wireless mientras al mismo tiempo negociaba un precio de venta para su participación del 45 por ciento en Verizon Wireless. Cuanto más pudiera obtener por Verizon Wireless, más podría pagar por AT&T Wireless. Los rumores sugerían que Verizon Communications había aceptado comprar el paquete de Vodafone por 23.000 millones de dólares, lo que le habría proporcionado liquidez de sobra para realizar una oferta agresiva.

30. Raghavan, Anita, Almar Latour, y Jesse Drucker, «Battle Intensifies for AT&T Wireless. Vodafone and Cingular Submit Revised Offers as Others Decline to Bid», *Wall Street Journal Europe*, 16 de febrero de 2004, A1.

31. Pesola, Maija, y otros, «Vodafone Edges Ahead in AT&TW Bidding», *Financial Times*, 17 de febrero de 2004, 24.

32. Sorkin, Andrew Ross, y Matt Richtel, «Cingular Wins AT&T Wireless in an Early-Morning Drama», *New York Times*, 29 de febrero de 2004, http://www.nytimes.com/learning/teachers/featured_articles/20040219thursday.html.

33. Whitacre, op. cit., p. 131.

34. Ibíd.

35. Sorkin y Richtel, op. cit.

36. Pesola, Maija, y otros, «Cingular Grabs AT&TW from Sleeping Vodafone», *Financial Times*, 18 de febrero de 2004, 44.

37. Ibíd.

38. Wray, Richard, «Cingular's $41bn Forces Vodafone out of AT&T Race», *The Guardian*, 18 de febrero de 2004, 19.

39. Cuando la bolsa abrió el martes, la noticia de la oferta récord contribuyó a que el índice bursátil Standard & Poor's subiera 11 puntos, más o menos un 1 por ciento, mientras que el índice del industrial Down Jones lo hiciera 87 puntos, el 0,8 por ciento. En cuanto a los dos actores principales, la acciones de Vodafone subieron un 7 por ciento en el FTSE londinense. A los inversores pareció aliviarles que hubiera perdido. Mientras, las acciones de la matriz de Cingular, la SBC de Ed Whitacre, cayó 18 centavos, hasta los 24,87 dólares por acción, una pérdida del 0,7 por ciento, y BellSouth perdió 49 centavos hasta los 29,06 dólares, una pérdida del 1,7 por ciento. Los mercados financieros suelen castigar a las acciones de un comprador, al asumir que si ofreció lo suficiente para ganar la subasta, quizás haya pagado demasiado.

40. White, Dominic, «Vodafone Looks to Next Target», *Daily Telegraph*, 25 de febrero de 2004, http://www.telegraph.co.uk/fnance/2878078/Vodafone-looks-to-next-target.html. Vodafone hizo pública esta declaración: «El 17 de febrero de 2004, Vodafone se retiró de la subasta al determinar que continuar con las conversaciones ya no repercutía en el interés de sus accionistas. Vodafone sigue comprometida con su posicion actual en el mercado norteamericano con su satisfactoria alianza en Verizon Wireless».

41. Cuando Dow Chemical compró Rohm & Has en julio de 2008, el dierector general de la compañía justificó el elevado precio describiendo el objetivo como «una propiedad en primera línea de playa de alta calidad». Aquel desastroso negocio es uno de los muchos ejemplos en un muy buen tratamiento general del optimismo en fusiones y adquisiciones. Mauboussin, *Think Twice*.

42. Whitacre, op. cit., p. 133.

43. Ibíd., p. 131.

44. Ibíd., p. 129.

45. Carta del presidente del consejo, Informe anual de AT&T del 2005 [a la sazón SBC], http://www.att.com/Investor/ATT_Annual/2005/chairletter.html.

46. Cauley, Leslie, «BellSouth Likes to Go It Alone», *USA Today*, 31 de octubre de 2005, http://www.usatoday.com/tech/news/techpolicy/business/2005-10.31-bellsouth-mergers_x.htm.

47. Al cabo de un año Whitacre abandonó AT&T y acto seguido se le reclamó para actuar en nombre del estado como presidente del consejo de General Motors, empresa que dirigió desde 2009 a 2011. Sin embargo, el portento que había construido siguió creciendo. En marzo de 2011, AT&T Wireless aceptó pagar 39.000 millones de dólares para adquirir T-Mobile, lo que la habría convertido en la mayor operadora de telefonía móvil de Estados Unidos, con un 42 por ciento de los abonados del país, dejando atrás a

Verizon. «Desde la perspectiva de AT&T, ésta es una enorme victoria» —dijo un analista bursátil—.Se trata de ser el número 1 y de tener una economía de escala.» Sorkin, Andrew Ross, Michael J. de la Merced y Jenna Wortham, «AT&T to Buy T-Mobile USA por $39 Billion», *New York Times*, 20 de marzo de 2011, http://dealbook.nytimes.com/2011/03/20/att-to-buy-t-mobile-usa-for-39-billion/. Sin embargo, al final la adquisición propuesta fracasó.

48. Whitacre, op. cit., p. 129.

49. Chakrabortty, Aditya, «Haven't the Politicians Desperately Scrambling to Form a Government Heard of the Winner's Curse?», *The Guardian*, 5 de noviembre de 2010, 5.

Capítulo 11: Arrancar y apretar el paso

1. US Dept. of Commerce, Bureau of the Census, Business Dynamics Statistics, http://weblog.sba.gov/blog-advo/?p=1037.

2. Dunne, Timothy, Mark J. Roberts, y Larry Samuelson, «Patterns of Firms Entry and Exit in U. S. Manufacturing Industries», *Rand Journal of Economics*, 19, núm. 4 (invierno de 1988), 233-271; Kahneman, Daniel, *Pensar rápido, pensar despacio*, Debate, Barcelona, 2012.

3. Este punto de vista queda reflejado en lo siguiente: «La decisión individual de si uno se convierte en emprendedor se basará en la comparación entre la recompensa esperada por la iniciativa empresarial y la recompensa a la mejor utilización alternativa de su tiempo», Campbell, C. A., «A Decision Theory Model of Entrepreneurial Acts», *Entrepreneurship Theory and Practice*, 17, núm. 1 (1992), 21-27.

4. Si no tenemos cuidado, la utilidad subjetiva esperada puede ser utilizada para justificar cualquier cosa, incluso las adicciones más perniciosas. Así, se puede convertir en una tautología y consiguientemente ofrecer escasa eficacia explicativa.

5. Hayward, Mathew L. A., Dean A. Shepherd, y Dale Griffin, «A Hubris Theory of Enrepreneurship» *Management Science*, 52, núm. 2 (2006), 160-172.

6. Camerer, Colin, y Dan Lovallo, «Overconfidence and Excess Entry: An Experimental Approach», *American Economic Review*, 89, núm. 1 (1999), 313.

7. Ibíd., pp. 306-318.

8. «Probablemente los sesgos decisorios y cognitivos sean ingredientes intrínsecos del desarrollo tecnológico y las estrategias empresariales, incluidos los relativos a las empresas de nueva creación», Dosi, Giovanni y Dan Lovallo, «Rational Entrepreneurs or Optimistic Martyrs? Some Considerations on Technological Regimes, Corporate Entries, and the Evolutional Role of Decision Biases», *Techonological Innovation: Oversights and Foresights*, Raghu Garud, Praveen Nattar Nayyar y Zur Baruch Shapira, eds., Cambridge University Press, Nueva York, 1997, pp. 46-68.

9. Kahneman, op. cit.

10. Moltz, Barry J., *You Need to Be a Little Crazy: The Truth About starting and Growing Your Business*, Dearborn Trade Publishing, Chicago, 2003.

11. Lewis, Michael, «In Defense of the Boom», *New York Times Magazine*, 27 de octubre de 2002, http://www.nytimes.com/2002/10/27/magazine/27DEFENSE.html.

12. Martha Lane Fox entrevistada en *HARDtalk*, BBC, 11 de diciembre de 2003.

13. Ni siquiera es necesario concluir que los emprendedores padecen el prejuicio de sobrestimación al observar la excesiva participación. Mientras la gente sea falible en sus juicios y varíen en torno a la media, aquellos que tengan más confianza seguirán hasta encontrar una nueva compañía. Este fenómeno es parecido al de la maldición del perdedor: aunque por término medio las personas sientan aversión por el riesgo, con algunas variaciones alrededor de la media, serán las que permanezcan en un punto extremo de la distribución las que más pagarán. Hogarth, Robin M., y Natalia Karelaia, «Entrepreneurial Success and Failure: Confidence and Fallible Judgment», *Organization Science*, 23 (2012), 1733-1747.

14. Véanse, por ejemplo, Headd, Brian, «Redefining Business Success: Distinguishing Between Closure and Failure», *Journal Small Business Economics*, 1, 1 (2004), 56-61; Knaup, Amy E., «Survival and Longevity in the Business Employment Dynamics data», *Monthly Labor Review*, vol. 128, núm. 5 (mayo de 2005), 50-56; US Small Business Administration, «Frequently Asked Questions About Small Business», 2009, http://www.sba.gov/ADVO/stats/sbfaq.txt.

15. Yoffie, David B., y otros, «VMware Inc.(A)», *Harward Business School Case* 9-707-013 (2007).

16. Mendel Rosenblum, entrevista con el autor, septiembre de 2012.

17. Ed Bugnion, entrevista con el autor, septiembre de 2011.

18. Entrevista con Bugnion.

19. Entrevista con Rosenblum.

20. Entrevista con Rosenblum.

21. Brad Mattson, entrevista con el autor, septiembre de 2012.

22. Livingston, Jessica, *Founder at Work: Stories of Startups' Early Days*, Apress, Berkeley (CA), 2008, p. xviii.

23. Ibíd.

24. Moore, Don A., John M. Oesch y Charlene Zietsma, «What Competition? Myopic Self-Focus in Market-Entry Decisions», *Organization Science*, 18, núm. 3 (mayo-junio de 2007), 440-454.

25. Dew, Nicholas, y otros, «Affordable Loss: Behavioral Aspects of the Plunge Decision», *Strategic Entrepreneurship Journal*, 3, (2009), 105-126.

26. Sarasvathy, Saras D., «The Affordable Loss Principle» (nota técnica), University of Virginia Darden School Foundation, Chalottesville, Virginia, 2006.

Capítulo 12: La materia de la que están hechas las decisiones acertadas

1. La NSA identificó diversos factores para ganar: calendario, bocetos, antecedentes de ejecuciones, enfoque técnico, experiencia de los subcontratistas y precio. Si los licitadores eran parecidos en lo demás, el precio sería definitorio. En su informe definitivo, Skanska fue valorada igual que DPR y Balfour Beatty en tres de los aspectos, mejor en dos y peor en uno. Al final, dio la sensación de que el contrato se concedió en función del precio.

2. http://finance.yahoo.com/news/DPR-Construction-Build-iw-1500962679.html?x=0DPR. «Construction to Build Fcebook's Sweden Data Center: Construction to Commence This Month on Social

Networking Giant's First Data Center Outside the U.S», nota de prensa de DPR Construction, 27 de octubre de 2011.

3. Entrevistas con David Ibarra, septiembre de 2012, y con Gavin Keith, enero de 2013.

4. Kahneman, Daniel, op. cit.

5. Bruce Bueno de Mesquita comenta que, aparte de los niños de dos años y los esquizofrénicos, la mayoría de las personas son capaces de declarar sus preferencias y actuar de una manera razonablemente coherente para obtenerlas. *The Predictioneer's Game: Using the Logic of Frazen Self-Interest to See and Shape the Future*, Random House, Nueva York, 2009, p. 19.

6. Lovallo, Dan y Olivier Sibony, «The Case for Behavioral Strategy», *McKinsey Quarterly*, 2 (primavera de 2010), 30-43.

7. La necesidad de que los responsables estratégicos eviten los prejuicios cognitivos fue explicada por Dan P. Lovallo y Olivier Sibony en «Distortions and Deceptions in Strategic Decisions», *McKinsey Quarterly* (febrero de 2006), 19-29, y también por Daniel Kahneman, Dan Lovallo y Olivier Sibony en «Before You Make that Big Decision...», *Harvard Business Review* (junio de 2011), 51-60.

8. Heath, Chip, y Dan Heath, *Decisive: How to Make Better Choices in Life and Work*, Crown Business, Nueva York, 2013.

9. Shapira, Zur, *Risk Taking: A Managerial Perspective*, Russell Sage Foundation, Nueva York, 1995, p. 132.

10. Bissinger, Buzz, *Three Nights in August: Strategy, Heartbreak, and Joy Inside the Mind of a Manager*, Mariner, Houghton Mifflin and Company, Boston y Nueva York, 2005, p. 17.

Bibliografía

LIBROS

Adler, Joseph, *Baseball Hacks: Tips and Tools for Analyzing and Winning with Statistics*, O'Reilly, Sebastapol, California, 2006.

Apollo 13: The NASA Mission Reports, Apogee Books, Burlington, Ontarioa, 2000.

Ariely, Dan, *Predictably Irrational: The Hidden Forces that Shape our Decisions*, HarperCollins, Nueva York, 2008.

— *The Upside of Irrationality: Deying Logica at Home and at Work*, HarperCollins, Nueva York, 2010.

Ayres, Ian, *Super Crunchers: Why Thinking-by-numbers is the New Way to Be Smart*, Bantam dell Books, Nueva York, 2007.

Barnett, William P., *The Red Queen among Organizations: How Competitivenes Evolves*, Princeton University Press, Princeton, Nueva Jersey, 2008.

Bazerman, Max H., *Judgment in Managerial Decision Making*, 2.ª ed., Wiley, Nueva York 1990.

Bazerman, Max H., y Don A. Moore, *Judgment in Managerial Decision Making*, 7.ª ed., Wiley, Nueva York, 2008.

Bloom, Benjamin S., ed., *Developing Talent in Young People*, Ballantine Books, Nueva York, 1985.

Boswell, James, *Life of Johnson*, Oxford University Press, Oxford, 2008.

Bram, Uri, *Thinking Statistically*, Kuri Books, Nepal, 2012.

Brooks, David, *El animal social*, Ediciones B, Barcelona, 2012.

Bruch, Heike, y Sumantra Ghoshal, *La tendencia a actuar: cómo los directivos efectivos utilizan su fuerza de voluntad, consiguen resultados y no pierden tiempo*, Gestión 2000, Barcelona, 2004.
Colvin, Geoff, *El talento está sobrevalorado: las auténticas claves del éxito personal*, Gestión 2000, Barcelona, 2009.
Coyle, Daniel, *The Talent Code: Greatness Isn't Born. It's Grown. Here's How*, Bantam, Nueva York, 2009.
Dixit, Avinash K., y Barry J. Nalebuff, *El arte de la estrategia: la teoría de juegos, guía del éxito en sus negocios y en su vida diaria*, Antoni Bosch, Barcelona, 2010.
Ehrenreich, Barbara, *Bright-Sided: How the Relentless Promotion of Positive Thinking Has Undermined America*, Holt, Nueva York, 2009.
Feinstein, Jon, *The Majors: In Pursuit of Golf's Holy Grrail, Little, Brown*, Nueva York, 1999.
Feynman Richard P., *El placer de descubrir*, Crítica, Barcelona, 2004.
Flanagan, Eileen, *The Wisdom to Know the Difference: When to Make a Change, and When to Let Go*, Tarcher, Nueva York, 29.
Foer, Joshua, *Los desafíos de la memoria*, Seix Barral, Barcelona 2012.
Garud, Raghu, Praveen Nattar Nayyar, y Zur Baruch Shapira, eds. *Technological Innovation: Oversights and Foresights*, Cambridge University Press, Nueva York, 1997.
Gawande, Atul, *Mejor: notas de un cirujano sobre cómo rendir mejor*, Antoni Bosch, Barcelona, 2009.
George, Bill, *Authentic Leadership: Rediscovering the Secrets to Creating Lasting Value*, Jossey-Bass, San Francisco, 2004.
Goldie, Daniel C., y Gordon S. Murray, *The Investment Answer: Learn to Manage Your Money and Protect Your Financial Future*, Business Plus, Nueva York, 2011.
Groopman, Jerome, *The Anatomy of Hope: How People Prevail in the Face of Illnes*, Random House, Nueva York, 2003.
— *¿Me está escuchando, doctor?: un viaje por la mente de los médicos*, RBA, Barcelona, 2008.

Haidt, Jonathan, *La hipótesis de la felicidad: la búsqueda de verdades modernas en la sabiduría antigua*, Gedisa, Barcelona, 2006.

Hallinan, Joseph T., *Las trampas de la mente: por qué miramos sin ver, olvidamos las cosas y creemos estar por encima de los demás*, Kairós, Barcelona, 2011.

Hamilton, Tyler, y Daniel Coyle, *Ganar a cualquier precio: la historia oculta del dopaje en el ciclismo*, Planeta, Barcelona, 2013.

Heath, Chip, y Dan Heath, *Decisive: How to Make Better Choices in LIfe an Work*, Crown Business, Nueva York, 2013.

Heilemann, John, y Mark Halperin, *Game Change: Obama and the Clintons, McCain and Palin, and the Race of a Lifetime*, HarperCollins, Nueva york, 2010.

Hoff, Joan, *Nixon Reconsidered*, Basic Books, Nueva York, 1995.

Isaacson, Walter, *Steve Jobs, la biografía*, Debate, Barcelona 2012.

James, Bill, *Bill James Historical Baseballe Abstract*, Free Press, Nueva York, 2001.

— *Solid Fool's Gold: Detours on the Way to Conventional Wisdom*, ACTA Sports, Chicago, 2011.

Johnson, Stephen B., *The Secret of Apollo: Systems Management in American and European Space Programs*, Johns Hopkins University Press, Baltimore, Maryland, 2002.

Kahneman, Daniel, *Pensar rápido, pensar despacio*, Debate, Barcelona, 2012.

Keri, Jonah, *The Extra 2%: How Wall Street Strategies Took a Major League Team from Worst to First*, Ballantince Books, Nueva York, 2011.

Khurana, Rakesh, *Searching for a Corporate Savior: The Irrational Quest for Charismatic CEOs*, Princeton University Press, Princeton, Nueva Jersey, 2002.

Klein, Gary, *Sources of Power: How People Make Decisions*, MIT Press, Cambridge, Massachusetts, 1998.

— *Streetlights and Shadows:Searching for the Keys to Adaptive Decision Making*, MIT Press, Cambridge, Massachusetts, 2009.

Kotter, John, *Una fuerza para el cambio*, Díaz de Santos, Barcelona, 1992.

Kraft, Chris, *My Life in Mission Control*, Dutton, Nueva York, 2001.

Kranz, Gene, *Failure Is Not an Option: Mission Control from Mercury to Apollo 13 and Beyond*, Berkeley Books, Nueva York, 2000.

Kuehl, Karl, John Kuehl, y Casey Tefertiller, *Mental Toughness: Baseball's Winning Edge*, Ivan R. Dee, Chicago, 2005.

Lasorda, Tommy, y David Fisher, *The Artful Dodger*, Arbor House, Nueva York, 1985.

Lewis, Michael, *Moneyball: The Art of Winning an Unfair Game*, Norton, Nueva York, 2003.

Liebergot, Sy, *Apollo EECOM: Journey of a Lifetime*, Apogee Books, Burlington, Ontario, 2003.

Livingston, Jessica, *Founders at Work: Stories of Startups' Early Days*, Apress, Berkeley, California, 2008.

MacMillan, Margaret, *Nixon and Mao: The Week That Changed the World*, Random House, Nueva York, 2007.

Malkiel, Burton G., *Un paseo aleatorio por Wall Street: la estrategia para invertir con éxito*, Alianza, Madrid, 2013.

Marks, Howard, *Lo más importante para invertir con sentido común*, Profit, Barcelona, 2012.

Mauboussin, Michael J., *More Than You Know: Finding Financial Wisdom in Unconventional Places*, Harvard Business School Press, Boston, 2007.

— *Think Twice: Harnessing the Power of Counterintuition*, Harvard Business Press, Boston, 2009.

McClement, Mike, *Brilliant Confidence: What Confident People Know, Say and Do*, Pearson Education, Harlow, Reino Unido, 2010.

McGee, Paul, *Self-Confidence: The Remarkable Thruth of Why a Small Change Can Make a Big Difference*, 2.ª ed., Capstone Publishing Ltd., Chichester, Reino Unido, 2012.

McGrayne, Sharon Bertsch, *The Theory That Would no Die: How Bayes' Rule Cracked the Enigma Code, Hunted Down Russian Submarines, and Emerged Triumphant from Two Centuries of Controversy*, Yale University Press, New Haven, Conneticut, 2011.

McKenna, Paul, *Instant Confidence: The Power to Go for Anything You Want*, Transworld Publishers, Londres, 2006.

Moltz, Barry J., *You Need to Be a Little Crazy: The Truth About Starting and Growing Your Business*, Earborn Trade Publishing, Chicago, 2003.

Morgan, Joe, y David Falkner, *Joe Morgan: A Life in Baseball*, W. W. Norton & Co., Nueva York, 1993.

Newman, Thomas B., y Michael A. Kohn, *Evidence-Based Diagnosis*, Cambridge University Press, Nueva York, 2009.

Nye, Joseph S., Jr., *Las cualidades del líder*, Paidós Ibérica, Barcelona, 2011.

Orwell, George, *A Collection of Essays*, Harvest, San Diego, California, 1981.

Peters, Thomas J., y Robert H. Waterman Jr., *In Search of Excellence: Lesson from America's Best Managed Companies*, Warner Books, Nueva York, 1982.

Plous, Scott, *The Psychology of Judgment and Decision Making*, McGraw-Hill, Nueva York, 1993.

Raynor Michael E., *The Strategy Paradox: Why Committing to Success Leads to Failure (and What to Do About It)*, Currency Doubleday, Nueva York, 2007.

Rotella, Dr. Bob, *Golf Is a Game of Confidence*, Simon & Schuster, Nueva York, 1996.

Seligman, Martin E. P., *Aprenda optimismo: haga de la vida una experiencia gratificante*, DeBolsillo, Barcelona, 2011.

Shapira, Zur, *Risk Taking: A Managerial Perspective*, Russell Sage Foundation, Nueva York, 1995.

Sharot, Tali, *The Optimism Bias: A Tour of the Irrationally Positive Brain*, Pantheon Books, Nueva York, 2011.

Shaw, George Bernard, «Máximas para revolucionarios», *Hombre y Superhombre. Comedia y filosofía en cuatro actos*, Aguilar, Madrid, 1950.

Shenk, David, *The Genius in All of Us: Why Everything You've Been Told About Genetics, Talent, and IQ Is Wrong*, Anchor, Nueva York, 2011.

Smith, Adam, *The Money Game*, Vintage Books, Nueva York, 1976.

Sokolove, Michael, *Hustle: The Myth, Life, and Lies of Pete Rose*, Simon & Schuster, Nueva York, 1990.

Stever, H. Guyford, y James J. Haggerty, *Flight*, Time Inc. Nueva York, 1965.

Sutton, Robert I., *111/2 ideas que funcionan*, Ediciones B, Barcelona, 2002.

Syed, Matthew, Bounce, *The Myth of Talent and The Power of Practice: Beckham, Serena, Mozart, and the Science of Success*, Harper, Nueva York, 2011.

Taleb, Nassim Nicholas, *El cisne negro: el impacto de lo altamente improbable*, Paidós Ibérica, Barcelona, 2009.

Tetlock, Philip E., *Expert Political Judgment: How Good Is It? How Can We Know?*, Princeton University Press, Princeton, Nueva Jersey, 2005.

Thaler, Richard H., *The Winner's Curse: Paradoxes and Anomalies of Economic Life*, Princeton University Press, Princeton, Nueva Jersey, 1992.

Thaler, Richard H., y Cass Sunstein, *Un pequeño empujón (nudge): el impulso que necesitas para tomar las mejores decisiones en salud, dinero y felicidad*, Taurus Ediciones, Madrid, 2009.

Trilling, Lionel, *Sincerity and Authenticity*, Harvard University Press, Cambridge, Massachusetts, 1971.

Whitacre, Ed, con Leslie Cauley, *American Turnaround: Reinventing AT&T and GM and the Way We Do Business in the USA*, Business Plus, Nueva York, 2013.

Wolfe, Tom, *Elegidos para la gloria (Lo que hay que tener)*, Anagrama, Barcelona, 1984.

Yeager, Chuck, y otros, *The Quest for Mach One: A First-Person Account of Breaking the Sound Barrier*, Penguin, Nueva York, 1997.
Yeager, Chuck, y Leo Janos, *Yeager: An Autobiography*, Bantam Books, Nueva York, 1985.
Yeung, Dr. Rob, *Confidence: The Power to Take Control and Live the Life You Want*, Pearson Education Ltd., Harlow, Reino Unido, 2011.
Zweig, Jason, *Your Money and Your Brain: How the New Science of Neuroeconomics Can Help Make You Rich*, Simon & Schuster, Nueva York, 2007.

ARTÍCULOS

Adams, Tim, «How a Book about Baseball Statistics Chaned the Way We Think about Football», *Esquire*, septiembre de 2011, 198-203.
Ahmed, Murad, «Jobs: The Special One», *The Times*, 29 de octubre de 2011, 16.
Alpert, Marc, y Howard Raiffa, «A Progress Report on the Training of Probability Assessors», manuscrito sin publicar, 1969, *Judgment Under Uncertainty: Heuristics and Biases*, Daniel Kahneman, Paul Slovic y Amos Tversky, eds., Cambridge University Press, Cambridge, Reino Unido, 1982.
Ashenfelter, Orley, «Predicting the Quality and Price of Bordeaux Wine», *Economic Journal*, 118, núm. 529 (junio de 2008), F174-F184.
AT&T Wireless Services, Inc., Declaración de Poder de conformidad con la Sección 14(a) de la Ley de la Bolsa de Valores de 1934, 22 de marzo de 2004.
Austen, Ian, «Bicycle Thieves: Word-Class Cycling's Drug Trade», *New York Times*, 12 de septiembre de 2012, C7.
Austin, Michael, «Building the Perfect Arc: Research Shows Players Need to Keep Shot Arc around 45 Degrees», *Winning Hoops*, mayo-junio de 2010, 20-27.
Baker, Peter, y Jim Rutemberg, «The Long Road to a Clinton Exit», *New York Times*, 8 de junio de 2008, A1.

Bazerman, Max. H., y William F. Samuelson, «I Won the Auction but I Don't Want the Prize», *Journal of Conflict Resolution*, 27 (1983), 618-634.

Bendery, Jennifer, «Nancy Pelosi Predicts 6-3 Supreme Court Vote in Favor of Health Law», *Huffington Post*, 4 de abril de 2012, http://www.huffingtonpost.com/2012/04/04/nancy-pelosi-health-care.law_n_1402908.html.

Bennis, Warren, «Acting the Part of a Leader», *Businessweek*, 14 de septiembre de 2009, 80.

Bishop, Greg, «Pacquiao Stunned in Sixth Round», *New York Times*, 9 de diciembre de 2012, http://www.nytimes.com/2012/12/09/sports/juan-manuel-marquez-knocks-out-manny-pacquiao-in-sixth-round-html.

Bornstein, David, «The Dawn of Evidence-Based Budget», *New York Times*, 30 de mayo de 2012, http://opinionator.blogs.nytimes.com/2012/05/30/worthy-of-government-funding-prove-it.

Boyle, Elizabeth, y Zur Shapira, «The Liability of Leading: Battling Aspiration and Survival Goals in Jeopardy's Tournament of Champions», *Organization Science*, 23, núm. 4 (2012), 1110-1113.

Brooks, David, «The Fatal Conceit», *New York Times*, 26 de octubre de 2009, A31.

Byers, Dylan, «Dick Morris Fesses UP», *Politico.com*, 13 de noviembre de 2012, http://www.politico.com/blogs/media/2012/11/dick-morris-fesses-up149453.html.

Cain, Daylian M., y Allan S. Detsky, «Everyone's a Little Bit Biased (Even Physicians)», *JAMA*, 299, núm. 24 (25 de junio de 2008), 2893-2895.

Camerer, Colin, y Dan Lovallo, «Overconfidence and Excess Entry: An Experimental Approach», *American Economic Review*, 89, núm. 1 (1999), 313.

Campbell, C. A., «A Decision Theory Model of Entrepreneurial Acts», *Entrepreneurship Theory and Practice*, 17, núm. 1 (1992), 21-27.

Capen, Edward C., Robert V. Clapp, y William M. Campbell, «Competitive Bidding in High-Risk Situations», *Journal of Petroleum Technology*, 23 (1971), 641.

Casscells, Ward, Arno Schoenberger, y Thomas Graboys, «Interpretation by physicians of clinical laboratory results», *New England Journal of Medicine*, 299, núm. 18 (1978), 999-1001.

Cauley, Leslie, «BellSouth Likes to Go It Alone», *USA Today*, 31 de octubre de 2005, http://www.usatoday.com/tech/news/techpolicy/business/2005-10-31-bellsouth-mergers_x.htm.

Chakrabortty, Aditya, «Haven't the Politicians Desperately Scrambling to Form a Government Heard of the Winner's Curse?», *The Guardian*, 5 de noviembre de 2010, 5.

College Board, *Student Descriptive Questionnaire*, Princeton (NJ), Educational Testing Service, 1976-1977.

Corporate Finance Advisory and Mergers & Acquisitions, «Uncorking M&A: The 2013 Vintage», *J. P. Morgan*, diciembre de 2012.

Craggs, Tommy, «Say-It-Ain't-So Joe», *SF Weekly*, 6 de julio de 2005, http://www.sfweekly.com/2005/-07-06/news-it-ain-t-so-joe.

Critchley, Simon, y Jamieson Webster, «The Gospel Accoriding to "Me"», *New York Times*, 30 de junio de 2013, SR8.

DeBondt, Walter F., y Richard Thaler, «Financial Decision-making in Markets and Firms: A Behavioral Perspective», *Handbooks in OR & MS*, 9 (1995), 385-410.

Dew, Nicholas, y otros, «Affordable Loss: Behavioral Aspects of the Plunge Decision», Strategic Entrepreneurship Journal, 3 (2009), 105-126.

Díaz, Jaime, «Perils of Putting: Duffers, Take Heart. A New Study by the PGA Tour Reveals That When It Comes to Putting, the Pros Aren't So Hot Either», *Sports Illustrated*, 3 de abril de 1989.

Dosi, Giovanni, y Dan Lovallo, «Rational Entrepreneurs or Optimistic Martyrs? Some Considerations on Technological Regimes, Corporate Entries, and the Evolutional Role of Decision Biases», *Techonological Innovation: Oversights and Foresights*,

Raghu Garud, Praveen Nattar Nayyar y Zur Baruch Shapira, eds., Cambridge University Press, Nueva York, 1997, pp. 46-68.

Dubner, Stephen J., y Steven D. Levitt, «A Star Is Made», *New York Times*, 7 de mayo de 2006, http://www.nytimes.com/2006/05/07magazine/07wwwln_freak.html?pagewanted=all.

Dunne, Timothy, Mark J. Roberts, y Larry Samuelson, «Patterns of Firms Entry and Exit in U. S. Manufacturing Industries», *Rand Journal of Economics*, 19, núm. 4 (invierno de 1988), 233-271.

Eckhardt, Roger, «Stan Ulam, John von Neumann, and the Monte Carlo Method», *Los Alamos Science*, número especial 15 (1987), 131-137.

Eichler, Jeremy, «String Theorist: Christian Tetzlaff Rethinks How a Violin Should Sound», *New Yorker*, 27 de agosto de 2012, 34-39.

Ericsson, K. Anders, Ralf Th. Krampe, y Clemens Tesch-Römer, «The Role of Deliberate Practice in the Acquisition of Expert Performance», *Psychological Review*, 100, núm. 3 (1993), 363-406.

Ericsson, K. Anders, Michael J. Prietula, y Edward T. Cokely, «The Making of an Expert», *Harvard Business Review*, julio-agosto de 2007, pp. 114-121.

Feynman, Richard P., «What Is and What Should Be the Role of Scientific Culture en Modern Society» (conferencia para Simposium sobre Galileo, Italia, 1964), *The Pleasure of Findings Things Out: The Best Short Works of Richard P. Feynman,* Penguin, Londres, 1999.

Fienberg, Stephen E., «When Did Bayesian Inference Become Bayesian?», *Bayesian Analysis*, 1, núm. 1 (2006), 1-40.

Fisher, Kenneth, «The Eight Biggest Mistakes Investors Make», *UT Today*, núm. 1 (2007), 50-53.

Flyvbjerg, Bent, Mette K. Skamris Holm, y Søren L. Buhl, «How (In) Accurate Are Demand Forecasts in Public Works Projects?», *Journal of the American Planning Association*, 71 (2005), 131-146.

«Former FEMA chief Says Bush Was Engaged but Overconfident», *Associated Press*, 2 de marzo de 2006, http://www.foxnews.com/story/0,2933,186546,00.html.

Fox, Jeremy, «Frequentist vs. Bayesian statistics: Resources to Help You Choose»,http://oikosjournal.wordpress.com/2011/10/11/frequentist-vs-bsyesina-statistics-resources-to-help-you-choose/.

Friedman, Thomas L., «Obama's Best-Kept Secrets», *New York Times*, 21 de octubre de 2012, SR1.

Gapper, John, «McKinsey's Model Springs a Leak», *Financial Times*, 10 de marzo de 2011, 9.

Gawande, Atul, *Mejor: notas de un cirujano sobre cómo rendir mejor*, Antoni Bosch Editor, Barcelona, 2009.

Gino, Francesca, Zachariah Sharek, y Don A. Moore, «Keeping the Ilusion of Control Under Control: Ceilings, Floors, and Imperfect Calibration», *Organizational Behavior and Human Decision Processes*, 114, núm. 2 (marzo de 2011), 104-114.

Goffee, Robert, y Gareth Jones, «Managing Authenticity: The Great Paradox of Leadership», *HarwardBusines Review*, (diciembre de 2005), 87-94.

Gollwitzer, Peter M., y Ronald F. Kinney, «Effects of Deliberative and Implemental Mind-sets on Illusion of Control», *Journal of Personality and Social Psychology*, 56, núm. 4 (1989), 531-542.

Goodstein, Laurie, «Serenity Prayer Skeptic Now Credits Niebuhr», *New York Times*, 28 de noviembre de 2009, A11.

Gopnik, Adam, «Life Studies: What I Learned When I Learned to Draw», *New Yorker*, 27 de junio de 2011, 56-63.

«GreaterPrudhoeBay»BPFactSheet, http://www.bp.com/liveassets/bp_internet/globalbp/STAGING/global_assets/downloads/A/abp_wwd_alaska_prudhoe_bay_fact_sheet-pdf.

Hambrick, David Z., y Elizabet J. Meinz, «Sorry, Strivers: Talent Mattes», *New York Times*, 20 de noviembre de 2011, SR12.

Hardy, Quentin, «Intel Tries to Secure Its Footing Beyond PCs», *New York Times*, 15 de abril de 2013, B1.

Harford, Tim, «Screening: It's all in the Numbers», *Financial Times, FT.com Magazine*, 10/11 de diciembre de 2011.

Hayward, Mathew L. A., Dean A. Shepherd, y Dale Griffin, «A Hubris Theory of Enrepreneurship» *Management Science*, 52, núm. 2 (2006), 160-172.

Headd, Brian, «Redefining Business Success: Distinguishing Between Closure and Failure», *Journal Small Business Economics*, 1, 1 (2004), 56-61.

Hogarth, Robin M., y Naalia Karelaia, «Entrepreneurial Success and Failure: Confidence and Fallible Judgment», *Organization Science,* 23 (2012), 1733-1747.

Humphrey, Elizabeth King, «Be Sad and Succeed», Scientific American, 3 de marzo de 2010, http://www.scientificamerican.com/article.cfm?id=be-sad-and-succeed.

Kahneman, Daniel, y Amos Tversky, «On the Psychology of Prediction», *Psychological Review*, 80 (1973), 237-257.

Kahneman, Daniel, Dan Lovallo, y Olivier Sibony, «Before You Make that Big Decision...», *Harvard Business Review*, (junio de 2011), 51-60.

Keogh, Brian, «Harrington and the Man with Two Brains», Irish Golf News, 6 de marzo de 2013, http://www.irishgolfdesk.com/news-files/2013/3/6/harrington-and-the-man-with-two-brains.html.

Knaup, Amy E., «Survival and Longevity in the Business Employment Dynamics data», *Monthly Labor Review*, vol. 128, núm. 5 (mayo de 2005), 50-56.

Kopecki, Dawn, Clea Benson, y Phil Mattingly, «Dimon Says Overconfidence Fueled Loss He Can't Defend», *Bloomberg News*, 14 de junio de 2012, http://www.bloomberg.com/news/2012-06-14/dimon-says-overcondifence-fueled-loss-he-can-t-defend-html.

Kreps, Daniel, «Lennon's "A Day in the LIfe' Lyrics Sell for $1,2 Million», Rolling Stone, 18 de junio de 2010, http://www.rollingstone.com/music/news/lennons-a-day-in-the-life-lyrics-sell-for-1-2-million-20100628.

Kroichick, Ron, «Giants' Wilson Hopes Hitters Fear the Beard», *San Francisco Chronicle*, 7 de octubre de 2010, http://www.sfgate.com/sports/kroichick/article/Giants-Wilson-hopes-hitters-fear-the-beard-3171420.php.

Kruger, J., «Lake Wobegone Be Gone! The "Below-Average" Effect and the Egocentric Nature of Comparative Ability Judgments», *Journal of Personality and Social Psychology*, 77 (1999), 221-232.

«Lance Armstrong: "Impossible to Win Without Doping"», *USA Today*, 28 de junio de 2013, http://www.usatoday.com/story/sports/cycling/2013//06/28/lance-armstrong-impossible-win-tour-de-France-doping/2471413/.

Langer, Ellen J., «The Illusion of Control», *Journal of Personality and Social Psychology*, 32 (1975), 311-328.

Latour, Almar, y Shawn Young, «Two Who May Pop the Question to AT&T Wireless, Intent on Wireless Expansion, SBC Communications' Whitacre Takes Risks Seeking Acquisitions», *Wall Street Journal*, 10 de febrero de 2004, B1.

Leonhardt, David, «Science and Art at Odds on the Field of Dreams», *New York Times*, 28 de agosto de 2008, http://ww.nytimes.com/2005/08/28/sports/28iht-THEORIES.html.

Lewis, Michael, «In Defense of the Boom», *New York Times Magazine*, 27 de octubre de 2002, http://www.nytimes.com/2002/10/27/magazine/27DEFENSE.html.

— «Out of Their Tree», *Sports Illustrated*, 1 de marzo de 2004, http://sportsillustrated.cnn.com/vault/article/magazine/MAG1031308/index.htm.

Lion, Valérie, «L'Entretien: Bertrand Piccard "Explorer, c'est aller au-delà des évidences», *L'Express*, 3187 (1 de agosto de 2012), 8-11.

Loomis, Carol J., «Why Carly's Bet Is Failing», *Fortune*, 7 de febrero de 2005, pp. 50-64.

Lovallo, Dan, Carmina Clarke, y Colin Camerer, «Robust Analogizing and the Outside View: Two Empirical Test of Case-based Decision Making», *Strategic Management Journal*, 33, núm. 5 (mayo de 2012), 496-512.

Lovallo, Dan, y Daniel Kahneman, «Delussions of Success: How Optimism Undermines Executives' Decisions», *Harvard Business Review*, (julio de 2003), 56-63.

Lovallo, Dan, y Olivier Sibony, «The Case for Behavioral Strategy», *McKinsey Quarterly*, 2 (primavera de 2010), 30-43.

Lovallo, Dan P., y Olivier Sibony, «Distortions and Deceptions in Strategic Decisions», *McKinsey Quarterly*, 1 (febrero de 2006), 19-29.

Lovett, Ian, «Tattooed Guy" Pivotal in Armstrong Case», *New York Times*, 18 de octubre de 2012, B11.

Lunsford, J. Lynn, y Daniel Michaels, «Bet on Huge Plane Trips up Airbus», *Wall Street Journal*, 15 de junio de 2006, http://online.wsj.com/article/SB115027552490479926.html.

Mandard, Stéphane, «Lance Armstrong: Le Tour de France? Impossible de gagner sans dopage», *Le Monde*, 29 de junio de 2013, Sport & Forme, 5.

«Manny Pacquiao Will Not Give up Boxing, Despite Pleas from Family», BBC, 10 de diciembre de 2012, http://www.bbc.co.uk/sport/0/boxing/20666106.

March, James G., y Zur Shapira, «Managerial Perceptions on Risk and Risk-Taking», *Management Science*, 33(1987), 1404-1418.

— «Variable Risk Preference and the Focus of Attention», *Psychological Science*, 99, núm. 1 (1992), 172-183.

Martin, Andrew D., y otros, «Competing approaches to Predicting Supreme Court Decision Making», *Perspectives on Policy*, 2 (2004), 763.

McGeehan, Patrick, «It's Official, This Is New York's Hottest Summer», *New York Times*, 1 de septiembre de 2010, A16.

McMaster, Geoff, «School of Business Wins National Stock Market Contest», *ExpressNews*, 19 de diciembre de 2001, http://www.expressnews.ualberta.ca/article.cfm?id=1615.

Mintzberg, Henry, «We're Overled and Undermanaged», *Business Week*, 17 de agosto de 2008, 68.

Moore, Don, y Paul J. Healy, «The Trouble with Overconfidence», *Psychological Review*, 115, núm. 2, abril de 2008, 502-517.

Moore, Don A., John M. Oesch, y Charlene Zietsma, «What Competition? Myopic Self-Focus in Market-Entry Decisions», *Organization Science*, 18, núm. 3 (mayo-junio de 2007), 440-454.

Moran, Callie, «Overconfident Romney Was So Sure of Victory That He Spent 25 Grand on Victory Fireworks», *Capitol Hill Blue*, 2 de noviembre de 2012, http://www.capitol.hillblue.com/node/45630.

Murphy, Austin, «Guide to a Broken Tour: Tyler Hamilton Shines a Revealing Light on Cycling's Drug Era», *Sports Illustrated*, 24 de septiembre de 2012, 18.

«No Sun, No Problem for Plane», Associated Press, Shanghai Daily, 4 de mayo de 2013, A3.

NTSB Suggests Alcohol Detection Systems on All New Cars, CBS Local, 17 de diciembre de 2012, http://dfw.cbslocal.com/2012/12/17/ntsb-suggests-alcohol-detection-systems-on-all-new-cars/.

O'Brien, Miles, entrevista del presentador CNN, «Veteran NASA Flight Director Discusses Book About Race to the Moon», *CNN Sunday Morning News*, 8 de mayo de 2000.

Patterson, Orlando, «Our Overrated Inner Self», *New York Times*, 26 de diciembre de 2006, A35.

Pesola, Maija, y otros, «Cingular Grabs AT&TW from Sleeping Vodafone», *Financial Times*, 18 de febrero de 2004, 44.

— «Vodafone Edges Ahead in AT&TW Bidding», *Financial Times*, 17 de febrero de 2004, 24.

Pfeffer, Jeffrey, y Robert I Sutton, «Evidence-Based Management», *Harvard Business Review*, (enero de 2006), 63-74.

Pinker, Steven, «Malcolm Gladwell, Eclectic Detective», *New York Times*, 15 de noviembre de 2009, BR1.

Poulter, Ian, «Opinion», *Golf World*, enero de 2011, 25.

Price, Richard, «An Essay Toward Solving a Problem in the Doctrine of Chances», *Philosophical Transactions of The Royal Society of London*, 53 (1763), 370-418.

Raghavan, Anita, Almar Latour, y Jesse Drucker, «Battle Intensifies for AT&T Wireless. Vodafone and Cingular Submit Revised Offers as Others Decline to Bid», *Wall Street Journal Europe*, 16 de febrero de 2004, A1.

Raiffa, Howard, «Decision Analysis: A Personal Account of How It All Got Started and Evolved», Operations Research, 50, núm. 1, (enero-febrero de 2002), 179-185.

Rasmussen, Heather N., Michael F. Scheier, y Joel B. Greenhouse, «Optimism and Physical Health: A Meta-analytic Review», *Annals of Behavioral Medicine*, 37(3), (junio de 2008), 239-256.

Richard, Carl, «Viewing the Glass as Half Full, but Not Too Full», *New York Times*, 18 de marzo de 2013, http://bucks.blogs.nytimes.com/2013/03/18/viewing-the-glass-as-half-full-but-not-too-full/.

Richtel, Matt, «List of Suitors Said to Narrow for Mobile Giant», *New York Times*, 11 de febrero de 2004, http://www.nytimes.com/2004/02/11/business/list-of-suitors-said-to-narrow-for-mobile-giant.html.

Roll, Richard, «The Hubris Theory of Corporte Takeovers», *Journal of Business*, 59, núm. 2 (1986), 197-216.

Ruger, Theodore W., y otros, «The Supreme Court Forecasting Project: Legal and Political Science Approaches to Predicting Supreme Court Decisionmaking», *Columbia Law Review*, 104 (2004), 1150.

Rice, Xan, «Finish Line: An Olympic Marathon Champion's Tragic Weakness», *New Yorker*, 21 de mayo de 2012, 48-57.

Sabbagh, Dan, «Vodafone in $35bn Fight for AT&T Wireless», *The Times*, 16 de febrero de 2004, http://www.thetimes.co.uk/tto/business/article2103013.ece.

Sarasvathy, Saras D., «The Affordable Loss Principle» (nota técnica), University of Virginia Darden School Foundation, Chalottesville, Virginia, 2006.

Schaefer, Keith, «Natural Gas: Cost Go Down as Learning Curve Goes Up», www.oilandga-investments.com, 6 de junio de 2009.

Simonson, Itamar, y Amos Tversky, «Choice in Context: Tradeoff Contrast and Extremeness Aversion», *Journal of Marketing Research*, 29, núm. 3 (agosto de 1992), 281-295.

Sirower, Mark L., y Sumit Sahni, «Avoiding the "Sinergy Trap": Practical Guidance on M&A Decisions for CEOs and Boards»,

Journal of Applied Corporate Finance, 18, núm. 3 (verano de 2006), 83-95.

Slusser, Susan, «Cant't Keep Beane Down: No More Talk of Moneyball, Please», *San Francisco Chronicle*, 12 de julio de 2009, B1-B7.

Sonmez, Felicia, «VicePresident Biden Predicts Supreme Court Won't Rule Health Care Law Unconstitutional», *Washington Post*, 2 de abril de 2012, http://washingtonpost.com/blogs/post-politics/pot/vice-president-biden-predicts-supreme-court-wont-rule-health-care-law-unconstitutional/2012/04/01/gIQADBE8oS_blog.html.

Sorkin, Andrew Ross, Michael J. de la Merced, y Jenna Wortham, «AT&T to Buy T-Mobile USA por $39 Billion», *New York Times*, 20 de marzo de 2011, http://dealbook.nytimes.com/2011/03/20/att-to-buy-t-mobile-usa-for-39-billion/.

Sorkin, Andrew Ross, y Matt Richtel, «Cingular Wins AT&T Wireless in an Early-Morning Drama», *New York Times*, 29 de febrero de 2004, http://www.nytimes.com/learning/teachers/featured_articles/20040219thursday.html.

Spiegelhalter, David, «Tails You Win: The Science of Chance», *BBC4*, 20 de diciembre de 2012.

Staw, Barry M., «Leadership and Persistence», *Leadership and Organizational Culture: New Perspectives on Aministrative Theory and Practice*, Thomas J. Sergiovanni y John E. Corablly, eds., University of Illinois Press, Champaign, 1986.

— «The Escalation of Commitment To a Course of Action», *Academy of Management Review*, 6, núm. 4 (1981), pp. 577-587.

Stein, Joel, «From Doofus to Genius?», *Bloomberg Businessweek*, 29 de noviembre-4 de diciembre 2011, 101.

Stewart, James B., «Eight Days: The Battle to Save the American Financial System», *New Yorker*, 21 de septiembre de 2009, 69.

Stone, Mark Robert, y otros, «Effects of Deception on Exercise Performance: Implications for Determinants of Fatigue in Humans», *Medicine & Science in Sports & Exercise*, 44 (2012), 534-541.

Svenson, Ola, «Are We all Less Risky and More Skillful Than Our Fellow Drivers?, *Acta Psychologica*, 14 (1981), 143-148.

Swartz, Jon, «San Francisco Giants Ride Techball to the Top», *USAToday*, 31 de marzo de 2013, http://www.usatoday.com/story/tech/2013/03/31/giants-social-media-world-series-technologh/2013497/.

Taber, J. J., F. D. Martin, y R. S. Seright, «EOR Screening Criteria Revisited-Part 1: Introduction to Screening Criteria and Enhance Recovery Field Projects», *SPE Reservoir Engineering*, 12, núm. 3 de agosto de 1997, 189-198.

«The Tale of the "Winner's Curse', Bidding Science Saved $$», http://www.aapg.org/explorer/2004/12dec/capen.cfm.

Taylor, Shelley E., y Jonathan D.Brown, «Illusion and Well-Being: A Social Psychological Perspective on Mental Health», *Psychological Bulletin*, 103, núm. 2 (marzo de 1988), 193-210.

Terhune, Chad, «Home Depot, Seeking Growth, Knocks on Contractors' Doors-CEO looks to stave off critics and gain new customers with Building supply unit», *The Wall Street Journal*, 7 de agosto de 2006, http://online.wsj.com/article/SB115491714152328447.html.

Thaler, Richard H., «Shifting Our Retirement Savings into Automatic», *New York Times*, 7 de abril de 2013, BU6.

— Thaler, Richard H., «The Winner's Curse», *Journal of Economic Perspectives*, 2, núm. 1 (1998), 191-202.

Tierney, John, «From Tinseltown to Splitsville: Just Do the Mat», *New York Times*, 19 de septiembre de 2006, A25.

«Trend Analysis of the Sex Ratio at Birth in the United States», *National Vital Statistics Reports*, 53, núm. 20 (14 de junio de 2005).

Tversky, Amos, y Daniel Kahneman, «Evidential Impact of Base Rates», *Judgment Under Uncertainty: Heuristics and Biases*, Daniel Kahneman, Paul Slovic, Amos Tversky, eds., Cambridge University Press, Cambridge, Reino Unido, 1982.

— Tversky, Amos, y Daniel Kahneman, «Judgment under Uncertainty: Heuristics and biases», *Science*, 185, núm. 4157 (1974), 1124-1131.

US Small Business Administration, «Frequently Asked Questions About Small Business», 2009, http://www.sba.gov/ADVO/stats/sbfaq.txt.

Vance, Ashlee, «Algorithms on the Prairie», *Bloomberg Businessweek*, 26 de marzo de 2012, 37-39.

«Vodafone Bids for AT&T Wireless: Vodafone and Cinguar Square off in Bids for No. 3 U. S. Wireless Firm at about $35 Billion», Nueva York (*CNN/Money*), 15 de febrero de 2004, http://money.cnn.com/2004/02/15/technology/att_bids/.

Walsh, Michael, «Solar-Paneled Plane Completes First Leg of Historic Cross-Country Flight from San Francisco to New York», *New York Daily News*, 4 de mayo de 2013, http://www.nydailynews.com/news/national/all-solar-airplane-making-jfk-article-1.1335172.

Weinstein, Neil D., «Unrealistic Optimism about Futur Life Events» *Journal of Personality and Social Psychology*, 39, núm. 5 (1980), 806-820.

Jack Welch, y Suzy Welch, «How Not to Succeed in Business», *Business Week*, 2 de marzo de 2009, 74.

Whitacre Jr., y Edward E., *Corporate Acquisitions Can Create Winners: A Case in Point*, The CEO Series, Business Leaders, Thought and Action, Washington University, Center for the Study of American Business, San Luis, Misuri, 1998.

White, Dominic, «Vodafone Looks to Next Target», *Daily Telegraph*, 25 de febrero de 2004, http://www.telegraph.co.uk/fnance/2878078/Vodafone-looks-to-next-target.html.

White Paul, «Moneyball' Principles Have Become Old Hat», *USA Today*, 21 de septiembre de 2011, 6C.

Wiggins, Robert R., y Timothy W. Ruefli, «Schumpeter's Ghost: Is Hypercompetition Making the Best of Times Shorter?», *Strategic Management Journal*, 26, núm. 10 (2005), 887-911.

Windschitl, P. D., y J. Kruger y E. Simms, «The Influence of Egocentrism adn Focalismon People's Optimism in Competitions: When What Affects Us Equally Affects Me More», *Journal of Personality and Social Psychology*, 85 (2003), 389-408.

Wingfield, Nick, y Brian Stelter, «A Juggernaut Stumbles», *New York Times*, 25 de octubre de 2011, B1.

Witt, Jessica K., Sally A. Linkenauger, y Dennis R. Proffitt, «Get Me Out of This Slump! Visual illusions Improve Sports Performance», *Psychological Science*, 23 (2012), 397-399.

Wonacott, Peter, «Path to India's Market Dotted with Potholes-Savvy Cola Giants Stumble over local agendas; KFC climbs back from the abyss», *The Wall Streeet Journal*, 12 de septiembre de 2006, http://online.wsj.com/article/SB115801500763459902.html.

Wray, Richard, «Cingular's $41bn Forces Vodafone out of AT&T Race», *The Guardian*, 18 dc fcbrcro dc 2004, 19.

Yoffie, David B., y otros, «VMware Inc.(A)», *Harvard Business School Case* 9-707-013 (2007).

Zenger, Todd R., «Why Do Employers Only Reward Extreme Performance? Examining the Relationship Among Pay, Performance, and Turnover», *Administrative Science Quarterly*, 37, núm. 2 (1992), 198-219.

Zhang, Zhen-Xin, y otros, «Parkinson's Disease in China: Prevalence in Beijing, Xian, and Shanghai», *The Lancet*, 365 (12 de febrero de 2005), 595-597.